"十二五"普通高等教育本科国家级规划教材

凌继尧 等著

国家『985工程』三期『艺术与创意产业』
哲学社会科学创新基地
『211工程』三期重点学科建设项目
『艺术学理论创新与应用研究』成果之一

艺术设计概论

An Introduction to Design

北京大学出版社
PEKING UNIVERSITY PRESS

图书在版编目（CIP）数据

艺术设计概论／凌继尧等著.—北京：北京大学出版社，2012.4
（博雅大学堂·艺术）
ISBN 978-7-301-20180-0

Ⅰ.艺…　Ⅱ.凌…　Ⅲ.艺术-设计-高等学校-教材　Ⅳ.J06

中国版本图书馆CIP数据核字（2012）第019705号

书　　　名	艺术设计概论	
著作责任者	凌继尧　等著	
责 任 编 辑	谭　燕	
标 准 书 号	ISBN 978-7-301-20180-0	
出 版 发 行	北京大学出版社	
地　　　址	北京市海淀区成府路205号　100871	
网　　　址	http://www.pup.cn　新浪官方微博：@北京大学出版社	
电 子 信 箱	zpup@pup.cn	
电　　　话	邮购部 62752015　发行部 62750672　编辑部 62752022	
印 刷 者	北京鑫海金澳胶印有限公司	
经 销 者	新华书店	
	720毫米×1020毫米　16开本　22.5印张　323千字	
	2012年4月第1版　　2021年9月第10次印刷	
定　　　价	56.00元	

未经许可，不得以任何方式复制或抄袭本书之部分或全部内容。
版权所有，侵权必究
举报电话：010-62752024　电子信箱：fd@pup.pku.edu.cn
图书如有印装质量问题，请与出版部联系，电话：010-62756370

目 录

引　　言　走向中国设计 /1

第 一 章　艺术设计的定义 /1
　　　　　一　艺术设计观念的历史发展 /2
　　　　　二　设计活动中的艺术设计 /12
　　　　　三　艺术设计和自主创新 /20

第 二 章　早期工业时期的艺术设计 /27
　　　　　一　艺术设计的先驱者 /28
　　　　　二　德国艺术工业联盟 /37
　　　　　三　英法早期的艺术设计 /44

第 三 章　现代派艺术对现代艺术设计的影响 /51
　　　　　一　基于机器文化的现代派艺术 /52
　　　　　二　现代派艺术对现代艺术设计的影响 /64

第 四 章　包豪斯——现代艺术设计教育的摇篮 /73
　　　　　一　格罗皮乌斯和包豪斯宣言 /74
　　　　　二　包豪斯预科 /80
　　　　　三　包豪斯发展的三个阶段 /86

第 五 章　现代主义艺术设计的两大体系 /97
　　　　　一　功能主义 /98
　　　　　二　式样主义 /112

第 六 章　后现代艺术设计的崛起 /123
　　　　　一　后现代的场景描绘 /125
　　　　　二　后现代艺术对后现代艺术设计的影响 /132
　　　　　三　后现代艺术设计的多元发展 /136

第 七 章　波普设计和孟菲斯 /145
　　　　　一　从大众文化到波普设计 /146
　　　　　二　孟菲斯和意大利艺术设计 /160

第 八 章　非物质社会的设计 /171

　　　　一　从物质社会到非物质社会 /172
　　　　二　非物质社会对设计的影响 /173
　　　　三　非物质社会的设计教育 /186
第 九 章　绿色设计和人性化设计 /193
　　　　一　人类呼唤绿色设计 /194
　　　　二　设计服务的对象始终是人 /200
　　　　三　北欧设计——绿色的人性化设计 /205
第 十 章　艺术设计的思维与方法 /215
　　　　一　艺术设计的思维 /216
　　　　二　艺术设计的方法 /224
第十一章　艺术设计的心理学研究 /237
　　　　一　科学心理学 /238
　　　　二　影响消费的一般心理活动 /243
　　　　三　消费者个性认知心理活动 /251
第十二章　艺术设计管理 /257
　　　　一　设计管理概述 /258
　　　　二　设计战略管理 /262
　　　　三　设计事务管理 /271
　　　　四　设计项目管理 /275
第十三章　艺术设计的欣赏与批评 /279
　　　　一　艺术设计欣赏 /280
　　　　二　艺术设计批评 /293
第十四章　艺术设计与我国的经济转型 /301
　　　　一　价值链微笑曲线 /302
　　　　二　企业艺术创意的可能性 /309
　　　　三　体验经济和消费社会 /318
第十五章　中国艺术设计的发展和未来趋势 /329
　　　　一　20世纪中国艺术设计发展史简述 /330
　　　　二　中国艺术设计现状及其存在的弊端 /336
　　　　三　中国艺术设计的未来趋势 /340

引　言
走向中国设计

苹果公司前CEO史蒂芬·乔布斯（Steve Jobs, 1955—2011）的英年早逝令世界震惊和惋惜。人们在他身后对他好评如潮，其中说得最多的是，乔布斯是可以和爱迪生媲美的发明家，是"改变了世界"的科技天才。我们赞同这些说法，然而我们还要补充说，乔布斯也是一位艺术创意大师。根据他的艺术创意进行的艺术设计，使苹果公司的一系列产品熠熠闪光、风靡全球，不仅使追求时尚的少男少女趋之若鹜，也令沉稳干练的中年消费者倾倒，还让步入暮年的消费者折服。从此，人们记住了乔布斯的名字，也记住了有一个缺口的苹果标识。

乔布斯是站在科技和艺术交汇点上的巨人，苹果II号的研制就说明了这一点。在苹果II号计算机问世之前，苹果I号实际上是一款配线齐全的电路板，上面大约有60块芯片，它的消费者主要是计算机迷，他们买回去要加入各种组件，才能组装成完整的计算机，而一般消费者对它束手无策。在研制苹果II号计算机时，乔布斯希望把它制造成这样的产品：既要功能完善，买来就可以使用，又要人见人爱，富有某种情调。

乔布斯和他的合作者史蒂夫·沃兹尼克（Steve Wozniak）进行了分工：沃兹尼克负责计算机的功能，乔布斯负责计算机的造型。他们两人的工作仿佛相向而行，沃兹尼克的工作程序是从技术可能性走向所要制作的计算机，而乔布斯相反，他从计算机的雏形走向实现这种雏形的技术条件。用专业术语来说，沃兹尼克负责技术设计，乔布斯负责艺术设计。沃兹尼克的主要任务是改进计算机的内部电路，而乔布斯则把焦点放在机壳上。乔布斯设想消费者把苹果II号买回家后，可能会把它放在餐厅里，全家人兴高采烈地围在一起使用。因此，它的外观和款式一定要比市场上的其他计算机更加平易近人，更具亲和力，它应该像一款迷人的厨房家电。乔布斯说："我心里很清楚，虽然有些计算机硬件迷喜欢自行组装计算机，但是绝大多数人没有这个能力，虽然他们还是希望能够使用计算机的程序……对于苹果II号，我的梦想是把它打造成历来第一部配备齐全的计算机……我下定决心，一定要把它装在塑料机壳里。"苹果公司请来工业设计师杰瑞·马诺克（Jerry Manock），他根据乔布斯的创意进行设计。

乔布斯需要寻找灵感，寻找触发他的神思的导火线。他若有所思地来到美国著名的梅西百货公司，信步走进厨房用品部，游移的目光突然被一款食品调理机吸引住。他眼睛一亮，灵感顿现。这正是苹果II号所需要的设计：造型美观的塑料外壳，边缘平滑，颜色柔和，表面略带纹理。乔布斯的艺术创意犹如点石成金，苹果II号甫一问世，立即万众瞩目，成为当时最受欢迎的计算机。苹果的一系列产品已经成为最美的科技产品，体现了科技创新和艺术设计的完美结合。

科技创新和艺术创意是驱动经济发展的双轮，这是乔布斯对我们最大的启示，也是乔布斯留下的比苹果公司市值更宝贵的精神财富。我国是制造大国，然而，我国还不是制造强国。产品是企业的生命，它有两个基本要素：技术和设计。如果不拥有先进的技术和优秀的设计，那么，只能在国际制造业的垂直分工体系的末端做些加工项目。为了能够步入国际制造业的水平分工体系，我们必须实现从制造大国到制造强国的转变。而这种转变的重要标志之一，是从中国制造走向中国设计。

优秀的设计能够极大地提高产品的溢价能力，带来巨额的经济效益。同时，优秀的设计也能培育人们的审美趣味，对人们的生活方式造成强烈的冲击。难怪克林顿在20世纪90年代担任美国总统时，曾经倡议在他的家乡小石城召开圆桌会议，讨论工业设计对提高美国产品在国际市场上的竞争力的作用，也难怪撒切尔夫人在担任英国首相时曾经语出惊人："工业设计对于英国来说，比我的政府还重要。"

"中国设计"是我国艺术设计师多年的愿望，中国的经济转型对中国设计提出了更加迫切的要求。在走向中国设计的氛围中，在中国经济转型的背景下，我们撰写了这部书，史论结合，以论为主。艺术设计仅有一百多年的历史，一直处在不断的发展、变化中。为了完整地、深入地理解艺术设计的本质、特征和功能，不能不时时回眸它的历史。然而，当我们追寻前辈艺术设计大师的行踪时，主要不是辨析他们在魏玛狭窄的街道上留下的足迹，而是重温他们撒向人们心灵的思想火花。我们在叙述历史时，着眼点是历史过程所积淀的理论形态。因此，本书有两条线索：一条线索是按照艺术设计的历史顺序考察它的理论形态。在总论艺术设计的定义（第一章）后，我们分别阐述了早期工业时期的艺术设计（第二章），现代派艺术对现代艺术设计的影响（第三章），对艺术设计、特别是艺术设计教育起到重要作用的包豪斯学校（第四章），功能主义和式样主义（第五章），后现代艺术设计（第六章），波普设计和意大利的孟菲斯组织（第七章），非物质社会的设计（第八章）。

本书的另一条线索是根据"艺术设计创作——艺术设计作品——艺术设计欣赏"的系统，阐述艺术设计按照自身的逻辑展开的理论，这些理论对于任何时代的艺术设计都是适用的。它们包括绿色设计和人性化设计（第九章），艺术设计的思维与方法（第十章），艺术设计的心理学研究（第十一章），艺术设计管理（第十二章），艺术设计的欣赏与批评（第十三章）。最后两章分别论述了艺术设计与我国的经济转型（第十四章），以及我国艺术设计的现状和发展趋势（第十五章）。

根据教育部发布的信息，2011年我国高校招收了650万名学生，其中艺术专业的学生98万，几乎每6.5名学生中就有一个是艺术专业的。艺术专业的学生中绝大多数又是学习艺术设计的。每年春节前后，一百多万艺术类考生含辛茹苦，乘坐不同的交通工具，背着画夹跋山涉水，辗转大江南北，报考多所艺术院校和专业，这绝对是世界上仅有的景观。这其中有甜蜜的笑，也有辛酸的泪；有父母殷殷的期盼，也有亲人无奈的唏嘘。不管怎样，他们中的大部分人都将进入不同高校的艺术设计专业学习。我们的书就是为他们写的。牛顿说过："我像一个在海滩边玩耍的孩子，不时地找寻那些看上去不同寻常的卵石和漂亮的贝壳，而伟大的真理海洋把所有未被发现的知识展现在我面前。"一百多年来，世界上著名的艺术设计师的成功作品，就像那些"不同寻常的卵石和漂亮的贝壳"，我们通过本书，把它们部分地展示在读者面前。希望读者透过它们，从一个侧面窥见到艺术设计"伟大的真理海洋"。

在写作过程中，我们吸收了国内外艺术设计的研究成果，包括张道一、尹定邦、王受之、柳冠中、徐恒醇、张福昌、陈汗青、何人可、李砚祖、许平等著名学者的研究成果。我们尽量以深入浅出的方式和莘莘学子作一番学术长谈。在本书写作中，笔者主持制定了全书的大纲，并修改了全部稿件。写作的具体分工为：第一、二、四、七、十三、十四章：凌继尧；第三章：杜军虎；第五、十章：季欣；第六章：刘子川；第八章：余晓宝；第九章：许佳；第十一章：赵慧宁；第十二章：王方良；第十五章：王美艳。北京大学出版社的艾英和谭燕编辑给我们提供了很多宝贵的帮助，在此我们表示衷心的感谢！

在本书的酝酿和写作过程中，笔者先后主持了两项国家社会科学基金重点项目"我国经济审美化现状及对策研究"（06AZX005）和"我国经济转型期企业美学管理创新研究"（10AZX006）；还主持了一项教育部人文社会科学研究规划基金项目"我国企业艺术创意现状及发展路径研究"（09YJA760002）。笔者期望这些项目的实施能够为艺术设计理论提供新鲜的素料，期待着专家和读者对本书提出宝贵的意见。

但愿本书能够成为期盼中国设计的一缕深情的目光，成为呼唤中国设计的一声急切的呐喊，成为终将到来的中国设计潮流中一朵奋勇争先的浪花。

凌继尧
2011年11月于南京

第一章
艺术设计的定义

  夏日大雨滂沱以后,你是否注意过从屋檐落下的水滴?在空气阻力的作用下,滚圆的水珠变得头大尾小,成为球面和锥面的结合体,展示出空气动力学的流体形态。20世纪美国最著名的艺术设计师罗维和他的同行们在30—40年代,创立了艺术设计中的流线型风格。这种风格形象地反映了对科技进步的追求,它成为飞机、汽车和舰艇造型的基础,并且迅速成为时尚,扩展到卷笔刀、吸尘器、汽油加油柱和灯具的设计中。当年美国艺术设计师蒂格的作品,如轿车、波音飞机的内饰、德士古石油公司加油站就体现了流线型风格。

  在观看海豚表演的时候,你是否注意过它的躯体的比例?为了适应环境,通过漫长的生物进化过程的不断优化,海豚形成了水中阻力最小的体形。它的长度和厚度的比约为3.6。这种比例可谓恰到好处。因为海豚在水中游动时,既有形状阻力,又有摩擦阻力。如果它的厚度变薄,虽然形状阻力减少,但是摩擦阻力会大大增加。而如果它的厚度加大,虽然摩擦阻力减少，但是形状阻力却又大增。老式潜艇采用了一般舰艇的造型，现代潜艇则按照海豚的体形来建造，结果，航速一下子提高了20%—25%。

艺术设计改变着人们的生活方式，我们处处享受着艺术设计的成果。当你拨打电话的时候，你可能没有想过，现代电话机的原型是美国艺术设计师德雷福斯1937年设计的。当时他为贝尔公司设计了用塑料代替金属、用按键代替转盘拨号的电话机，这种电话机乃质的飞跃，很快风行全世界。你阅读本书坐的椅子，可能是镀铬（克罗米）的金属弯管椅。第一把这种类型的椅子是德国包豪斯教师布鲁耶在1925年设计的。他受到他所骑的阿德勒牌自行车镀铬钢管把手的启发，设计了可折叠的镀铬金属弯管椅。他的意图是：吸收现代工业的生产工艺，利用比较廉价和实用的材料，并解决标准化问题。布鲁耶成为第一个把镀铬金属弯管带进千家万户的艺术设计师，他的设计改变了家具的制作和使用。

美国著名思想家和诗人爱默生（R. W. Emerson, 1803—1882）写道：

当我们在内心回首往事时，
当我们在思想之光下观照我们自身时，
我们发现自己的生活被美环绕。
当我们前行时，
身后的一切都呈现出令人愉快的形式，
就像天穹里的云。

环绕我们生活的美也包括造物的美。造物世界是艺术设计的世界，让我们到艺术设计的世界中作一番巡游。

一　艺术设计观念的历史发展

艺术设计是英语design的译名。翻开英汉辞典，design的直接含义是"设计"。我们为什么把它译成"艺术设计",在"设计"前面加上限定词"艺术"呢?因为在我们的语境中,design 并不是对象的全部设计,而只是对象的艺术方面的设计。比如汽车的设计,一般包括机械设计、电器设计、造型和内饰设计,这些设计分别由机械设计师、电器设计师和艺术设计师承担。当然,他们的工作是统一的、协调的,不过,毕竟分工有所不同。我们说艺术设计师设计了轿车,只是指他设计了轿车的造型和内饰,而不是指他设计了轿车的机械系统和电器系统。

我国高校的工科专业大部分学的是设计,然而这些设计都有限定词,如机械设计、建筑设计、通信设计、电子设计、航空设计、道路桥梁设计、船舶设计、水利设计、电力设计等,没有学习笼统的、无所不包的设计的设计专业。为了避免歧义,日本、俄罗斯等国索性采用音译的方式来翻译 design,就像我们不把 pop art 译成"大众艺术"而是译成"波普艺术",不把 E-mail 译成"电子信箱"而是译成"伊妹儿",后一种译法在特定的情况下倒另有一番情趣。

艺术设计是现代工业批量生产的条件下,把产品的功能、使用时的舒适和外观的美有机地、和谐地结合起来的设计。作为一种职业,它在 20 世纪初期诞生和形成。然而,在艺术设计作为职业形成以前,人类在数千年的器物制作过程中,艺术设计观念已经形成并得到发展。艺术设计理论的基本问题是生产和艺术、效用和美的关系问题。研究生产劳动和劳动工具发展的基本阶段,可以发现在劳动过程和劳动产品中功利因素和审美因素原初的天然联系。例如,原始人在砍伐树木时,手臂的挥动要保持一定的节奏,这样做有利于节省体力,从而最有效地从事劳动。同时,节奏也是一种基本的审美因素。原始人在长矛和标枪的手柄上刻上花纹,这不仅是一种装饰,而且便于把握。由此可见,在审美因素中潜伏着功利因素。

古代有不少著作对器物制作规律进行了理论思考,论述了器物文化中效用和美、技术和艺术、功能和形式的统一。这些基本原则不仅总结和规范了当时的器物制作活动,而且成为现代艺术设计的基础。在世界各国高等学校的艺术设计专业教育中,都赋予艺术设计史前史——即艺术设计诞生以前有关它的观念的发展史——以重要的意义。美国高校艺术设计专业一本典型的教科书——帕依尔（J. Pile）的《艺术设计：它的目的、形式和基本问题》（麻省理工大学出版社，1979）开头的一些章节就讨论了艺术设计的史前史：在人类历史各个阶段的器物制作中，造型的自发发展以及对造型的审美掌握。20 世纪 80 年代在意大利米兰创办的国际多姆斯学院（Domus）是目前世界上培训世界各国艺术设计师的最大的中心。艺术设计史前史的课程是这个学院的必修课程。下面我们看一下艺术设计观念在中国和西方的发展。

（一）中国艺术设计观念的历史发展

春秋时代的文献中，有很多记载涉及艺术设计的观念。《老子》第十一章谈到：车轮中心的孔是空的，所以车轮能转动；器皿的中间是空的，所以器皿能盛东西；房屋中间是空的，所以房屋能住人。任何事物不能只有"有"而没有"无"。"有"是形式，"无"是功能。老子在这里谈的是器物的形式和功能的关系问题。《论语·雍也》篇写道："子曰：'觚不觚，觚哉？觚哉！'"觚是古代盛酒的器具。孔子慨叹道：觚已经不像觚的样子了，它还算觚吗？它怎能算觚呢！孔子不是从功能的角度看待觚的。因为觚如果仅仅作为饮具使用，完全没有必要知道它的形状、材质和装饰，只要它底上不要有洞，在使用它时不要伤了嘴唇就行了。孔子是从象征意义看待觚的。觚的形制是某种身份和社会地位的象征，现在它失去了这种象征意义，怎能算觚呢？

墨子说过："故食必常饱，然后求美；衣必常暖，然后求丽；居必常安，然后求乐。"这段话表明，消费者在物质需要得到充分满足后，就会追求审美需要。《大学》里也有"富润屋"的说法。居住者富裕以后，不仅满足于房屋的使用功能，而要追求房屋的审美功能，把它建造得华美，使它有光彩。

战国时期的《考工记》是我国第一部论述手工艺技术的著作，是我国古代技术史最重要的文献。它虽然仅有 7100 多字，可是在我国器物制作史上产生了重大影响。早在唐代它就传入日本，宋代传入朝鲜，被译成多种文字,在世界广为流传。它的作者佚名,并非一人一时所作。《考工记》的"工"指官营手工业和家庭手工业的工匠,英国科学史家李约瑟(Joseph Needham)把它译为artisan。当时国家主要有六种职业:决定政事的王公,执行政务的士大夫,从事贸易的商人,种植耕作的农夫,纺织缝纫的女红,以及制作器物的工匠。工匠的工职有六种:制车系统、铜器铸造系统、兵器护甲系统、礼乐饮射系统、建筑水利系统、制陶系统。每种系统下面分若干工种,现存的《考工记》记载了25个工种的具体内容。

《考工记》总结了我国古代的器物制作经验,制定了器物制作的基本原则。春秋战国时期,我国的器物制作已经达到很高的水平。《庄子·徐无鬼》记载了一个运斤成风的故事:有位楚国人鼻尖沾了一点粉刷墙壁的白灰,像苍蝇翅膀一样薄。他让一个木匠把白灰砍掉,木匠抡起斧子,呼呼成风,一下子就把鼻尖上的白灰砍掉,而鼻子丝毫未伤。这是何等神奇的手艺!《墨子·公输》篇记载,楚国聘用了一个名叫公输般的器物发明家,他制作了一种攻城的武器。楚国准备用这种武器攻打宋国。墨子前往楚国,劝楚王别出兵。在楚王面前,公输般演示了他用来进攻宋国的武器,墨子则表演他用来防御的武器。他解下腰带,划出一座城,用小木棍表示武器。公输般先后用了九种器械来攻城,都被墨子一一化解。最后,公输般的进攻武器用尽,而墨子的防御武器还绰绰有余。可见攻防器械的精妙。

《考工记》包含着丰富的艺术设计观念。[1] 以车为例,它关于车轮、车厢、车盖、辕和其他部件的制作原则都充分体现了形式遵循功能的观念。我们都见过马车,马车前部驾马的两根直木叫辕。实际上,辕的前部上曲、后部水平。如果车辕平直而不弯曲,那么,上斜坡就比较困难,就是能爬坡,也容易翻车。所以,辕要坚韧,弯曲要适度。弯曲过分,容易折断;弯曲不足,车体上仰。辕要弯曲适度而无断纹,顺木理而无裂纹,配合人马进退自如,这样,即使一天到晚驰骋不息,马也不会感到疲劳,车夫也不会磨破衣服。驾车的马不一样,辕的弧度也不能一样。对于优良的马、打猎

---

[1] 本章以下引用的《考工记》译文采自闻人军《考工记译注》,上海古籍出版社1993年版。

时驾车的马、能力低下的马要分别采用不同弧度的辕。轮子是车的核心部件。远看轮子，要注意轮圈转动是否均匀地触地；近看轮子，要注意它的着地面积是否很小（很小就能减少摩擦力），无非是要求轮子正圆。远看辐条（连接轮圈和毂的直木条，毂是车轮中心的圆木部件），要注意它是否像人臂一样由粗渐细；近看辐条，要注意它是否匀称光洁。轮子的正圆、转动的均匀、辐条的光洁都是车辆的审美属性。

车轮的制作要使使用者感到舒适，用现代术语说，要考虑到人体工程学因素。轮子太高，人不容易登车；轮子太低，马就十分吃力，好像常常处在爬坡状态。所以，兵车的轮子高6尺6寸（每尺约20厘米），打猎用车的轮子高6尺3寸，乘坐用车的轮子高6尺6寸。人长8尺（1.6米），上下车就能恰到好处。

木车的制作还要考虑到文化象征意义。车盖的圆形象征天空，轸（车厢底部的横木）的方形象征大地（天圆地方）；车辐30条，象征每月30天；盖弓（车盖的骨架，呈弓形，上面覆盖布幕）28条，象征二十八宿（即二十八星，古代天文学家把赤道附近的天区划分成28个区域，每个区域选择一颗星作为观测的标志，叫做二十八宿）。

在《考工记》时代，设计当然还没有成为一种独立的活动。那么，《考工记》是怎样看待设计的呢？它有一段话值得注意："聪明、有才能的人创制器物，工巧的人加以传承，工匠世代遵循。百工制作的器物，都是圣人的创造发明。"这段话表明，圣人是各种器物的设计师，聪明、有才能的人（《考工记》称为"知者"，即智者）根据圣人在头脑里设想的形象制作出各种领域里的第一件器物，然后这种器物被传承、仿制，当然在传承、仿制的过程中也会有改进，从而促使器物制作不断发展。这样，知者制作的第一件器物实际上起着设计的作用。

在《考工记》以后的各个历史时期中，我国都有器物制作方面的著作。明朝宋应星的《天工开物》集中国传统文化和科学技术于一身，"天工开物"意思是"天然界靠人工技巧开发出有用之物"，这四个字集中体现了中国传统的造物思想。明朝文震亨的《长物志》就论述了家具的制作。明朝中期到清初的明式家具是中国传统家具的典型，它是明朝生活方式的表现，蕴涵着特定的时代精神。明式家具研究者指出，明式家具或方正古朴、或雅致清丽，使人产生高雅绝俗的趣味。拿明式家具中的马蹄足来说，它和国外家具中多呈S形的弯腿完全不同。它的内翻马蹄腿犹如马蹄内翻的马前腿。作高腿时挺拔，有漫步之姿；作矮腿时，似奔驰之势。而从马蹄腿的走势看，又表现出相对的力度。这正是文人外柔内刚的气节的体现。

下面我们再看一下清朝康熙年间李渔的《闲情偶寄·器玩部》中的艺术设计观念。李渔首先是个戏剧理论家，同时他也写剧本，组织剧团，担任导演。他最重要的著作是《闲情偶寄》。这部著作共分八部，其中《器玩部》涉及的艺术设计观念最多。有趣的是，李渔不仅阐述了器物制作理论，而且亲自制作了暖桌椅。他住在南方，冬天写

李渔：暖桌椅（清代）

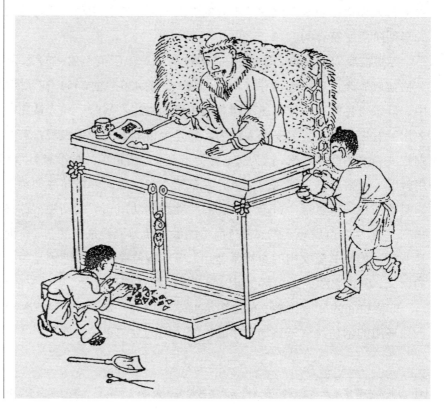

作感到很冷，砚台也上冻。如果在房间多摆炭盆取暖，那灰尘就很多；如果只设两只炭盆暖和四肢，那么，身体仍然畏寒；于是，他设计了一种暖桌椅。暖桌椅的形式完全是为功能服务的，功能就是周身取暖，同时又保持室内清洁。

最值得注意的是，李渔把器物看做感情的寄托。他善于通过排列布置，使"无情之物，变为有情"，仿佛它们之间也有"悲欢离合"。他认为，这样看待器物，就是"造物在手而臻化境矣"。

（二）西方艺术设计观念的历史发展

古希腊人把"艺术"称作 tekhne，这个希腊词语也有"技术"、"技艺"的含义，有的著作就把它译成"技术"。因为古希腊人理解的"艺术"，既包括音乐、绘画、雕塑等，也包括手工业、农业、医药、骑射、烹调等。在古希腊人那里，艺术和技术是不同的然而相互补充的活动。这是劳动发展的早期阶段所特有的。

苏格拉底（Sokrates，前469—前399）时代产生了美和效用的关系问题。苏格拉底的亲近弟子色诺芬（Xenophon，约前430—前335）在《回忆录》中，以亲身见闻平实地记述了师尊的生活和思想。当时一些人认为，美和效用没有任何关系；另一些人认为，美是合目的性的最高表现；苏格拉底则把美和效用联系起来，认为美必定是有用的，衡量美的标准就是效用，有用就美，有害就丑。据《回忆录》卷三第八章记载，苏格拉底和弟子亚里斯提善斯在一次谈话中讨论了矛、盾和粪筐的功用和美的问题。苏格拉底指出："盾从防御看是美的，矛从射击的敏捷和力量看是美的"，"一面金盾是丑的，如果粪筐实用而金盾不适用"。[1]苏格拉底在每一件物品中寻找它的含义，确定它和人的关系。所以，一件物品是美还是丑，要看它的效用。

苏格拉底的另一位弟子柏拉图（Plato，前427—前347）也曾坚持认为，一只适用的木勺比一只盛汤烫手的、不适用的金勺更美。然而，不同于色

---

[1] 北京大学哲学系美学教研室编：《西方美学家论美和美感》，商务印书馆1980年版，第19页。

诺芬的狭隘的功利主义，他是"真、善、美"三位一体的创立者。这三者概括了人类最高的价值，而美处在和其他最高价值相同的层次上。在《美诺篇》中，柏拉图挑选出两个正方形，一个正方形的一边等于另一个的对角线的一半。他把这两个正方形之间的比例视为理想的比例。在《蒂迈欧篇》中，他向艺术家特别推荐了等边三角形。《美诺篇》的正方形和《蒂迈欧篇》的三角形，成为艺术家、特别是建筑家的理想形式。古希腊罗马和中世纪的许多建筑都是根据这种正方形和三角形的原则设计的。

柏拉图区分了相对美和绝对美。他称现实事物的美是相对美，而抽象形式如直线、圆、平面和立体的美是绝对美，是"永远的美和为美而美的美"。他更喜欢抽象的美和纯色的美，认为它们本身就是"美的和使人愉悦的"。柏拉图的这种区分对艺术设计很有意义，可以假定，如果柏拉图知道有抽象艺术的话，他会支持这种艺术的。而艺术设计恰恰和抽象艺术关系密切。

古罗马演说家和美学家西塞罗（M. T. Cicero，前106—前43）继承了苏格拉底关于美取决于功用的观点，认为有用的事物就是美的事物，并把这种观点运用到动、植物和艺术中。与此同时，西塞罗区分出有用的美和装饰的美。有些事物的美与效用并无任何相同之处，而是纯粹的装饰，如孔雀的尾巴、鸽子五光十色的羽毛等。

古罗马建筑家维特鲁威（Vitruvius，前1世纪）在《建筑十书》中论述了造物活动中美和功用的关系。古罗马人所说的建筑不仅指房屋建造，而且包括钟表制作、机器制造和船舶制造。维特鲁威提出建筑的基本原则是"坚固、适用、美观的原则"。他理解的美有两种含义：一种是通过比例和对称，使眼睛感到愉悦。另一种是通过适用和合目的，使人快乐。建造房屋要考虑到宅地、卫生、采光、造价，以及主人的身份、地位、生活方式和实际需要。可见，在维特鲁威的建筑理论中，形式美和功能美之间保持某种平衡。

奥古斯丁（Aurelius Augustinus，354—430）作为中世纪最著名的美学家，奠定了长达千年的中世纪美学的基础。他区分出自在之美和自为之美：自在之美是事物本身的美，例如一个事物本身因为和谐而显得美；自为之美是一个事物适宜于其他事物的美，例如鞋子因为适合双足而显得美，它不是由于自身而是由于与之结合的事物得到评价。自为之美包含着效用和合目的性的因素，而自在之美就没有这些因素。因此，自在之美是绝对的，自为之美是相对的，因为同一个事物可能符合这一种目的，却不符合那一种目的。自为之美对艺术设计的启示是，艺术设计都是有对象的设计，它应该针对消费者的实际需要。

维特鲁威在《建筑十书》中还专门阐述了机器问题。他认为，机器是相互联系的木质零部件的组合，具有移动重物的巨大力量。古罗马时代的这种机器制造原则在文艺复兴前1500年期间的西方器物制作史中实际上没有改变。机器基本上由木材制成，极少用金属零件，使用机器是为了节省体力。这类机器有起重机、磨粉机、纺纱机等。在12—13世纪，西方器物制作史开始了一个新阶段：用机器的一些零部件代替另一些零部件，从而使机器具有新的功能。典型的例子是改进磨粉机，使它能够擀制呢绒、造纸、锯木、加工金属。科学家和哲学家们描述了各种各样的未来机器的样本。

文艺复兴时期的达·芬奇（Leonardo da Vinci，1452—1519）不仅是大画家，而且是大数学家、力学家和工程师。他设计过机床、纺织机、挖土机、泵、压榨机、飞机和降落伞。艺术设计史一贯重视达·芬奇的遗产，20世纪50年代中期后对达·芬奇的研究提升到一个新的高度。当时意大利米兰刚刚创办的国家科学和工艺学博物馆以达·芬奇命名，博物馆内有达·芬奇展厅，搜集和展出达·芬奇设计的机器模型、草图、机器的技术说明书和平面图。文艺复兴时期的职业画家在从事设计时，更为关心的是自己设计的最终产品的实际用途。这样，他们的创作活动开始从艺术领域转入器物制作领域，即从精神文化领域转入物质文化领域。在文艺复兴时期设计的一些产品中，体现出艺术和技术的内在统一。

从18世纪开始，西方国家陆续发生了工业革命。西方一些美学家看到美和效用之间的联系。例如，法国美学家狄德罗在《画论》中，举例说明美对人生都有某种功用：从悬崖瀑布联想到磨房，悬崖瀑布之所以美，因为让人联想到湍急的水流可以成为磨房的动力；大树之所以美，因为从大树联想到抵抗狂风骇浪的桅杆。一些思想家把技术进步带来的巨大变化，看做寻求新的器物形式的最强有力的动因。19世纪末期，第一次工业革命的成果充分表明，如果不掌握新技术形式，物质文化就不可能进一步发展。同时，与传统手工艺生产的产品相比，机器生产的工业产品质量下降，有损于审美环境。

进入19世纪以后，资本主义发展呈现出新的特点。1825年欧洲爆发了第一次严重的经济危机，它不仅席卷了消费品和纺织品生产部门，而且席卷了尚未成为独立工业部门的机器制造领域，以及工业建筑、冶金和金加工领域。衰落仿佛成为技术进步的必然结果。为了防止技术对文明的破坏，英国1836年成立了鼓励艺术和技术联系的若干专门委员会。书刊越来越多地讨论文化对技术发展的影响问题，开始使用"工业艺术"（industrial art）的概念。在18世纪，"艺术"的概念并不用于普通住宅、日用品和服装的设计和制作。而19世纪，随着艺术家对生产过程的介入，器物的设计和制作也被看做是一种艺术。

18—19世纪在欧洲国家举办的大型工业展览会，促进了关于技术和器物文化的审美问题的讨论。1798年，在巴黎举办了法国第一届工业产品展览会。1844年在柏林、1849年在巴黎分别举办了德国和法国全国工业展览会。真正大规模地展示最新技术的成就和问题的展览会，是1851年的伦敦第一届世界博览会。参加展览会的，有来自世界许多国家的1.5万家客户。在几个月的展出期间，约有600万人参观了展览。展品有的来自工业高度发达的国家，也有的来自工业生产相对落后的国家。展品代替了艺术作品的地位，被置放在底座上展出，并配有文字说明。参观者注意力的中心与其说是它们的功能性质，不如说是它们的审美性质。然而，展览会也有缺点：工业形式的装饰太过分，借用技术手段对旧有的、极为费工的产品进行仿制。例如，蒸汽机、纺织机上布满了哥特式的花纹，金属椅上油漆了装饰性的木纹。这些都表现出不好的趣味。关于展览会的讨论引起广泛的社会反响，有助于加深对器物文化审美层面的理解。

19世纪已经有人着手对器物制作和艺术创作进行比较研究，寻找艺和艺术设计之间共同的根源，进而阐述器物的制作原则和结构特征。英国学者克伦（W. Crane）的《设计基础》（伦敦，1898）一书就是这类成果之一。它被译成多种文字，对艺术设计的诞生和发展产生了重要的影响。

二 设计活动中的艺术设计

人类的器物制作活动已有漫长的历史。艺术设计的某些特点在人类器物制作活动的早期就已经呈现出来，按照当时的技术发展和生活需要的水平，工具、武器、房屋、交通工具、日用品的形式和功能达到最大限度的符合。那么，为什么艺术设计只是在20世纪初期才产生呢？要回答这个问题，有必要考察人类设计活动的发展历程。

（一）人类的设计活动

设计作为一种人类有意识的活动，其含义是"在正式做某项工作之前，根据一定的目的要求，预先制定方法、图样等"[1]。西方最早提到设计概念的词典是1588年出版的《牛津英文词典》，它这样解释"设计"："由人所设想的一种计划，或是为实现某物而作的纲要。""为艺术品……（或是）应用艺术的物件所作之最初画绘的草稿，它规范了一件作品的完成。"[2]总之，人们在劳动活动中改造自然界的物质、把它们变成满足人们的需要的产品时，要预先在头脑中改造这些物质。未来产品的原型就是这种产品的设计。

设计有两种表现形态：在一些情况下，它只是生产过程的内部因素，没有从生产中脱离出来，产品的原型保留在生产者的头脑中，生产者也就是设计者。在另一些情况下，设计是相对独立的活动，生产者根据设计师预先设计的图纸进行加工。设计的这两种情况和艺术创作相类似。有些艺

---

[1]《现代汉语词典》，商务印书馆1982年版，第1003页。
[2] 转引自〔德〕B.E.布尔德克著，胡佑宗译：《工业设计》，台湾亚太图书出版社2001年版，第10页。

创作要先有草稿、草图，而有些艺术创作则不需要草稿、草图，虽然它们也先有设计，但那是存在于意识中的形象。

我们有些人可能看到过蜂房，那是蜜蜂用蜡筑成的许多六面体的小室，蜜蜂在里面生育幼蜂、储存蜂蜜和食物。人们往往惊叹蜂房结构的精巧，它是那样的对称、均匀、和谐。然而，马克思在《资本论》中有段名言说，在蜂房的建筑上，蜜蜂的本事固然使许多以建筑师为业的人惭愧，然而，"最拙劣的建筑师"也比"最巧妙的蜜蜂"优越，因为建筑师在盖房之前，已经在头脑中设想了房子的形象。也就是说，劳动过程结束时得到的结果，已经在劳动过程开始时，存在于劳动者的观念中。而蜜蜂筑巢是一种本能的行为。因此，有没有设计能力是人和动物的根本区别之一。

最早制作劳动工具如石斧、石刀、弓和箭的原始猎人，是人类第一批设计师。当然，在原始人那里，构思和体现、设计和制作是统一的行为，设计不是一种独立的活动。不仅在原始社会，而且在手工艺高度发达的奴隶社会早期，都没有独立的设计活动。人的意识中的形象直接体现在所制作的产品中，没有过渡性的模型和草图。在这种情况下，第一件被制作出来的产品往往起到设计的作用。其他生产者以这种产品作为摹本进行制作，同时在制作过程中又根据使用的需要添加自己的构思。这样，同一件产品在长期实践和反复制作中，不断得到改进和完善。例如，原始猎人的石斧在造型、比例、厚薄等方面，经过漫长的演变，逐渐获得固定的、比较接近于现代斧头的形式。在漫长的演变过程中，一位生产者与另一位生产者的关系，在某种意义上就是设计者和生产者的关系。

从哲学的高度看，设计是存在的本质特征。世界是被设计的，是器物不断形成和发展的过程。设计把一般和个别联系起来。我们没有见过一般的桌子，只见过具体的桌子：长桌子、方桌子、大桌子、小桌子。具体的桌子是被设计出来的，尽管它们各不相同，然而它们都归在"桌子"的名下，以共同的本质特征而区别于椅子、床、厨。设计联结了个别和一般。

设计还联结了有限和无限。设计是形式的守护者，是再现、重造形式的一种机制。斧子锈蚀了，房屋倒塌了，然而它们的形式保留下来了。用来制作斧子的石头或金属、建造房屋的砖瓦和木头在存在上都是短暂的，然而斧子或房屋的形式常存。设计把有限的实在和无限的潜在、短暂的材料和永恒的形式联结起来。

设计要通过生产制作才能够获得某种形式，成为有一定的时间、空间和功能特征的产品。在人类社会发展史上，设计和生产的关系有若干种类型：(1) 设计和生产相互适应，它们是统一的行为；(2) 设计适应生产；(3) 设计独立于生产，但是对生产的影响很小；(4) 设计独立于生产，并对生产产生重大影响，以至于生产服从设计。设计究竟什么时候成为一种独立的活动，是一个值得研究的问题。西方通常把达·芬奇称为第一位设计师。吉尔博特（K. Gilbert）和库恩（H. Kuhn）的《美学史》（纽约，1960）在阐述文艺复兴美学时指出，欧洲文艺复兴时期设计艺术从艺术领域里独立出来，并成为三种艺术样式——绘画、雕塑和建筑的基础。艺术家在手工工场从事设计，而不是创作绘画和雕塑。艺术家从文艺复兴美学的中心概念——和谐来看待设计，把设计理解为自然界万物的形式。手工艺者根据他们绘制的图样制作家具、瓷器和织物。设计成为一种专门的活动。但是，在有些手工工场中，仍然只从事生产，而没有设计。手工艺者根据传统的产品样本进行制作，只是使产品适应工场的生产条件。

机器时代的到来，导致设计和生产之间的关系发生了重要变化。机器本身是设计的产物。不过，在消费品领域，早期的机器生产仍然是没有设计的生产。机器在工业中的应用，不是为了改善产品质量，而是为了提高产量。技术虽然改善了，然而产品的质量却降低了。于是，生产工具和产品之间出现了分裂和背离。19世纪末到20世纪初，产生了更新消费产品、更新它们的形式和功能的社会需求，这种需求促使工业领域中的技术设计成为一种独立的活动，而工业自动化对技术设计的独立产生特别强烈的影响。为了有效地向自动化过渡，必须根据产品的最终功能重新设计产品。自动化要求在极其广阔的范围内考虑生产问题。如果没有工业领域里的技术设计，就不可能有艺术设计，也就不可能有艺术设计师的活动。

在20世纪以前，器物文化的形成和变化十分缓慢。在几十年甚至上百年的时间内，器物的形式才定型和完善，对各种形式的选择是自发地进行的。20世纪科学技术的高速发展和新的社会需求的产生，使得产品形式和功能的更新成为自觉的追求。设计越来越从生产过程中解放出来，明显地、直接地依赖于消费而远离生产。不是设计为生产服务，而是生产为设计服务。艺术设计逐步成为协调人和环境、个人和社会、生产和消费之间的手段。这就是艺术设计只是在20世纪才产生的原因。

（二）艺术设计

如果把艺术设计广义地理解为效用和形式、技术和美的结合，那么，它在人类活动的初期就产生了。有人不无幽默地把上帝称为第一位艺术设计师。据《圣经》，上帝从亚当身上取下一根肋骨，用那根肋骨造了一个配给亚当的夏娃。上帝赋予夏娃的外貌，千百年来令诗人和画家赞叹不已。然而，艺术设计是一个特定的历史概念，它是现代工业生产条件下的产物。那么，艺术设计有没有一个确切的诞生日期呢？

如果把艺术设计看做解决艺术和机器技术之间冲突的手段，那么，艺术设计编年史可以从美国建筑师赖特开始撰写，因为他宣称机器能够像手工工具一样成为艺术家手中的工具。如果认为艺术设计是消除艺术创作和物质实践活动之间对立的途径，那么，艺术设计史可以从英国威廉·莫里斯开始。如果主张通过艺术设计全面地发展个性、恢复个性的完整，并通过个性的创作重建对象世界的完整性，使技术文明人化，那么，德国建筑家格罗皮乌斯领导的艺术设计学校包豪斯就是艺术设计史的发端。如果把艺术设计当做贸易的刺激剂，那么，应该承认英国工业家和政治家罗伯特·皮尔爵士（Robert Peel，1788—1850，于1834—1835、1841—1846年任英国首相）是位预言家。1832年，他在英国下议院号召利用艺术来提高英国产品的竞争力。我们也可以认为，英国艺术家和艺术理论家亨利·科尔（Heinri Kol，1808—1882）是艺术设计真正的先知。他在1845年就使用了"艺术工业"（Art Manufactures）的术语，以表示"应用于机械生产的美的艺术或美"。1849—1852年，科尔出版了《设计和工业杂志》（*Journal of Design and*

Manufactures），关注设计的利润和商业价值。[1]类似的观点还可以举出很多。想要确定艺术设计诞生的具体日期，也许是经院派的做法，但大概是不可能的。然而无疑，艺术设计诞生于20世纪初期。

艺术设计的应用领域很广。除产品设计外，艺术设计还运用于环境设计。人周围的环境不仅是物质环境，而且包括人的关系领域。这种完整环境的观念，是在艺术设计的实践中逐渐形成的。包豪斯学校提出完整环境的观念主要指物质环境，德国乌尔姆高等造型学校不仅仅把人周围的环境归结为物质环境，而且根据生态学原则，把人的关系领域也纳入人周围的环境。相应地，艺术设计解决两组问题：物质环境和人的行为的设计，第一组问题包括环境和产品世界，第二组问题包括交际环境。这样，艺术设计可以分为三类：环境设计、产品设计、视觉传达设计。这种分类得到很多人的赞同，有人就把艺术设计分为：为了传达的设计——视觉传达设计，为了使用的设计——产品设计，以及为了居住的设计——环境设计。[2]

1983年第13届国际工业设计会议的主题"从小匙到大城市"，标明了艺术设计宽广的应用领域。也有人根据高校中艺术设计的专业设置，把艺术设计分成五类：环境艺术设计、产品设计、平面设计、广告设计、染织和服饰设计。

产品设计又称为"工业设计"，它是英语industrial design的译名。由于我们把design译作"艺术设计"，所以，"工业设计"的实际含义应该是"工业产品的艺术设计"，而不是机械的工业设计。industrial design这个术语是美国艺术家约瑟夫·西奈尔（Joseph Sinell）于1919年首次提出来的，他以此称呼广告上的工业产品图像。自从1927年美国早期著名的艺术设计师贝尔·盖茨广泛地使用这个术语后，它开始获得与我们现在的理解比较接近的含义，即机器和仪表制造等工业领域里的艺术设计。

在西方国家中，工业设计是艺术设计的主体。美国早期著名的艺术设计

>>>
[1] 参见〔俄〕坎托尔：《艺术设计的真理》，莫斯科1996年版，第34页。
[2] 尹定邦：《设计学概论》，湖南科学技术出版社2002年版，第160页。

师都是工业设计师,美国最重要的艺术设计刊物是《工业设计》,世界上最有影响的艺术设计组织是成立于1957年的国际工业设计学会联合会(International Council of Societies of Industrial Design,简称ICSID),国际上最权威的艺术设计定义也是工业设计定义。

1964年受联合国教科文组织的委托,国际工业设计学会联合会在比利时临近北海的港口城市布吕赫(Brugge)召开的国际工业设计会议讨论了工业设计师的培养方法,会议首先讨论了工业设计的定义。英国工业设计师布莱克(M. Blake)提出,工业设计是工业生产的一个方面,它涉及产品和消费者的相互联系。工业设计把产品形式看做决定产品制作的生产方式和材料的功能性的表现。马尔多纳多反对这种观点,认为工业设计不是"工业生产的一个方面",而是独立的活动。

马尔多纳多(Tomás Maldonado,1922—)当时是德国乌尔姆高等造型学校的校长,他出生于阿根廷讲西班牙语的拉美裔和讲英语的苏格兰裔家庭,1967年加入意大利国籍,1967—1969年任国际工业设计学会联合会主席。他提出的定义为会议所采纳,这个广为援引的著名定义也见之于马尔多纳多1965年发表的《工业设计教育》一

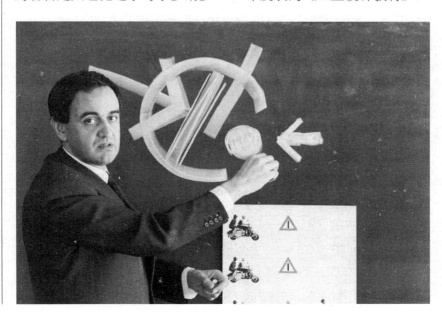

马尔多纳多

文中:"工业设计是一种创造性的活动,旨在确定工业产品的形式属性。虽然形式属性也包括产品的外部特征,但更主要的却是结构和功能的相互联系,它们将产品变成从生产者和消费者双方的观点来看的统一的整体。"[1]

在这里,马尔多纳多区分了产品的"外部特征"和"形式属性"两个概念。外部特征指赋予产品更加吸引人的外观,这样做有时是为了掩盖结构上的缺陷。形式属性是决定产品性质的各种内部因素协调和整合的结果,它们也这样或那样地体现在外貌成型过程中。马尔多纳多在说到形式属性时,很少指产品的外部形式,而是指结构联系和功能联系。确定这些属性和它们的协调,是工业设计师的基本任务。而这些形式属性显然由生产的技术复杂性和产品的技术复杂性所决定。

这则定义和乌尔姆学校的办学理念密切相关。乌尔姆学校为工业设计广泛介入工业生产开辟了道路。乌尔姆学校短暂的历史对于巩固和推广它的教育观点和职业观点是不够的,然而,它奠定了工业设计的新概念、新方法的基础,向未来的后技术社会工业设计教育迈出了一步。而后技术社会的前景在当时还只是刚刚显露出来。

国际工业设计学会联合会1980年在巴黎举办的会议上,把马尔多纳多提出的定义修订为:"就批量生产的工业产品而言,凭借训练、经验及视觉感受而赋予材料、结构、形态、色彩、表面加工以及装饰以新的品质和资格,叫做工业设计。根据当时的具体情况,工业设计师应在上述工业产品全部侧面或其中几个侧面进行工作,而且,当需要工业设计师对包装、宣传、展示、市场开发等问题付出自己的技术知识和经验以及视觉评价能力时,这也属于工业设计的范畴。"

柏林国际艺术设计中心(Internationalen Design Zentrum,简称IDZ)在1979年提出的工业设计定义也可与此相参较:"好的设计不是包装技术,它必须将各类产品的特性,用合宜的造型手法表达出来。好的设计必须将产

---

[1] 〔意〕马尔多纳多:《工业设计教育》,载《艺术教育》一书,纽约1965年版,第17页。

品的功能及操作呈现出来,让使用者知所循。好的设计必须使科技发展的最新状况为人所知。好的设计不仅限于产品本身,对环保、节约能源、回收、耐用性及人体工程学等问题,也必须予以考虑。好的设计要将人与物的关系,当成造型工作的出发点。尤其要考虑到劳动医学及感官知觉方面。"[1]

对于艺术设计的分类,有人按照自然描述的方法,即根据艺术设计现实存在的状况进行划分,从而把艺术设计分为六类:传统手工艺品设计,包括陶瓷、染织、漆艺、木工等;现代工业产品设计,包括各种生活用品、家电、机械产品等;环境艺术设计,包括园林、小区、街头设施、室内装修等;文化传媒设计,包括展览布置、文化标志、书籍装帧等;商业传媒设计,包括广告、商标、店面橱窗、企业形象等;时装设计,包括生活服装、工作服、礼服、艺术表演服装等。[2]这种分类具有广泛的包容性,一些新兴的设计分支,如网络设计、动画等,都可以归入上述相应的种类中。

艺术设计是艺术、技术和科学的交融结合,集成性和跨学科性是它的本质特征。艺术设计师和实用美工师的区别在于,后者只是在工程师设计或制作出产品的功能形式和技术形式后,才从事自己的创作。艺术设计师则相反,他从一开始就和从事设计的工程师(机械设计师、电器设计师)一起工作,因为他对整个产品负责,而不仅仅对产品的艺术性负责。也就是说,艺术设计绝对不是先有产品、后有美化的设计,更不是仅仅只有装饰、装潢的美化设计,它应该始终与产品最初的结构设计平行进行。所以,仅会"画画"绝当不了艺术设计师,艺术设计师必须了解生产技术。只有当他既不是技术的奴隶又不脱离技术时,才能够自由地表现自己的构思。

艺术设计是一种生活方式的设计,是一种文化的设计,是一种情感体验的设计。艺术设计师按照人的需要、爱好和趣味设计产品。他在设计产品

>>>
[1] 转引自〔德〕B.E.布尔德克著,胡佑宗译:《工业设计》,台湾亚太图书出版社2001年版,第12页。
[2] 《中国·2003交叉性艺术学科建设与发展国际学术研讨会论文集》(非正式出版物),第24—25页。

以及物质环境时,仿佛在设计人自身。正如有的时装设计师所说的那样,他设计的不是女装,而是女性本人——她的外貌、姿态、情感和生活风格。因此,艺术设计师直接设计的是产品,间接设计的是人和社会。人、人的外貌和生活方式的设计,是艺术设计师的真正目的。艺术设计受到文化的制约,同时它又在设计某种文化类型。艺术设计师通过设计新器物以改变文化价值。

三 艺术设计和自主创新

艺术设计的百年历史表明,它具有复杂性、综合性和变易性的特点。同时,艺术设计是企业集成创新的重要途径。

(一)艺术设计的复杂性和变易性

艺术设计的复杂性表现为,它具有各种类型和各种模式,以至有人认为难以用单一的定义来规范它。它的类型的多样性,既取决于各国社会经济结构和工业发展水平的差异,又取决于艺术设计对象的差异(汽车或灯具、电视或钟表、单一对象或综合对象)。比如,美国在艺术设计方面比欧洲起步晚,美国艺术设计的形成是欧洲艺术设计美国化的过程。20世纪20年代欧洲艺术设计主要作为一个艺术流派得到发展,而30年代美国艺术设计则牢固地占领了工业领域,成为国家经济社会中的重要因素。美国艺术设计在1929年严重经济危机后得到发展,1934—1935年期间具有相当规模,这和美国实现工业自动化的时间恰好同步。当时美国工业中不仅使用了机器,而且使用了生产流水线,推广了劳动的科学组织和科学管理。

从20世纪40年代中期起,艺术设计在美国工业中牢固地扎下根来。美国生产的大量产品无不带有艺术设计的印记。据专家分析,艺术设计对美国公众审美趣味的影响,只有电影可以与之相媲美。大批美国产品在欧洲市场上的销售,使得美国化的设计回到了艺术设计的故乡,并奠定了欧洲艺术设计美国化的基础。第二次世界大战后的欧洲出现了振兴经济、加速发展的一系列机遇：科技革命，批量生产方式的推广，工业的科学管理，自动化，垄断的增长，欧洲一体化，等等。内部的经济、生产和技术因素，以及与美国产品相抗衡的外部必要性，成为艺术设计在欧洲迅速发展的原因。欧洲艺术设计吸收了美国的经验，然而，它没有全盘照搬美国的做法，保持了20年代自己的艺术设计传统。

艺术设计活动的复杂性和综合性，决定了艺术设计理论的复杂性和综合性。艺术设计综合了艺术活动、技术活动、设计活动和生产活动等多种实践领域，考虑到消费者的各种需求和价值取向。相应地，艺术设计理论也要综合有关的知识领域，包括哲学、社会学、美学、艺术学、经济学、文化学、人体工程学、工艺学等。以这些知识为基础，才能构建自成体系的艺术设计理论。显然，这是一项十分艰巨的任务，要靠许多人的共同努力才能够完成。

艺术设计的百年史还表明，艺术设计在其发展过程中不断发生变化，变易性是它的一个明显特点。艺术设计曾是建筑的一部分，早期著名的艺术设计师几乎是清一色的建筑师。德国的穆特齐乌斯、贝伦斯、凡·德·韦尔德，法国的柯布西埃就是例证。成立于1919年的德国包豪斯学校专门培养艺术设计人才，它是艺术设计发展史上重要的里程碑。"包豪斯"在德语中的意思是"建筑之家"，它的历任校长——格罗皮乌斯、迈耶、密斯·凡·德罗都是著名的建筑师。包豪斯制定了艺术设计师创作活动的基本原则、艺术设计教学法以及与建筑理论密不可分的艺术设计理论。

艺术设计从欧洲移植到美国后发生了重要变化。20世纪30—40年代，美国的艺术设计已经不是20年代欧洲的艺术设计。它独立于建筑而得到发展。美国的艺术设计主要是商业性艺术设计，以追求商业利润为目的。在风格上，它不同于20年代欧洲的功能主义，不同于包豪斯。它同式样主义处在密不可分的统一中。功能主义奉行"形式遵循功能"的原则，而式样主义往往游离于功能之外改变产品形式。于是，艺术设计又成为式样主义的一部分。

50—60年代，德国乌尔姆高等造型学校尖锐地批评了美国艺术设计的式样主义，使艺术设计摆脱式样主义。艺术设计逐步成为既不依赖建筑、又不依赖式样主义的一种独立的活动。

（二）艺术设计是企业集成创新的重要途径

2005年12月举行的中央经济工作会议指出："要把增强自主创新能力作为科学技术发展的战略基点和调整产业结构、转变增长方式的中心环节。"2005年中共中央在"十一五"规划中明确提出建立以企业为主体、市场为导向、产学研相结合的创新体系，形成自主创新的基本构架。"国家创新体系"这个概念是英国经济学家克里斯·弗里曼于1987年在《技术和经济运行：来自日本的经验》一书中首次使用的。这个概念已为世界经济合作与发展组织（OECD）正式接受，该组织在1996年的报告中提出的定义是："国家创新体系是政府、企业、大学、研究院所、中介机构等为了一系列共同的社会和经济目标，通过建设性地相互作用而构成的机构网络，其主要活动是启发、引进、改造与扩散新技术，创新是这个体系变化和发展的根本动力。"

关于自主创新，中央有一个值得注意的提法：企业是自主创新的主体，自主创新有三种方式：原始创新，集成创新，引进消化吸收以后再创新。我们认为，艺术设计是企业集成创新的重要途径。在这一点上它与艺术不同，正如一位西方学者所说："设计师想让草莓有柠檬味，而艺术家想要创造一种新的水果。"与原始创新相比，艺术设计的投资风险小，实施周期短，同时，能够带来巨大的经济效益。研究艺术设计作为集成创新的特点，有利于培育企业集成创新的能力，提高推广艺术设计的自觉性。那么，艺术设计作为集成创新，有什么特点呢？

第一，艺术设计具有原型或原生材料，也就是说，它具有供集成的客体。而供集成的客体，不仅可以是同一种类或者相近种类的物体和现象，而且可以是比较疏远的种类的物体和现象。不同领域的客体可以组合，甚至不是整个客体而只是客体的一部分，或者作用原则、功能特征、知觉特征也可以集成为新的统一体。

　　发明作为原始创新，在技术中指创造新的机器、仪表、工具和工艺流程，在科学中指发现新的规律、现象、定律。艺术设计和发明不同，它所发现的不是现象本身，而是现象之间存在的联系。我们通常认为轿车、机车、电冰箱等是发明的结果。而实际上，发明的只是蒸汽机、内燃发动机。然后，把蒸汽机集成到马车上，成为轿车的形象。如果这种车子沿着铁轨行驶的话，就是机车。把蒸汽机集成到帆船上，就成为轮船。冷冻装置可以装在厨房的柜子上，从而产生电冰箱。轿车有一种原型就是内装发动机、下面配有轮子的普通轿式马车。

　　发明是唯一的。第二热力学定律无论在发现它的1850年还是在1950年，无论在纽约还是在伦敦都是一样的。而集成是多种多样的。德国和日本的轿车在结构、功率、使用材料和外形上是彼此不同的。现在的轿车不同于第一辆轿车，也不同于十年以后的轿车。因此，集成创新有广阔的空间。

　　第二，艺术设计具有明确的目的性和强烈的功利性。发明与此不同，它往往是意想不到地产生的，或者是长期实验的结果，其最终结果在起初相当含混。发明不总是为了某种具体的功利目的。苏格兰人贝尔发明电话是原始创新，美国人德雷福斯设计了电话机的现代款式是集成创新。这两种创新的目的不一样。虽然贝尔1876年在美国获得第一台实用电话的专利，不过，电话只是贝尔研究声音传播规律的自然结果，而这种结果在起初并不明朗，它不指向某种具体的功利意图。德雷福斯在一开始目的就很明确：改变电话机外观，降低重量和造价，追求使用的便捷、舒适，从而提高产品的附加值。

　　第三，艺术设计起着进步的加速器的作用，起着某种技术催化剂和社会催化剂的作用。艺术设计作为集成创新，把科学家和发明家所获得的发现、规律、原则、材料用于具体的现实，使它们进入工业、技术和日常生活中。蒸汽机一开始只用于矿井中的抽水，接着用做金属加工、织造、木材加工企业中产生旋转运动的发动机，然后用做铁路、轮船上的发动机，最后用做无轨运输和空中运输的发动机。这样，由于集成、变化、适应，蒸汽发动机征服了越来越多的领域，加速了各个部门中的技术进步和社会进步。

第四，艺术设计在集成创新时产生出质量效果。质量效果不仅指可以触摸的物质质量，例如汽车和坦克在水上行走，或者飞机水栖的能力；而且指精神质量、心理生理质量，例如赋予产品以美和舒适的属性。表面看来，艺术设计师只完成了某项产品的设计任务，但实际上，他们活动的结果以某种方式培育了消费者的某些趣味、习惯和追求。艺术设计师虽然同物打交道，然而他们指向的不是物，而是人。他们把改善社会条件和提高社会的审美水准作为自己的职责。

在结束本章时，我们想概述一下艺术设计学的体系，本书将涉及这个体系的主要方面。艺术设计活动作为一个系统，包括艺术设计创作、艺术设计作品和艺术设计欣赏三个部分。艺术设计创作是一种特殊的审美活动，是一种过程。艺术设计学研究这个过程的一些主要环节，如艺术设计构思、艺术设计构思的物质体现，以及作为艺术设计主体的艺术设计师在创作过程中的作用。此外，还要研究艺术设计师的基本素养，艺术设计管理，艺术设计心理，艺术设计风格的内涵和表现、形成和发展、一致性和多样性，以及艺术设计流派的形成和发展、类型和作用。

艺术设计创作过程"消融"在自己的产品——艺术设计作品中。艺术设计作品是一种特殊的审美价值，它和其他审美价值既有联系，又有区别。它有自己独特的结构。艺术设计学研究艺术设计作品的结构、形式因素、形式和功能的关系、艺术设计语言和符号系统。各种门类的艺术设计还有不同的审美特征，它们的联系和相互作用形成艺术设计世界内部结构的"形态学脉动"，使艺术设计的疆界不断发生变化。

艺术设计作品的使用价值在消费中实现。艺术设计学研究艺术设计同市场和消费需求的关系，研究消费行为和消费心理。艺术设计作品除了使用价值外，还有其他文化价值，后者只有在欣赏过程中才能实现。艺术设计学研究艺术设计欣赏的意义和特点，艺术设计欣赏主体的形成，艺术设计批评的性质、作用和标准。这样，艺术设计师创造出特殊的语言，并把它凝定在作品中。最后，接收者通过欣赏，与创作者的审美体验相沟通。

艺术设计学的历史方面研究艺术设计的起源和发展、继承和革新、各民族艺术设计的相互影响。艺术设计学的理论方面研究"艺术设计创作——艺术设计作品——艺术设计欣赏"的系统。这两个方面互为经纬，形成艺术设计学的完整体系。

思考题
1. 什么是艺术设计？
2. 中西方艺术设计的观念是怎样发展的？
3. 艺术设计和集成创新有什么关系？

阅读书目
1. 尹定邦：《设计学概论》，湖南科学技术出版社2003年版。
2. 柳冠中：《事理学论纲》，中南大学出版社2006年版。
3. 李砚祖：《艺术设计概论》，湖北美术出版社2002年版。

第二章
早期工业时期的艺术设计

　　发端于英国的工业革命给人类带来了翻天覆地的变化。面对高耸的、浓烟滚滚的烟囱和日夜轰鸣的机器，人们对机器风驰电掣的速度、移山倒海的力量、创造财富的神奇惊叹不已。19世纪英国女演员芬尼·肯姆布尔这样形容火车："它靠轮子行走，那就是它的腿；轮子是靠叫做合塞的光亮的钢腿来转动的；所有这些都靠蒸汽来推动……这匹怪兽的缰绳、嚼子和笼头只不过一个小小的钢把手，它用来给它的腿或活塞加上或放掉蒸汽，因此连一个孩子也能够操纵自如。这个喷气的小动物……我多么想轻轻地拍拍她。"[1]然而，随着时间的推移，工业生产的弊病日益显露出来。例如，它导致环境的污染和噪音的增加。罗斯金在19世纪预测，20世纪英国各地的"烟囱会像利物浦码头上的桅杆那样密布"，"没有草地……没有树木，没有花园"，"在每一公顷的英国土地上都会安装起井架和机器"。威廉·莫里斯

---

[1]〔英〕阿萨·勃里格斯著，陈叔平译：《英国社会史》，中国人民大学出版社1991年版，第259页。

愤怒地问道：是否一切都要弄到"在一大堆煤渣的顶上建立起一座帐房，把赏心悦目的东西从世界上一扫而光"，才肯罢休？[1]而对机器生产的产品艺术质量下降的不满、思考和探索，直接导致了艺术设计的诞生。

艺术设计作为一种职业，产生于20世纪初期。英国人威廉·莫里斯和罗斯金被后人追溯为艺术设计的先驱者。在19世纪末期发生的手工艺设计向工业艺术设计的过渡中，德国建筑家泽姆佩尔起了重要作用，德国艺术工业联盟则实现了这种过渡。受到德国艺术工业联盟的影响，英国和法国早期的艺术设计也得到发展。

一 艺术设计的先驱者

19世纪中期英国争取艺术和手工艺的联系的运动，即艺术与手工艺运动（The Arts and Crafts Movement，亦译为"工艺美术运动"），是欧洲艺术设计理论的源头。这场运动的首领是威廉·莫里斯（William Morris，1834—1896）和约翰·罗斯金（John Ruskin，1819—1896）。这场运动为什么叫做"艺术与手工艺运动"呢？因为莫里斯认为手工艺者被艺术家抛在后面了，他们必须迎头赶上，与艺术家并肩工作。这场运动的名称表明了它的实质。19世纪，资本主义大工业生产造成技术和艺术的脱节和对立。与手工艺生产相比，机器生产的批量产品导致艺术质量急剧下降，由此还引起了消费者艺术趣味的衰落。这些问题使威廉·莫里斯和罗斯金深感不安。因此，他们力图通过完全否定技术和机器生产、恢复艺术和手工艺的联系的途径，来解决技术和艺术之间的矛盾。

（一）罗斯金

罗斯金是英国艺术理论家、画家、诗人和政论家，属于英国浪漫主义晚

>>>............

[1] 〔英〕阿萨·勃里格斯著，陈叔平译：《英国社会史》，中国人民大学出版社1991年版，第232—233页。

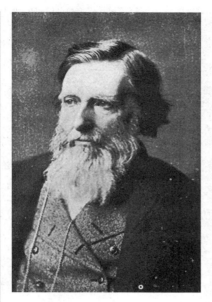
罗斯金

近的一代。他在众多的著作中对资产阶级社会现实的抗争具有浪漫主义色彩，提倡复兴"富有创造精神的"中世纪手工艺。他的《建筑的七盏明灯》论述了建筑和装饰的设计原理，肯定"装饰是建筑的首要部分"，呼吁工业化的英国回到中世纪。他论述文化问题的著作《芝麻与百合》（1865）和《空中皇后》（1889）以文辞精美著称。他晚年的自传体著作《往昔》（1889）阐述了他关于人和日常生活相冲突的思想是怎样发展的，人们的生活方式怎样在艺术中得到反映，艺术家怎样对社会的审美知觉发生影响等。

作为一位道德学家，罗斯金关注艺术和技术相互作用的伦理方面，从道德主义立场批判资产阶级社会。道德主义是英国艺术文化的特征之一。英国于19世纪中期形成了两种审美思潮——道德主义和唯美主义。道德主义以罗斯金为代表，认为审美和伦理是同一的，强调美的道德性。唯美主义以诗人斯温伯格（A. C. Swinburne，1837—1909）和王尔德（O. Wilde，1854—1900）为代表，主张道德的审美性。罗斯金要求艺术具有高尚的道德内容，认为作品的艺术价值直接依赖于它所体现的思想的意义。而唯美主义则相反，他们否定艺术体现道德价值的必要性，把艺术仅仅局限于美的领域中。然而，这两种审美思潮都批判当时的社会丧失了美和诗性。对于罗斯金来说，丧失了美就同时意味着丧失了道德；而对于唯美主义来说，丧失了美就同时意味着伪善的道德主义的胜利。

罗斯金的思想对同时代人产生了很大的影响。虽然现在看来，他的不少观点是幼稚的和陈腐的，然而不应当忘记，他在一个半世纪前就注意到艺术工业问题。在他之前，艺术学仅仅研究"高级艺术"——音乐、诗歌和绘画。艺术的这些样式仿佛完全不同日常生活发生联系。而罗斯金在牛津宣称，在各种艺术领域中，从高级艺术到低级艺术（指衣服、器皿、家具等产品的制造），艺术的健康方向首先取决于它在工业中的应用。

1857年7月10日和13日罗斯金在曼彻斯特的两次演讲阐述了艺术与效用的关系。他使用了"具有审美价值的产品"的概念，强调指出，匆忙地制造的产品也会匆忙地消亡，结果廉价的成为昂贵的。他认为，工业艺术、日用品艺术是艺术大厦的基石，而这些艺术的基础是天赋、美和效用三位一体。艺术的主要任务是在日常生活中产生真正的效益，而艺术的首要目的是使自己的国家变得光明，使自己的人民变得美好。罗斯金确认，机器生产不仅毁灭艺术，而且摧残劳动者，把他们变成机器。烙有机器生产和劳动分工印记的艺术远离自然，丧失了人民精神。罗斯金的演讲尖锐地提出了工业产品的艺术质量问题，引起了社会对工业艺术的注意。但他的结论是错误的，他主张解决矛盾的出路是倒退到手工生产中去，认为社会的道德完善和审美完善只可能在手工劳动广泛普及的基础上产生。

罗斯金并不反对技术本身，而是反对伴随技术所产生的资源严重消耗和自然环境的破坏。他斥责"那个肮脏的大城市伦敦——车马喧嚣、人声嘈杂、烟气弥漫、臭气熏天——一大堆可怕的高楼大厦在发酵般骚动不已，全身吐出毒液"。1851年，英国为举办第一届世界博览会，在伦敦市中心建了展览馆。博览会由英国维多利亚女王的丈夫阿尔伯特亲王主持。展览馆被称为水晶宫，又称为"玻璃方舟"，因为它主要由钢架和玻璃构成。水晶宫由英国园艺师和建筑师柏克斯顿（J. Paxton，1803—1865）设计。他受到王莲叶子的启示，设计出具有薄膜结构的建筑造型。王莲是一种像荷叶似的浮在水面的热带花卉，它的叶子背面有许多粗大的叶脉构成骨架，其间连有镰刀形横膈。叶子里的气室使叶子稳定地浮在水面。王莲叶的直径可达1.5—2米，一个五六岁的孩子坐在上面不会下沉。水晶宫是19世纪工业生产方式的原型，全部为预制构件，构件在各处完成，然后在现场装配，整个施工期为四个半月。展厅结构轻巧，宽敞明亮。水晶宫在使用后可以拆除，在另外的地方重建。

　　罗斯金不满意水晶宫的外形，称它为由两根烟囱支撑起来的大蒸锅。当这座建筑被移到新的、固定的场所——当时伦敦的郊区时，罗斯金被激怒了。他指出，水晶宫彻底破坏了郊区的风景。许多人到郊区参观水晶宫，践踏了草地，毫不吝惜地毁坏了环境。他担心人类无节制地掠夺自然所造成的后果，这已经和生态美学、环境友好的现代原理相接近。

　　罗斯金比同时代人有更广阔的视野，他以文化学态度看待艺术现象，强调像阅读弥尔顿或者但丁那样"阅读"过去时代的建筑。对艺术的研究促使他转而分析社会现实，他称这种分析是"艺术的政治经济学"。他在手工劳动中看到创造因素，并把这种劳动诗化。他是第一个始终不渝地把艺术、劳动和道德因素联成整体的人。

（二）威廉·莫里斯

　　威廉·莫里斯是罗斯金的观点的最早支持者之一。他是一位活动家，1853—1856年在牛津大学学习，1856年在伦敦学建筑。他醉心于绘画，与拉斐尔前派[1]关系密切。他自19世纪60年代起开始批判资产阶级现实生活，认为艺术是改造现实生活的手段。他的文学创作具有浪漫主义风格（如叙事诗《人间天堂》，1868—1870）。在长篇小说《乌有乡消息》（1890）中，他表现出乌托邦社会主义的理想。

　　莫里斯既作为作家、又作为思想家和资本主义发生冲突。他感到困惑的问题是：为什么19世纪下半叶建筑和实用艺术发生衰落？他的答案有两点：首先，资本主义只承认带来商业利润的产品是唯一的价值，制造商由于采用机器，因而能够用同样的工时和成本生产多得多的廉价产品，导致产品艺术质量下降；其次，追逐利润的物质生产的增长导致劳动分工，丧

>>>
---

[1] 拉斐尔前派是19世纪英国画家和作家的一个艺术团体，把描绘中世纪和早期文艺复兴时期（拉斐尔以前）的"素朴"艺术作为自己的理想。他们从浪漫主义的立场出发，批判资产阶级文化，用奇巧的象征手法细腻地传达人物的风貌。后来，以威廉·莫里斯为首的拉斐尔前派力图恢复中世纪的手工艺。

失了劳动的创造性。他认为，每个历史时代艺术性质的决定因素是作为该时代基础的劳动的性质。劳动直接同艺术相联系，艺术是人在劳动过程中所产生的快感的表现。但是，人的能力得不到发展的劳动成为沉重的负担。资本主义工厂里工人的劳动就是如此，而手工劳动则是任何一种艺术性劳动的萌芽。

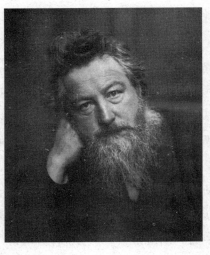
莫里斯

　　莫里斯具有实践经验、艺术才能和组织能力，他不满足于普及和进一步发展罗斯金的思想，而是力图把这些思想付诸实践。1861—1862年在罗斯金的参与下，他和马歇尔（P. Marshall）、福克纳（Ch. Faulkner）一起组织了艺术工业联合会。联合会的手工工场为客户从事室内装潢、制作壁画，工人们按照莫里斯和其他画家绘制的图样，通过手工生产制作家具、器皿、壁纸、地毯、绣品、窗帘、门窗彩花玻璃、金属制品和帷幔织物等。莫里斯的结婚新居"红房子"由他的朋友、建筑师韦伯（Philip Webb）于1859年设计。"红房子"力求接近中世纪后期的风格。韦伯采用了某些哥特式细部，如尖拱顶、高坡度屋顶等。它的装饰和器具由莫里斯亲自设计，他故意采用了返回原始状态的创作方法，桌椅"具有强烈的中世纪味道"。"红房子"不仅影响了私人住宅的设计，而且成为对人栖居的环境进行整体安排的范例。现代建筑从传统建筑学向人类聚居环境学（聚居环境指人类栖居的开敞的空间环境）的发展，证实了莫里斯思想的前瞻性。有的西方学者这样评述莫里斯的成就："一个普通人的住屋再度成为建筑师设计思想有价值的对象，一把椅子或一个花瓶再度成为艺术家驰骋想象力的用武之地"，这要归功于莫里斯。正因为如此，莫里斯被称为20世纪"真正的先知"，他相信艺术不是为少数人的，而是为所有人的。

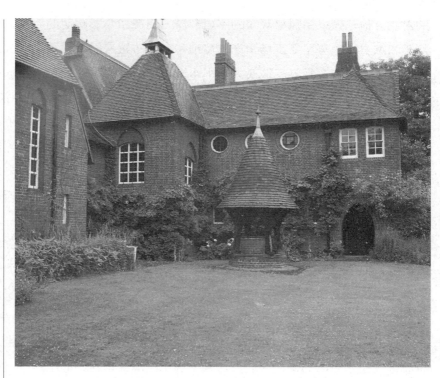

韦伯：红房子
(1859)

　　莫里斯参与创办手工艺研究同业行会，这是英国最早的设计协会之一。莫里斯在自己的言论中，把手工生产和机器生产相对立，他说"作为一种生活条件，机器生产完全是一种罪恶"。这和另一些赞颂机器的建筑师很不一样，例如美国建筑师赖特就认为"火车头、工业发动机、发电机、武器或轮船取代了过去时代为艺术品所占据的位置"。然而莫里斯的观点并不是绝对的。他的工场的产品以功能良好著称，他对产品结构十分关注。1877年他组织了保护古建筑协会。同年他在同业行会作了第一次公开演讲，题为"小艺术"。从1877年到1894年，他在英国各个城市作过35次演讲。19世纪80年代，莫里斯积极参加工人运动，希望通过实用艺术、建筑和艺术设计对大众进行审美教育。他的这个目的和他所宣传的乌托邦社会主义思想很接近。

　　在维多利亚时期，典型的英国住宅光线暗淡、幽僻而闭塞。莫里斯把当时英国人不喜欢公开谈论的私人住宅和居住环境问题变成讨论的对象。他建议采用风格轻盈的室内装潢、明亮和色彩鲜明的墙纸、新的灯具和家具。用莫里斯工场生产的墙纸和家具布置房间,在英国很快成为一种时髦。这些产品具有很高的艺术水准,和机器生产的批量产品形成了强烈的对比。莫里斯于1861年设计的以雏菊为基本纹样的墙纸格调清新、匀称悦目,有浓厚的装饰味道,与当时一般设计师惯常模仿自然的手法迥然不同。莫里斯还使居住环境成为展览会的主题。1866年在当时英国最大的博物馆——伦敦维多利亚和阿尔伯特博物馆展出的"绿客厅"是未来室内装潢的实验设计,它和"红房子"一样获得广泛的知名度。莫里斯以此表明艺术家参与环境设计的可能性。

莫里斯对环境的注意是由生活条件的急剧变化引起的。他建"红房子"的时候,伦敦已经开通了由蒸汽机车牵引的地铁,行驶着蒸汽机发动的公共汽车,街道上铺设了沥青。蒸汽机和铁路极大地改变了国家的面貌。原有的物质环境被清除了,许多年来形成的联系和关系也随之永远消失了。莫里斯批评人类为新的机器文明付出了巨大的代价。他看到艺术和带来严重后果的技术之间的矛盾,认为这种矛盾无法解决,唯一的出路是返回到家庭作坊式的手工劳动中去。他的保护古建筑协会旨在引发社会对环境保护的注意,他的艺术工业协会和手工艺研究同业行会力图复兴手工劳动的艺术文化。在艺术理论上,莫里斯重新评价装饰实用艺术和手工艺在整个艺术体系中的地位。如果说罗斯金注意过去时代建筑的历史方面和艺术方面,那么,莫里斯则把手工艺确定为艺术的基础。在他看来,其他各种造型艺术都是从手工艺中产生和发展起来的。莫里斯认为,任何人都能够从事艺术创作,就像能说话一样,虽然造型艺术创作要求特殊的技能,要求学习艺术语言。所有的人都应该被吸引到艺术创造的活动中来。

莫里斯兴办工场的目的是为了发展大众的艺术趣味和改善他们的日常生活状况。他的工场的产品销路很好,然而价格昂贵,买主都是社会的富裕阶层。这违背了莫里斯的初衷。莫里斯不得不承认,他实际上几乎只为富人们在工作。看到这种结局,他最终离开了自己的工场。不过,莫里斯培植的事业继续发展。他倡导的手工艺设计协会首先在英国、德国、奥地利诞生了。

这些协会感兴趣的是，在他们活动的物质结果中体现出手工艺设计的某些重要原则——高质量、优雅简洁、极好的材料感、美和效用的结合。

莫里斯的艺术和手工艺运动复活的是艺术的手工艺，而不是工业艺术。他复活手工艺的工作具有积极意义，但是，他回到中世纪的想法、为中世纪原始的社会条件进行辩护却是一种倒退。那么，机器生产的批量产品能不能也体现手工艺设计的原则，和莫里斯工场的产品相媲美呢？对这个问题的思考，导致手工艺设计向工业艺术设计的过渡。

（三）新艺术运动

与莫里斯的艺术与手工艺运动在英国的作用相类似的，是新艺术运动在欧洲大陆的作用。1895年法国设计师萨穆尔·宾（Samuel Bing, 1838—1905）在巴黎开设了一家名为"新艺术"的艺术设计事务所，它标志了新艺术运动在法国的兴起，后来扩展到欧洲其他国家和美国。"如同英国的艺术与手工艺运动一样，欧洲大陆的新艺术运动具有复兴手工艺与装饰艺术的优点。毫无疑问，艺术与手工艺运动在追求质量坚实可靠和形式简练朴素之外，还追求比新艺术运动更高的道德价值。艺术与手工艺运动代表一种为社会尽职的行为，而新艺术运动在本质上是为艺术而艺术。""然而，新艺术运动至少在一个方面比艺术与手工艺运动走前一步。这就是它突出地反对向任何一个时代模仿或吸取灵感。"[1]当然，欧洲大陆有艺术与手工艺运动的支持者，英国也有新艺术运动的代表。

新艺术是装饰艺术中一个短暂而有重要意义的流行式样。有的西方学者认为，"新艺术运动事实上与装饰大有关联……更重要的是它与外观装饰大大有关"。新艺术运动的代表人物的装饰就是目的本身，而不是为了功能。如果说艺术与手工艺运动热衷于复兴中世纪艺术，那么，新艺术运动从大自然中汲取创作灵感。他们以日常生活作为艺术的对象，观察自然中昆虫、植物、动物的外在形态，从中提取设计元素，发展曲线美的设计。他们作

---

[1]〔英〕佩夫斯纳著，王申祜译：《现代设计的先驱者》，中国建筑出版社1987年版，第80页。

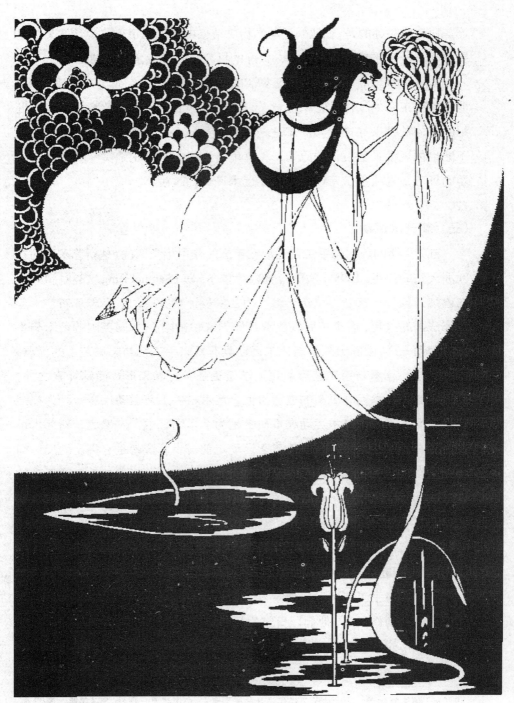

比亚兹莱:《莎乐美》插图

品中流动的、波浪的、细长的曲线,使人想起百合花的茎、昆虫的须、花朵的丝。

新艺术运动深受王尔德唯美主义美学的影响。唯美主义者按照"纯美"的原则安排生活,主张为了美的体验而对美进行体验。王尔德建议人们用草原上所有花儿的枝蔓装饰枕头,用巨大森林中每片小叶的形状作图案,让那野玫瑰、野蔷薇卷曲的枝条永远活在雕刻的拱门、窗户和大理石上,让空中的鸟儿放出五彩奇观,让它们飞翔的翅膀使简朴的装饰品显得更为雅致。这一切都是为了美。

新艺术运动的一些艺术设计作品体现了唯美主义美学的主张。巴黎一个地铁入口采用金属铸造技术,模仿扭曲的树木枝干和蜿蜒的藤蔓,显得典雅而浪漫。新艺术运动在比利时的代表、建筑师霍塔(Victor Horta,1861—1947)于1893年设计了布鲁塞尔占森路6号住宅,住宅内部的装饰线条富丽优美,特别是楼梯给人留下难忘的印象。

英国新艺术运动设计师、26岁就早夭的比亚兹莱和王尔德熟稔,并且接受了他的观点。他为王尔德的戏剧《莎乐美》作插图。《莎乐美》是根据《圣经》故事改编的悲剧,在当时产生很大影响。比亚兹莱的插图运用夸张流利的线条刻画修长的主人公,利用黑白色块分割画面,极富装饰性。

二 德国艺术工业联盟

19世纪末期,欧洲出现了新的艺术运动,包括法国的新艺术运动、德国的青春风格、英国的现代风格和奥地利的分离风格。德国艺术工业联盟的成立与反对这些艺术流派有关。20世纪初,泽姆佩尔"对同样也重视物品纯粹目的的德国应用艺术运动有强烈的影响"[1]。

---

[1] 〔德〕B.E.布尔德克著,胡佑宗译:《工业设计》,台湾亚太图书出版社2001年版,第18页。

（一）泽姆佩尔

德国著名建筑家、建筑和工业艺术理论家泽姆佩尔（Gottfried Semper，1803—1879）生于汉堡一个商人家庭，毕业于哥廷根大学，在大学里学习法律和数学。1825年起在慕尼黑学习建筑。1830—1833年赴法国、希腊和意大利旅行，研究建筑和艺术。1837—1841年设计和建造了德雷斯顿歌剧院。1846年开始设计德雷斯顿画廊。1849年他参与的德国革命失败后，起先侨居法国，后来移居英国。

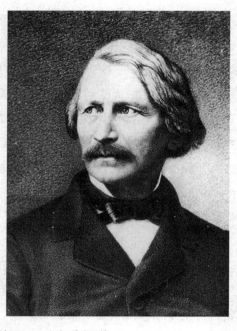

泽姆佩尔

在伦敦第一届世界工业博览会的筹备工作中，他除了制定博览会的总概念外，还设计了加拿大、埃及、瑞典和丹麦的展厅。他在《科学，工业和艺术》一书中阐述了工业生产领域中艺术创作的衰落，主张通过改革艺术、研究和普及器物世界的美来改变现存状况。这些观点虽然明显带有乌托邦色彩，然而却提出了技术进步和器物世界艺术创作发展之间的相互关系问题。科学技术进步为艺术实践提供了美学尚未掌握的材料及其加工方法。泽姆佩尔专门研究了科技进步成果和这些成果的审美利用之间的中间环节。他认为，这种中间环节就是形式，它形成了物质文化领域中艺术活动的特征。器物形式既取决于它所由制作的材料，也取决于体现原初构思的手段，以及影响某些形式形成的生产因素。

1852年，泽姆佩尔被聘为英国南肯辛顿博物馆（现今伦敦维多利亚和阿尔伯特博物馆）艺术设计（工业设计）学校金工技术教研室教授。他关于实用艺术品和手工艺品展览的原则，成为其他许多博物馆展览设计的基础。而附设艺术设计学校的南肯辛顿博物馆成为欧洲一些国家创办类似机构的样板。1854年泽姆佩尔在伦敦所作的关于实用艺术和建筑理论问题的一系列演讲，吸引了许多专家的注意。

1860—1863年，泽姆佩尔出版了两卷本的总结性理论著作《技术艺术和结构艺术中的风格，或实践美学》。这部著作研究了艺术中造型的历史规律，阐述了形式对功能、材料和制造工艺的依赖。泽姆佩尔的实践美学是19世纪中期欧洲文化的一部分，带有明显的实证主义色彩。他的书名一半是"技术艺术和结构艺术的风格"，一半是"实践美学"。什么是技术艺术和结构艺术呢？他所说的技术艺术和结构艺术是相对于"高级"艺术而言的，技术艺术指装饰、工具、织造、陶器、日用品等"艺术工业"，结构艺术指建筑。

从书名看，泽姆佩尔似乎只研究技术艺术和结构艺术的风格，即风格形式，实际上他试图建立艺术形式的一般理论。在他看来，可以按照生物物种的发展来考察艺术形式的进化。虽然风格形式多种多样，然而它们的原生类型只有少数几种。正是由这些不多的原生类型产生了并继续产生着无限多样的变体。这些变体通过原初形式的发展或者混合而形成。泽姆佩尔划分出这些原初形式，阐明它们随后的发展。他不是通过抽象的思辨，而是通过对艺术作品、首先是手工艺和艺术工业产品的深入的实证分析来完成这项任务。所以，他的书名的另一半叫"实践美学"。

泽姆佩尔的理论使他在欧洲许多国家中获得广泛的知名度。他是瑞士新建筑学派的首领，对维也纳艺术学学派也产生了重要影响。仿效伦敦南肯辛顿博物馆，他在维也纳创办了实用艺术和工业博物馆。他的理论成为19世纪中期欧洲创立新建筑语言最有效的工具之一，这种语言的特征就是强调建筑基本结构符合社会任务的功能。泽姆佩尔的追随者，如维也纳实用艺术和工业博物馆馆长法尔克（J. Falke），进一步发展了他的观点。法尔克在《实用艺术美学》（1883）一书中研究了实用艺术，即艺术工业。他认为，艺术工业品多种多样，但是有一个共同的特征：它们既是功利的，又是审美的；它们有功能、目的，同时也有装饰。它们的价值、它们和高级艺术的区别，就在功能和装饰的相互联系中。法尔克把他的美学称作实践美学或生活美学。

泽姆佩尔的理论有明显的不足之处，例如，在他那里，艺术形式只在数量上起变化，而质量结构永远不变。他以自然科学史学家的眼光看待艺术的发展，把艺术的发展机械地理解为对目的、材料和技术的适应。尽管如此，泽姆佩尔是19世纪中期最早研究美学和技术的联系问题的学者之一，他的理论著作成为理性主义设计概念形成的基础，在19世纪末到20世纪初德国、英国和欧洲其他国家工业文化的发展中起了重要作用。他关于目的、材料和技术相统一、形式和功能相吻合的观点，为功能主义流派所推崇并加以利用，从而促进了机器生产条件下现代艺术设计的发展。

（二）德国艺术工业联盟

德国艺术工业联盟成立于1907年，我们在上面讲到，它的成立与反对青春风格等艺术流派有关。德国的青春风格与奥地利分离派的观点一致。奥地利分离派1897年诞生于维也纳，其成员主要是激进的青年画家、雕塑家和建筑家，他们反对艺术中的经院派。德国青春风格源于希尔特（G. Hilt）于1896年1月1日在慕尼黑创办的《青春》杂志。该杂志声称"摆脱任何狭隘的观念，研究艺术问题和生活问题"。杂志封面饰以奇异的波形线条和花鸟图案，图案中间一些半裸的美女头发松散、姿态娇纵。杂志迅速普及，印数很多，它的波形装饰字体成为新风格的特征。

在青春风格和分离派的影响下，德国和奥地利建造的大量城市别墅、照相馆、疗养区中各种用途的建筑、咖啡馆、火车站等都装饰了奇异的自然图案。这派艺术家制作的家具中，腿和靠背的线条明显弯曲，吊灯和台灯的金属部分和灯罩使人想起植物的图案。他们十分注意原材料的美，强调原材料加工的高超工艺，直接模仿自然界——大地、水、风、飞禽、走兽、植物的那些结构原则和形式原则。产品的各种结构实际上不重复，新的品种层出不穷。

在批评装饰和否定青春风格、分离派观点的背景中，为了讨论技术产品形式的审美本质和标准化对艺术发展的影响，德国一些建筑家、艺术家和企业家把艺术兴趣和研究对象相同的人联合起来，这种想法得到德国官方机构的支持，于是，德国艺术工业联盟成立。德国艺术工业联盟的早期领导者中已经没有人能够想起，究竟是谁建议采用这个名称的，它仿佛自然而然地产生，并立即为大家所接受。"德国艺术工业联盟"的德语为Deutscher Werkbund，字面意义是"德国制造联盟"，有的《德汉词典》把它翻译成"（1907年建立的）德国工厂联合会"[1]。我们之所以采用"德国艺术工业联盟"的译法，因为它确切地说明了这种组织的含义，这不是企业家解决艺术问题的联盟，也不是完成工业任务的艺术家的联盟，而是艺术和工业、艺术家和企业家的联盟。联盟的基本目的是追求产品的质量以及最好地体现这种质量的形式。

德国艺术工业联盟受到罗斯金和莫里斯的影响，它的早期领导者之一的凡·德·韦尔德说："罗斯金和莫里斯的著作及其影响，无疑是使我们的思想发育壮大，唤起我们进行种种活动，以及在装饰艺术中引起全新更新的种籽。"[2] 凡·德·韦尔德在莫里斯的影响下，放弃了绘画，献身于实用美术，设计墙纸、锦缎、家具和书籍装帧。德国艺术工业联盟的章程指出："艺术工业联盟的目的是通过艺术、工业和手工艺的共同努力，提高工业产品的质量，并且宣传和全面地研究这个问题。艺术家、企业家、生产问题专家以及'候补会员'可以成为联盟的会员，整个团体和机构可以被接受为'候补会员'。"[3] 德国艺术工业联盟的宣言阐述了新的原则："尽管在其他工业生产部门中由于总的技术进步质量得到提高（例如，在机器制造、船舶制造和电子技术中），然而在艺术工业中艺术评价因素和纯技术因素结合在一起；艺术评价因素应该从产品最大的有效性和经济性的观点加以识别。而这要求消费者具有趣味的高度规范性，以及高度的文化修养。为了使德国生产的产品达到高质量，必须要有优秀的艺术知识分子和技术知识分子的相互合作。德国艺术工业联盟把旨在提高工业产品质量的这种联盟视为自己的最高目的，并把这种目的看作德国文化的工具。"[4]

>>>
[1] 《德汉词典》，上海译文出版社1987年版，第1410页。
[2] 〔英〕佩夫斯纳著，王申祜译：《现代设计的先驱者》，中国建筑工业出版社1987年版，第9页。
[3] 转引自阿罗诺夫：《外国艺术设计的理论概念》，莫斯科1992年版，第40—41页。
[4] 《德国艺术工业联盟50年》，第21页。转引自阿罗诺夫：《外国艺术设计的理论概念》，莫斯科1992年版，第40页。

艺术工业联盟之所以首先在德国产生，有其特殊的原因。当时德国产生了世界上第一批大型垄断组织。在这些垄断组织中，迅速形成了艺术家和企业家的牢固联盟，展示了艺术任务和生产任务新型的相互关系。例如，著名建筑家和艺术设计师贝伦斯成为德国通用电气公司的经理之一，负责该公司生产活动的艺术问题。他同许多企业家、商人和艺术家建立了密切的联系，把他们的兴趣纳入共同的轨道。他试图找到大家都能接受的解决艺术问题的原则。这不仅影响到物质文化的审美理论和工业产品的形式理论，而且也对纯美学问题的解决发生作用。19世纪末期，德国创办了大量的专门杂志，如《潘神》（德语Pan，1895）、《装饰艺术》（1897）、《德国艺术和装饰》（1897）、《艺术和手工艺》（1898）、《室内装饰》（1890）等。它们对各种艺术活动、包括对物质环境的审美改造进行综合研究，为艺术设计作为新型职业的诞生准备了理论前提。而艺术工业联盟正是艺术设计的一种组织机构。

由于许多著名的企业家加入了艺术工业联盟，所以这个组织影响极大。它吸引了大批有才能的艺术家从事工业工作。联盟成立的第二年，即1908年，拥有会员489个，1912年后会员为970个，第一次世界大战前夕会员为1870个，20世纪30年代初会员超过3000个。艺术工业联盟创办了许多展览会和设计竞赛，出版了大量著作，积极宣传德国工业成就。1910年它参加了布鲁塞尔世界博览会，向世界表明了德国工业界和艺术界不满意技术生产领域中造型的自发发展过程，而要用人为的努力极大地加速这种发展。在1911年的国际艺术和建筑博览会上，艺术工业联盟展出的产品，其形式是考虑到现代工业生产逻辑而自觉地制作出来的。迄至第一次世界大战前夕，德国的实用艺术家们已经不能不顾及到艺术工业联盟的力量。如果在20年代初期风格领域内的大部分探索仍然取决于青春风格的影响，那么，现在其地位已经由机器制作的、标准化的形式所替代。德国许多建筑家和艺术家拥护艺术工业联盟的纲领，承认现代工业生产是艺术创作的基础。

在德国艺术工业联盟内部曾经发生过激烈的争论，争论是围绕科隆展览会展开的。第一次世界大战前夕，德国艺术工业联盟在科隆举办的展览会（1914）获得巨大成功。这次展览会在很大的空地上建造了一座城，城里设专门的展览馆，展示了新风格的工业建筑和民用建筑，有剧院以及农村建筑、商店、办公室等。德国许多工业公司和建筑公司在这里展示了自己的产品。展馆由当时欧洲一些最著名的建筑家分别设计，穆特齐乌斯也设计了一个展馆。在德国艺术工业联盟为这个展馆召开的讨论会上，穆特齐乌斯作了纲领性的发言，其主要观点是：德国生产的产品必须标准化。产品应该有序化，可以分成若干基本的类型，每种类型应该保持特色和吸引力。只有走产品标准化的道路，才可能发展强有力的民族趣味，使德国产品具有明确的风格，从而提高产品在国际市场上的竞争力。穆特齐乌斯的观点遭到许多人的反对。凡·德·韦尔德就是其中突出的一个。

在《我的生活史》中，凡·德·韦尔德叙述了这场争论。与穆特齐乌斯强调产品的标准化不同，凡·德·韦尔德强调艺术家的创作个性。他认为，每个艺术家都是热情的个体，是自由的、独立的创作者，本能地反感别人把他的创作塞进陈腐的形式中。当然，艺术家承认，流派比他个人的意志强大，流派促使他响应时代的召唤。然而，流派是多种多样的。想要赋予丰富的创作激情以终极形式，意味着扼守这种激情。德国艺术工业联盟应该追求最充分的多样性，不应该在国外对德国人的成就感兴趣时，对艺术家的创作设置类型化的障碍。这场争论彰显了当时流行的两种风潮：一方面是工业产品的标准化和规格化；另一方面则是艺术家个性的发挥。"这两个重要的方向，基本上已经标明了20世纪的造型工作。"[1]

尽管科隆展览会引起了争论，然而它表明了艺术和科学对工业的影响，并且艺术的影响不比科学少。德国艺术工业联盟获得政府的支持，开辟了向人民大众进行审美教育的途径，吸引了社会各阶层对艺术设计的关注。第一次世界大战后，德国艺术设计进入了一个新的发展阶段，其标准是包豪斯的诞生。这是德国发生的社会变革所引起的。包豪斯不同于比较松散的德国艺术工业联盟，它具有明确的任务，那就是培养新型艺术家——艺

---

[1]〔德〕布德克著，胡佑宗译：《工业设计》，台湾亚太图书出版社2001年版，第20页。

术设计师,并制定了解决物质文化审美问题的新原则。

德国艺术工业联盟公开追求商业目的,它的活动提高了工业产品的质量,增强了德国工业产品在世界市场上的竞争力。这种情况使得其他欧洲国家的企业主更加注意产品的外观。仿效德国艺术工业联盟的组织方式,奥地利、瑞士和英国都成立了类似的组织。

三 英法早期的艺术设计

在英国早期艺术设计的发展中,艺术设计和工业协会、工业艺术家协会这两个组织起了很大的作用。1925年在巴黎举办了国际装饰艺术和艺术工业博览会,法国的艺术设计开始受到世人的重视。

(一)英国早期的艺术设计

威廉·莫里斯的思想曾经导致德国包豪斯的产生,然而,20世纪英国艺术设计的发展却不是对莫里斯思想的自然承续。仿效德国艺术工业联盟,英国于1915年成立了艺术设计和工业协会(Design and Industries Association,简称DIA)。它的成员有艺术设计师、工业家和商人。它的工作包括举办展览、争取订货、制定艺术设计工作评价标准等。它编辑、出版有影响的报刊——这些报刊详细研究了英国艺术设计实践,组织讨论艺术设计和建筑著作的书评。

英国艺术设计和工业协会在1935年阐述了它的纲领:"艺术设计和工业协会旨在改善我们周围生活中一切物品的制作。现在这些物品是用工业方式制造出来的,以满足大批量的同类型消费。按照这些物品的外形来判断,许多人承认它们不能令人满意,在国内也可以观察到趣味的衰落。不过,形式的丑陋不是机器生产的直接结果。我们看到在最典型的工业产品中表现出新型的美,应该摆脱过去的手工艺传统来理解这种美的意义。这种美的意义表现了物品的功利性、材料的正确选择、制作的精确性和经济性的要求。新规则已经在制定中。因此，艺术设计和工业协会的主要原则和主要关注是'符合功能'的箴言。"[1] 英国艺术设计和工业协会还认为，在艺术设计中必须科学地理解造型规律。物品的最终形象由艺术家决定，因此，艺术家在工业管理系统中应该占有重要的地位。由此产生了英国工业设计的第二个目的：确定艺术家在工业中的权利，促进艺术家的创作。

英国工业艺术家协会（Society of Industrial Artists，简称 SIA）成立于 1930 年。它成立之初，艺术设计和工业协会已有 200 多名活跃的成员。英国工业艺术家协会按照另一种方式组成，它是由若干艺术经理和所选举的委员会领导的团体。它的作用在于协调与客户和其他创作团体的联系，这些创作团体有：英国皇家艺术协会、广告艺术家协会、国际艺术家协会、英国建筑家协会。它的会员，1936 年为 250 个，1946 年为 400 个，1951 年为 700 个。它没有自己的杂志，在各种专门的和一般的艺术刊物上发表文章，阐述自己的立场。它与艺术设计和工业协会常常或明或暗地展开竞争。

德国包豪斯关闭后，它第一阶段的领导人格罗皮乌斯、莫霍－纳吉和布鲁耶于 1934 年来到英国，受到英国艺术设计界的热烈欢迎。1931 年，英国一些年轻的建筑家和艺术家，如詹姆士·皮利恰德、威廉·科茨，曾经访问过包豪斯。他们在那里看到了全新的创作氛围。回国后，他们确信有必要把德国功能主义原则移植到英国。格罗皮乌斯特别令他们感兴趣。1934 年，皮利恰德直接帮助格罗皮乌斯移居英国，并翻译了格罗皮乌斯的著作，发表了若干篇论述德国功能主义的论文。

英国艺术设计界对格罗皮乌斯抱有很高的期望，格罗皮乌斯也对英国充满了真诚的献身精神。他在英国工作了 3 年，曾在一些艺术学校中任教，参加了建筑展览的讨论会，为英国公司设计家具，出版了著作《新建筑和包豪斯》（伦敦 1935 年版）。然而，格罗皮乌斯未能把德国功能主义和英国艺术传统结合起来，未能对英国艺术设计的发展作出贡献。在一片失望中，格罗皮乌斯于 1937 年和莫霍依－纳吉、布鲁耶一起去了艺术设计方兴未艾的

---

[1]〔英〕M.法尔：《英国工业中的艺术设计》，剑桥大学出版社 1955 年版，第 418 页。

美国。

格罗皮乌斯离开英国后，英国著名美学家赫伯特·里德（Herbert Reed，1893—1968）在《泰晤士报》上撰文道："格罗皮乌斯教授在我国逗留了整整3年，许多人希望他借助自己这些年来显示的非凡才能，帮助他们开创事业。然而我们的希望落空了。"究其原因，是由于当时英国已经丧失了包豪斯特有的、对生活进行社会变革和艺术变革的热情。像其他资本主义国家一样，在20年代末到30年代初，英国也受到世界经济危机的打击。在这种情况下，企业界对艺术设计的要求是：提高产品的竞争力，制止生产滑坡，寻求和市场的联系。格罗皮乌斯在英国的遭遇，再一次说明了不同文化相互交流的一个重要原则：吸收外来文化必须要有合适的条件和土壤。

英国20世纪上半叶最重要的艺术设计理论家是里德，他在这方面的代表作为《艺术和工业》（伦敦1934年版）。这部著作对英国艺术设计界当时最关心的艺术和工业的关系问题作出了总结。此前，英国贸易部成立了艺术和工业委员会，自上而下地推行艺术设计的革新。委员会出版了详尽的《艺术和工业问题》报告。该报告考察了英国从18世纪和19世纪之交工业革命开始的造物传统，指出必须重新看待莫里斯的遗产和19世纪末期的争取艺术和手工艺联系的运动。该报告认为，现在最重要的不是简单地返回到手工艺，而是促使造物活动适应变化了的生产条件。因此，工业需要的不是平庸的装饰家，而是一流的艺术家。艺术和工业委员会的工作引起美学界和艺术理论界对艺术设计的兴趣。里德的《艺术和工业》一书就是这种兴趣的直接结果。

20世纪上半叶英国的艺术设计实践主要表现在三个方面：（1）日用品设计，如剃须刀、收音机、煤气灶、电熨斗等，这类设计注意功能和形式的统一；（2）机器设计，如机车、汽车、发动机、缝纫机、印刷机（双层公共汽车和电车成为当时英国城市奇特的风景线），这类设计注意产品形象和补充功能、机动功能的相互作用；（3）利用新材料、新的花纹循环和颜色递变的工业装饰艺术，这些新材料和新手法以后用于瓷器、纺织和家具生产中。英国艺术设计和工业协会、工业艺术家协会、贸易部艺术和工业委员会为了推广艺术设计，经常在国内外举办展览会，召开学术会议，组织广播讲座。例如，艺术设计和工业协会1939年在BBC电台组织了系列讲座，题目有"住房和家具"、"印刷字母"、"照明"、"街道"、"生活环境"、"厨房"等等。

（二）法国早期的艺术设计

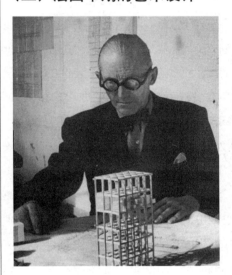

▼ 柯布西埃

法国20世纪前期艺术设计最重要的代表是柯布西埃（Le Corbusier, 1887—1965），而美学家苏里奥（Paul Souriau, 1852—1926）则是一位重要的艺术设计理论家。柯布西埃是现代主义建筑和艺术设计的主要代表人物。现代主义运动在19世纪90年代高涨起来，在20世纪初期，特别是20年代，其影响力最大、最引人注目。

柯布西埃出生于瑞士一个钟表雕刻工家庭，在法国接受过艺术教育。为了丰富专业知识，他曾在维也纳、里昂、巴黎等著名建筑师的工作室工作过。1910—1911年在柏林贝伦斯工作室的工作对他产生了重要影响。他把现代技术成就同形式和造型结合起来，在住宅和公共设施中展示了现代设计的各种可能性。他自1917年起定居巴黎。1918年他和法国画家奥藏方（Amede Ozenfant, 1886—1966）一起开创了纯粹主义理论，试图把经济和机器时代的规则引入绘画，简化地勾画日常生活用品（多为家庭用具）的线条轮廓。柯布西埃后来在《立体主义以后》（1918）和《现代绘画》（1925）等著作中阐述了纯粹主义理论。20—40年代，他积极从事绘画创作。

柯布西埃的设计概念基本上于20年代初形成。他认为，人栖居的现代环境包括城市建设、建筑和产品世界。他在1920—1925年创办了《新精神》杂志。他在刊于这份杂志的一系列论文及其著作《走向新建筑》(1923)、《城市建设》(1925)中论述了自己的设计概念。他自感自己的嘴脸酷似乌鸦，而他的一生确实是一个激烈的辩论家。

"一座房屋就是一部用来居住的机器"是柯布西埃在《走向新建筑》中的名言。包含这句名言的话是这样说的："一座房屋就是一部用来居住的机器。洗浴、阳光、热水、冷水、温暖都能随心所欲，食物的保存、卫生设施、优美的环境都协调合理。一张靠背椅就是一部用来坐的机器，如此等等。"[1]怎样理解这段话呢？柯布西埃对依赖表面效果和装饰的传统建筑十分不满。他批评罗斯金在《威尼斯之石》(1853)中对哥特式教堂的赞美。他认为哥特式建筑只会引起多愁善感，就像女人头上装饰了一根羽毛，有时看起来很漂亮，虽然并非总是如此。他主张新的建筑应该采用钢铁和钢筋混凝土等现代的标准材料，以工程师的美学和几何形体如圆柱体、圆锥体、球体等为基础，在工厂里制造房屋，就像制造汽车、飞机、大炮、机车一样。他赞扬美国的粮仓、电梯和摩天大楼，因为它们展现了几何图形的美和辉煌。这表明了柯布西埃的环境设计原则就是在建筑中揭示它的效用，反映它的基本功能。所谓走向新建筑，就是否定传统的装饰，认为最代表未来的是机器美学和机械的美。

在《城市建设》中，柯布西埃描绘了理想城市的图景。摩天大楼创造了垂直的城市，直指苍穹，阳光灿烂，空气充足。摩天大楼巨大的几何图形正面，全部用玻璃建造，大楼像水晶一样清澈透明。楼群的底部建造公园，使整个城市连成一个巨大的花园。柯布西埃把工业化时代的住宅理解为现代城市总结构的基元。他为1925年巴黎世博会设计的"新精神"展馆，就是这种基元同等规模的模型。每一套公寓是一个立方体，660套公寓可以建在一起，形成一种社区。

>>>―――――――――――
[1] 转引自约翰·多克著，吴松江、张天飞译：《后现代主义与大众文化》，辽宁教育出版社2001年版，第3页。

柯布西埃的创作重新思考了结构功能因素在艺术形象设计创造中的作用，在许多方面决定了20世纪建筑和艺术设计的风格。他认为"现代装饰艺术没有装饰"，把重点转移到纯粹比例和简单几何图形的和谐上，制定了以人体比例为基础的各种尺寸和谐的系统，并在著作《人的三种规定》（1945）中对此作了论证。他把自己解决现代工业环境和谐化问题的方法作为建筑和工业设计的基础。他的作品还包括大量的室内装潢、家具和轿车设计。他的艺术设计方法迄今仍有现实意义。

20世纪初期，法国美学流派纷呈，不像德国和意大利那样有一个占统治地位的美学流派。苏里奥是实证主义美学的代表，他力图把目的分析同人的创造活动、艺术的合目的性和功能结合起来。他反对康德及其继承者把美和效用对立起来的观点（康德认为纯粹美不涉及利害计较），在《理性美》一书中写道：美是形式和目的相吻合的结果，因此，美符合对象的"理性结构形式"，而这种形式的规律应该是美学研究的基本问题。"在工业产品中、机器和日用家具中，可以发现对象的形式和它的效用严格而完善地吻合的例证。"苏里奥宣称，机车、电动车和航空器体现了人的天才。唯美主义者对这些厚重的产品是如此鄙夷，仿佛它们只表现了粗俗的力量。实际上，它们体现了深刻的思想、智慧和合目的性。总之，我们把这一切称作真正的艺术，就像我们谈论大师们的油画和雕塑一样。在这里，苏里奥也犯了很多艺术设计理论家通常容易犯的把艺术泛化的毛病。不过，值得重视的是，他把自然中和艺术中的合目的性看做美的必要条件。他证实美和效用之间没有原生的矛盾。他把效用解释为方法论上正确地、最经济和最合适地达到目的。他承认美的合目的性不仅存在于自然、建筑和实用装饰艺术中，而且存在于批量生产的工业产品中。

苏里奥倡导理性主义美学，论证理性美。所谓论证理性美，就是寻求客观的、甚至国际上通行的美的技术形式。他还把理性主义原则运用到艺术创作和趣味问题上，反对印象派观点，强调趣味判断中感情和理智的共同作用。在法国的艺术设计实践中，理性主义原则起主要作用。例如，巴黎电话局、巴黎电力公司大厦、马恩河畔的厂房、军事设施和军械制造厂就体现了理性主义原则,这些建筑被认为是理性的法国精神的表现。而这种精神是和法国文化传统比如笛卡尔主义联系在一起的。这再次证明,某个国家的艺术设计理论与该国的哲学、美学、伦理学、艺术创作、技术、人类学等领域的理论有着千丝万缕的联系。

总之,苏里奥的理论和泽姆佩尔相接近,这种理论产生于当时技术的飞速发展。他关于美由功能决定的观点使他的名字和功能主义联在一起,给功能主义奠基者凡·德·韦尔德留下深刻印象,并对柯布西埃、法国功能主义建筑家吕萨(A. Lurcat,1894—1970)、画家莱歇(Fernand Léger,1881—1955)产生了重要影响。

站在巴黎香榭丽舍大街上,凝视穿梭往来的车轮,柯布西埃被充满激情的狂热所征服。他痴迷于新城市以力量、速度、统一、完整为基础的美。然而,他认为只有在清除装饰艺术以后,新城市才会以自己的特征出现。和包豪斯一起,柯布西埃的建筑样式显示出强大的生命力,改造和重塑了国际大都市的形象,使建筑和艺术设计的国际风格流行世界各地。

思考题

1. 谈谈你对英国艺术与手工艺运动的理解。
2. 德国艺术工业联盟在艺术设计史上有什么作用?

阅读书目

1. 〔英〕佩夫斯纳著,王申祐、王晓京译:《现代设计的先驱者》,中国建筑工业出版社2004年版。
2. 王受之:《世界现代设计史》,新世纪出版社1995年版。

第三章
现代派艺术对现代艺术设计的影响

从工业革命开始,机器作为一种新的物质工具,逐渐进入人类的生产领域。到19世纪,机器在西方成为一种主导性的生产工具,展示了巨大的能力和影响。机器生产以产量大和产品价格低廉的优点得到人们的认同。但是在工业生产初期,相对传统手工制品而言,机器制造的产品显得十分简陋和粗糙,只能满足消费者对产品基本功能的要求,而无法满足他们的审美需要。为了扭转机器产品带来的审美品位低下的状况,19世纪中后期,欧洲相继出现了"艺术与手工艺"运动和"新艺术"运动。在这两种运动中,艺术家们主张遵循传统手工艺的做法,通过手工"修饰",赋予产品以美的外表。虽然,在对待机器生产方式的问题上,新艺术运动的观点更为包容,不像英国艺术与手工艺运动那样持反对意见,但是,它和艺术与手工艺运动的命运一样,也被工业社会抛弃了。根本原因在于复兴手工艺运动是以落后的手工艺时代的生产关系,来抵制先进的工业生产力带来的革新。这在艺术家们的实践活动中,就暴露出这样一个瓶颈——传统的审美观与机器生产相抵触。

一 基于机器文化的现代派艺术

在近代,机器给人类带来了空前丰富的物质文明,影响人类生活的方方面面,形成了一种特殊的文化——机器文化。机器文化的核心是对机器的崇拜,机器被看做不是神的神。人们对机器顶礼膜拜,推崇至极。在机器文化中,一切像机器那样准确、精细、有序、有效的工作特征都被冠以"机器"的美称。1748年,法国医生兼哲学家拉美特利匿名出版了《人是机器》一书,书中充满了对人体生理机能精细程度的赞美。亚当·斯密认为经济行为是一种类似于机器的体系。美国总统杰弗逊把政府称为"机器式政府"。德国地理学家盖约特说:"地球真是一部奇特的机器,它的所有部件共同协调地工作着。"[1]这些言语当然都是借机器之名,希望或赞叹事物能够具备机器的品质。虽然,我们如今不那么热衷于称赞"机器",但是,在我们通常的话语中,如"战争机器"、"宣传机器"、"赚钱机器"等的说法,仍然可见机器的影响力。

艺术与手工艺运动和新艺术运动蓬勃发展的时期,正是西方工业化发展迅猛的时期。目睹如此兴旺强大的工业科技的发展,原先对机器生产抱抵制态度的许多艺术家都开始重新审视机器,并思考这一问题:我们固然不能无视和放弃机器生产所带来的巨大的物质进步,但是,如何处理先进的生产力和审美之间的关系呢?针对这一问题,凡·德·韦尔德主张将艺术和工业生产相结合。可是,他所指的艺术是传统的具象艺术。具象艺术是以二维平面的画面表现出三维空间视觉。在具象艺术作品中,事物展现为逼真的形象和正确的透视。因此,韦尔德在实施艺术和技术结合的时候,只是以具体的自然形象来塑造产品。他并不认为机器时代会诞生出属于自身的艺术。与之相反,美国著名设计师弗兰克·赖特提出了符合时宜的倡议。1903年,赖特以"机器时代的艺术和手工艺"为题作了一个报告。在报告中,赖特呼吁掌握机器的艺术潜能,以改善人的生活质量。这种挖掘机器的艺术潜力的观点立

---

[1] 林德宏:《人与机器》,江苏教育出版社1999年版,第68页。

刻得到人们的认同,人们希望能享受机械所带来的精神愉悦。

如何"掌握机器的艺术潜能"呢?西方现代派艺术担负起这一时代的责任。受到近代科学的影响和启发,19世纪80年代诞生的现代派艺术在反对传统艺术的基础上,形成了新的美学和艺术表现形式。现代派艺术家以理性主义的破层析里的眼光重新认识世界。在艺术创作中,他们追求对世界本源的探索,将画笔深入到事物的结构,而非停留于事物的表象。虽然他们对自己的作品有着各种各样的阐释,但是他们的作品很明显地表现出一种类似于数学的结构和秩序。正是由于这一原因,现代派的艺术形式才能与工业生产相结合,工业时代的审美难题才能解决,具有现代意义的艺术设计才能诞生。

(一)塞尚对艺术的反思

提及现代派艺术,我国美术界在西学东渐的进程中曾展开一次著名的辩论。1929年,民国教育部举办了第一届全国美术展览会,在此期间,徐悲鸿和徐志摩展开了一场友好、直率而又针锋相对的论争,论争的焦点集中在如何看待西方现代派绘画上。在这次美展中,时任中央大学艺术系主任的徐悲鸿拒绝参展,并和支持现代派的诗人徐志摩展开论战。他在《美展汇刊》第五期发表了一篇题为《惑——致徐志摩公开信》的文章,开头便直截了当地对现代派艺术家进行批评。他在文中肯定了一批写实主义法国画家,如普鲁东、安格尔、柯罗、米勒、杜米埃、德加等,却以"庸"、"俗"、"浮"、"劣"等字眼分别否定了马奈、雷诺阿、塞尚、马蒂斯,甚至把马蒂斯丑化地翻译成"马踢死"。在同一期《美展汇刊》上,徐志摩发表了《我也惑——致徐悲鸿先生书》一文。徐志摩在这篇长文中,指出徐悲鸿对塞尚和马蒂斯的谩骂过于刻薄。徐志摩追述了塞尚进行艺术探索的艰苦历程,然后辩解道:"塞尚在现代画术上正如罗丹在塑术上的影响,早已是不可磨灭、不容否认的事实,他个人艺术的评价亦已然渐次的确定——却不料在这年上,在中国,尤其是你的见解,悲鸿,还发现到1895年以前巴黎市上的回声,我如何能不诧异,如何能不惑?"

围绕着现代派的这场论战,实际上是不同艺术观的冲突:徐悲鸿坚持写实主义,主张吸收古典写实方法,坚决抵制和反对现代派;而徐志摩在欧洲留学时,曾耳闻目睹了潮起潮落的西方现代派艺术的流变,深谙艺术史,能以历史主义的"同情的了解"看待现代派艺术家。在这场论战中,徐志摩对塞尚等现代派艺术家的评价和阐述是比较公允客观的。

我们现在都视塞尚(P. Cézanne,1839—1906)为现代派艺术之父,主要原因在于他是艺术史上第一位摈弃了对事物的外在形态的观照而进行抽象创作的艺术家。塞尚所处的时代是浪漫主义画家和写实主义画家唇枪舌剑的混乱时代。浪漫主义画家强调感觉。例如,一朵玫瑰花能使他们想起和生活千丝万缕的联系。而现实主义画家则坚持事物的物理形象。他们会说,玫瑰花由一个壶形萼管和五片倒卵形的盛开的花瓣组成。在塞尚看来,这两种观点都是不确切的,因为二者都省去了最重要的东西,即"事物本源"。

追求"事物本源"是对"本质主义"的认同。当塞尚不以感觉为艺术的路标,而倾向追求本源时,他就和近代科学观走得很近了。因为本质主义是近代科学发展的基础哲学观。所以,谈及艺术时,尽管塞尚认为绘画是调和人和自然的关系(这还是传统的艺术观点),但是在他看来,这种调和还是要求构图、设计和结构的逻辑来支持。遵循这一观点,塞尚在艺术创作中,不迷恋实物对象的色彩和形式,只是专注于探索实物存在的稳定性和结构性状态。他在不牺牲感受的基础上,以反思代替经验。"他在静物构图中有意识地变动线和块,按照预先构思的节奏安排画布,避免偶然,追求造型美……"[1]

塞尚提出用构图和结构的逻辑去反思事物,进行创作。这必然会使他的艺术走向抽象的道路。他在后期的绘画创作中,"根据自己的想法而停留在作出量感的一点上,进而逐渐变成分解题材所呈现的量感了。因此构成逐渐抽象起来,成为纯粹的精神创造,终于创造了几乎与外表没有直接关系

---

[1] 〔英〕弗兰西斯·弗兰契娜、查尔斯·哈里森著,张坚、王晓文译:《现代艺术和现代主义》,上海人民美术出版社1998年版,第89页。

的东西"[1]。晚年,塞尚在教导他的忘年交埃米尔·贝尔如何把握事物时说:"可以将自然作为球体和圆锥体处理……"

(二)毕加索——发掘"机器的艺术潜能"的画家

　　塞尚开启了艺术研究和实践的新途径。但是,在现代派艺术发展过程中,毕加索(Picasso,1881—1973)的影响力却超过了塞尚。像塞尚一样,毕加索并不认为可见的自然是唯一的和主要的画面素材的来源。虽然,我们说塞尚的绘画重视构成(结构),甚至形象上出现"纯粹的精神创造",但是塞尚还多少保留了实物的某些具象特征。而毕加索的立体主义艺术却完全颠覆了实物的具象性。很多人认为,毕加索是第一个把机械形式和法则应用到艺术创作中的艺术家。他的立体主义作品很明显地表现出一种类似于数学的秩序。

　　在艺术史上,毕加索是艺术由具象走向抽象的转折点。毕加索的艺术创作更多地热衷于对世界本质的追求,追求一种更基础的艺术元素。他认为,客观世界一切形象的基本元素都是简单的几何形。在艺术创作中,他把对象分解为几何形来表现。为了表现对象存在于空间和时间中,他从不同角度观察和描绘对象的各个部分,将它们叠加在一起,这同时也算表现了运动。这种运动感的表现手法对后来的未来主义产生了影响。

　　1907年,毕加索画出了那幅具有里程碑意义的著名杰作——《亚维农的少女》。这幅作品是他在艺术探索历程中的一次巨变。这位西班牙画家的着眼点放在形体上。他采用灵活多变且层层分解的、极具概括性的平面造型的手法,把形体的结构"随心所欲"地组合起来。这种作画方式完全是以理性控制感性表现。从这幅作品开始,毕加索确立了一种真正崭新的绘画语言。这种语言从事物的内部去认识和解析,而不再只从事物的视觉表象来描绘事物的形象。毕加索认为,这样画出来的东西,比眼睛熟悉的直观形象更真实,因为感觉和实在是有差距的。

---

[1]〔法〕约翰·利伏尔德著,郑彭年译:《塞尚传》,上海人民美术出版社1997年版,第216页。

1909年至1911年，毕加索的艺术创作处于"分析立体"时期。受机器形式和科技观念的影响，毕加索从机械装配中汲取了一系列的表现方式。这一时期，毕加索进一步探讨绘画的基本元素，对于色彩、形式、结构都提出具体的分析原则。毕加索笔下的物象，无论是静物、风景还是人物，都被彻底分解了，组成一种似乎由层层交迭的色块所形成的画面结构。虽然每幅画都有标题，但人们很难从中找到标题所指涉的物象。那些被分解了的形体与背景相互交融，使整个画面布满以各种垂直、倾斜及水平的线所交织而成的形态各异的块面。在这些复杂的块面结构中，形象的轮廓慢慢隐约显现，可是片刻间便又消解在纷繁的块面中。色彩表现力的作用在这里已被降到最低程度。画上似乎仅有一些单调的黑、白、灰及棕色。实际上，毕加索所要表现的只是线与线、形与形所组成的结构，以及由这种结构所发射出的张力。

　　毕加索的作品《吉他手》就很形象地表现出这样的风格特征。当时的一位评论人弗雷德里克·凯斯勒（Frederick Kiesler）是这样评论这幅画的："《吉他手》几乎是一个水平线和垂直线的结构，它更像是一座有着玻璃、钢筋和砖块的现代建筑——毛刷的笔画像砖块一样小心地彼此摆放，以帮助画面的建立……"[1]

　　以毕加索为首的立体主义抛弃了传统的美学观和艺术观，开创了审美趣味的新时代。他们的艺术创作和成就广受社会的赞誉。当传统手工艺的自然主义表现形式无法应用在机器产品中时，以毕加索的艺术为先河的抽象表现形式成为能与机器生产相匹配的造型因素。因为源于机器生产背景的立体主义作品所用的抽象的、几何化的形式展现出一种类似于数学的结构和秩序，而这一点恰恰是艺术和技术在工业生产中能够结合的平台：明确的结构式的造型既便于产品在流水线上生产，又适应了新的审美观。在新的审美观和表现形式的参与下，艺术与工业生产相结合的障碍被扫除。立体主义从根本上改变了艺术与手工艺运动用自然主义的形式"装饰"产品的做法。

>>>
[1] Sheldon Cheney, Martha Candler Cheney. *Art and The Machine*, Acanthus Press,1992, p.32.

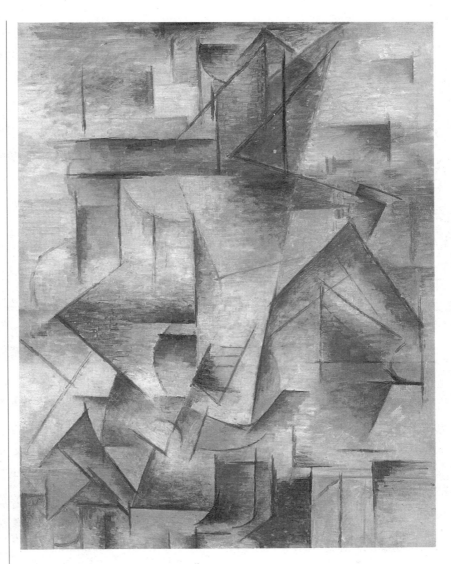

毕加索：
《吉他手》
(1910)

除了转变艺术形式，毕加索还开拓了非常规性材料在艺术中的使用，进一步增强了艺术界对工业社会的情感。1912年，毕加索破天荒地使用了剪贴的创作手法，开始了他的"综合立体主义时期"。这一时期的艺术特色主要是在艺术创作中打破传统艺术的媒介局限。毕加索在绘画中不仅用色彩，还加入其他"现成的"材料，比如旧报纸、海报残片、音乐曲谱、废公共汽车票等等，后来发展到利用各种生产材料，如木片、沙、金属等等。这种改变，是自从艺术产生以来的一次重大改革，是对艺术千年传统媒介的革命。在雕塑创作上，毕加索就用各种各样的材料和现成的东西，如刀、碗、碟等塑造他的艺术品。

毕加索领导的立体主义对以后的艺术派别的形成和发展产生了深远的影响。立体主义和机器之间的关系不但不像传统艺术和机器时代那样水火难容，反而变得亲密友好。毕加索还预言艺术和科学的结合将会有更多的作为，比如在使用基础材料以及对基础材料进行美的表达等方面。可以说毕加索是第一位将自己置身于机器文化的艺术家，也是第一位发掘"机器的艺术潜能"的画家。

（三）莱歇——讴歌机器生活的画家

立体主义改变了艺术家在创作过程中和机器的对立关系。如果说毕加索是第一个把机械形式和法则应用到活生生的艺术创作中的艺术家，那么，和毕加索同龄的法国艺术家莱歇（Fernand Lèger）则在作品中直接描述和讴歌机器及机器时代的生活。

我们对莱歇的认识十分有限，但这并不能抹煞他在现代派艺术中的地位。西方艺术评论家克莱门特·格林伯格在介绍莱歇时说："他没有力求以他的性格给我们留下深刻的印象……现在我们的理解更全面了。他在现代艺术博物馆的大型回顾展中清楚地表明，莱歇不但是当代风格的源泉，而且与马蒂斯、毕加索和蒙德里安等并驾齐驱，属于本世纪最伟大的艺术家。"[1] 格林伯格称莱歇和毕加索、布拉克一样，是"使立体派独占鳌头的三位功臣艺术家之一"。

那么，莱歇的艺术贡献在哪方面呢？1900年以后，法国许多激进的艺术家率先满怀热情地接受了现代化的工业生产和生活方式。艺术界充满了"唯物"乐观主义情绪，艺术家们在工业发展的未来中看到了审美的可能

---

[1]〔英〕弗兰西斯·弗兰契娜、查尔斯·哈里森著，张坚、王晓文译：《现代艺术和现代主义》，上海人民美术出版社1997年版，第171页。

性。"在所有的乐观主义者、唯物主义者和俯首称是者之中,没有一个人像莱歇那样全心全意,或者像他那样聚精会神,他向我们道出他热衷于机器的形体,这一点我们也一目了然。"[1]

汲取塞尚和毕加索艺术的营养,莱歇将他的目光凝聚在工业化的生活,同时将机器部件作为形式元素应用在画面上。在创作初期,莱歇画的是机器,歌颂的是机器生活。《城市》是莱歇的一幅著名作品。在这幅作品中,他运用雕塑式的手法,建立起两度画面的空间,然后运用综合立体主义的手法,产生了各种视幻觉的变化。画面中,柱子、机器、建筑物、上楼梯的机器人、印刷版的字母符号等诸要素,都为工业化社会和生活的"城市"增添了光景。在艺术创作后期,莱歇"发现机器使劳动集体化;机器的约律创造了一个新的阶段;机器能够提供自由。他忽然把机器视为人类手中的工具,而不再是独立的物体。

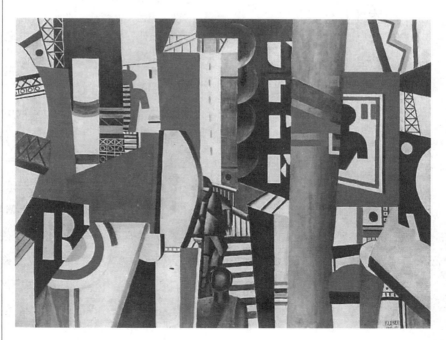

莱歇:
《城市》
(1919)

[1] 〔英〕弗兰西斯·弗兰契娜、查尔斯·哈里森著,张坚、王晓文译:《现代艺术和现代主义》,上海人民美术出版社1997年版,第173页。

从那时起,他画的每件东西不再是对现在这种机器工业世界的赞美,而成为了对工业化必将导致的更为丰富多彩的人类世界的歌颂。"[1]这种对工业时代和人们生活的热爱是俄国构成主义艺术观的先兆。

莱歇是直接讴歌机器和工业生活的艺术家。他的以机器为核心的立体主义影响了1918年出现的立体主义变体——纯粹主义。纯粹主义追求垂直—水平的结构,取消一切多余的装饰。在该派艺术家眼里,机器是"纯粹"的象征,他们学习机器功能性的特征,寻求艺术作品的功能性描绘。基于这样的观念,作为纯粹主义的领袖人物之一的柯布西埃后来提出"一座房屋就是一部用来居住的机器"的著名理念。

(四)赞美机器的现代艺术流派

赞美机器的现代艺术流派主要有未来主义和构成主义。

1. 未来主义

除了艺术家个人表达对机器生活的热爱之外,还有一些著名的艺术团体和组织也加入合唱的行列。在所有的现代派艺术中,意大利的未来主义最明确地宣称它对机器文化的拥护,是少有的热情赞美机器生产的艺术派别。

未来主义(futurism)最初是由意大利诗人马里内蒂(Filippo Tommaso Marinetti,1878—1944)一手炮制的。在1909年2月20日的《费加罗日报》上,马里内蒂以浮夸煽情的文辞推出了"未来主义宣言",号召扫荡一切传统艺术、创建能与机器时代的生活节奏相合拍的全新艺术形式。未来主义狂热地相信工业文明能给人类带来积极的后果。他们热情讴歌现代科技的发展,赞美大工业产品固有的美。这种固有的美在他们的眼中,就是速度。未来主义艺术家们热衷于表现速度和产生速度的力,宣称以"机械形象"改造艺术。未来主义艺术家们发表了大量宣言,对传统的审美价值发动了猛烈的攻击。在他们眼里,"现代"就是具有力量和动感特征的"机器工业"。

---

[1] 〔英〕弗兰西斯·弗兰契娜、查尔斯·哈里森著,张坚、王晓文译:《现代艺术和现代主义》,上海人民美术出版社1997年版,第381页。

他们的艺术风格是在画布上把由几何形体组成的物象作有节奏的反复、重叠和延续，以达到力度感和运动感。

未来主义的画风和立体主义有很深的渊源。"未来主义从其发端日起，便受到立体主义的影响。未来主义艺术家们利用立体主义分解物体的方法来表现运动的场面和运动的感觉……他们热衷于用线和色彩描绘一系列重叠的形和连续层次交错与组合，并用一系列的波浪线和直线表现光和声音，表现在迅疾的运动中的物象。"[1]但是，未来主义也有独特的一面。"未来主义画家和立体主义相反，不是让画家从各个角度观察静止的对象，而是让画家在静止中观察高速运动的对象。他们也表现人的感情，但却用物理量来衡量，如力、能、速度等等。他们所要表现的现代生活，是所谓心理和生理的空前的震动、视觉和听觉的反应，不同方向的力和运动等等的'动态的综合'。"[2]

居住在巴黎的未来主义艺术家加拉·塞韦里尼（Gino Severini，1883—1966）是受立体主义影响较深的未来主义艺术家。从他的作品《塔巴林舞场有动态的象形文字》，我们可以看得出两种艺术风格的共同作用。该作品描绘了巴黎夜生活的欢快场景。整个构图由立体主义的小平面组成，通过改变这些平面的形状形成巨大而动荡的曲线，极具运动感。在舞场中有衣着漂亮的合唱队女郎、热情奔放的歌女、戴高顶帽的绅士、戴眼镜的顾客、招待员、食品、酒瓶、旗子等。这些都展现出一派狂欢的气氛和一种乐天精神。塞韦里尼的这件作品几乎涉及立体主义绘画的各种手法，但是它在节奏和运动的塑造上却展现出未来主义的特质。后来，塞韦里尼在与巴黎艺术界的亲密接触中，放弃未来主义主张的"动力"，开始依据功能和效率强调机械、精密与和谐的静态理想。他认为，创作一件艺术品的过程和构造一个机器的过程类似。这个观点对后来的艺术家，尤其是对苏俄的艺术家产生了影响。

---

[1] 中央美术学院美术史系美术史教研室：《外国美术简史》，高等教育出版社1998年版，第318页。

[2] 〔俄〕M.金兹堡著，陈志华译：《风格与时代》，陕西师范大学出版社2004年版，第231页。

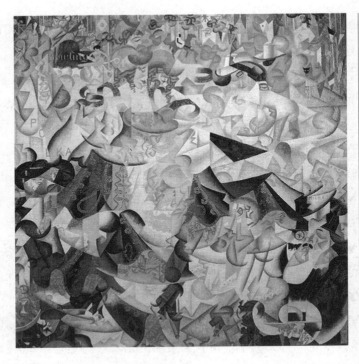
塞韦里尼：《塔巴林舞场有动态的象形文字》(1912)

相对莱歇那样以个人立场讴歌机器而言，未来主义以艺术团体的能量赞扬机器对艺术界更具有影响力。随着未来主义和立体主义影响的扩大，机器在艺术中的地位日趋上升。当现代派发展到构成主义时，艺术和机器之间画与被画的从属关系发生了转换，机器不再是艺术表现的对象，而是艺术本身应该学习的对象了。

2. 构成主义

十月革命前后，受立体主义和未来主义的影响，苏俄诞生了至上主义和构成主义。在时间上，至上主义早于构成主义。至上主义是继法国和意大利之后，对世界抽象艺术又一深具影响的艺术派别。至上主义的创始人马列维奇（Kazimir Malevich，1878—1935）在探讨了立体主义和未来主义的不同方向和方法之后，提出在艺术创作中不再表现主题和客体对象，只追求"感觉至上"。1913年，马列维奇在白纸上用铅笔画了一幅《白底上的黑色方块》。这一简约新颖的作品使得马列维奇成为现代绘画史上第一位创作纯粹几何图形作品的抽象画家。马列维奇说:"在1913年,我竭尽全力要从物体的重担下把艺术解放出来,我在正方形里避难,并以此展览了一幅图画,我在白底子上画了一个黑方块,仅此而已。"[1]

1915年,马列维奇在圣彼得堡展出了39件类似于《白底上的黑色方块》这样"无主题"和"无客体"的作品。在画展中,他印发了一本小册子,阐释他的"至上主义"——在创造性的艺术中,感觉是至高无上的。他在《非客观世界》里写道:"对于至上主义者而言,客观世界的视觉形象本身是无意义的,有意义的东西只是感觉。"马列维奇指出至上主义是一种新的思想形式,目的是摆脱一切的"表现"、"象征"和实际考虑而追求"绝对自由",表现在绘画中就是"无主题"和"无客体"的纯形式。

鉴于至上主义反对主题和客体的艺术思想,它是不可能热衷于刻画机器这一客体的。但是,如果没有进入机器时代,至上主义也不可能出现,因为它所展现的几何图形和构成不可能从对自然事物的感觉中产生出来。

源于至上主义的构成主义却有自己的主张。由于构成主义艺术家大多是至上主义的门生,所以,在表现形式上,构成主义和至上主义没有明显的区别。可是,在艺术思想上,构成主义并不是注重"感觉至上"。构成主义者具有非常强烈的社会责任感。他们热爱社会革命和工业生产,倡导"生产美术",要求艺术和机器相结合,走艺术实用化的道路。1924年,俄国构成主义设计师M.金兹堡总结构成主义思想的著作《风格与时代》中充满了对机器的赞颂:"机器,我们起初咒骂它并企图把它跟艺术隔绝,现在它能够教会我们去建立这个新生活","真正的艺术家将重新向机器学习,把他的思想分解成个别因素的艺术,把它们根据不可冒犯的必要性原则结合在一起,并为它们找到一个密切的相适应的形式,代替偶然的、印象派的冲动"。[2]

>>> ━━━━━━━━━━━━━━━
[1] 〔美〕H.H.阿纳森著,邹德侬等译:《西方现代艺术史》,天津人民美术出版社1999年版,第218页。
[2] 〔俄〕M.金兹堡著,陈志华译:《风格与时代》,陕西师范大学出版社2004年版,第84页。

至于在机器和艺术美的关系上，金兹堡指出，不是机器和机器产品去适应艺术，而是"在机器的影响之下，在我们心中锻造出关于美和完美的概念"。在构成主义眼里，机器不再是被动的角色，而是主导艺术和审美走向的重要因素。至此，现代派艺术真正完成了艺术和机器产品之间的革命性关系，这对现代艺术设计的形成产生了重大影响。

二　现代派艺术对现代艺术设计的影响

基于工业文化的现代派艺术，在认识观和价值观方面都与机器（工业）生产保持一致。当机器产品需要艺术来提高审美趣味时，现代派艺术就取缔了艺术家以自然主义艺术形式"装饰"产品的传统做法，也抹去了传统手工艺在机器生产中的存在。现代派艺术的抽象化和几何化的表现形式，很容易被数学进行理性化、秩序化操作。它能够在产品进行流水线生产的同时，实现对产品的审美加工。

20世纪20年代，现代艺术设计运动在欧洲几个国家开始发展，其中俄国、荷兰和德国发展最为迅速，甚至可以这么说，是俄国的构成主义、荷兰的风格派以及德国的包豪斯共同孕育了现代艺术设计。在此三者中，前二者首先是以艺术运动闻名，随后对艺术设计产生影响，而包豪斯则汲取了前两者探索的优秀成果，开展现代艺术设计教育和实践活动。下面，我们通过对构成主义和风格派在艺术思想和造型方面的探索，了解现代派艺术对现代艺术设计的影响。包豪斯则详见下一章论述。

（一）俄国构成主义运动推动了艺术和机器生产的结合

20世纪20年代，俄国艺术界受到立体主义和未来主义的影响，出现了现代艺术的繁荣局面。

立体主义对俄国艺术界的影响主要应归功于俄国青年艺术家弗拉基米尔·塔特林（Vladimir Tatlin，1885—1953）。1913年，塔特林在巴黎会见了毕加索，并参观了毕加索的画室。毕加索当时正在用"构成"研究拼贴对雕塑有什么内在的含义。塔特林被"构成"深深迷住了。塔特林很快就认为，与其在平面的画布上画空间中的事物，不如干脆把艺术品做成立体的。回到俄国后，他沿袭毕加索的粘贴表现手法，用木片、纸板、铁丝、纺织品等等拼接艺术品。塔特林的探索为其日后创立构成主义打下了基础。

未来主义对俄国的影响则不像立体主义那样顺利。早在1910年和1911年，俄国就出现了未来主义的组织和出版物。但是，俄国的未来主义和意大利的不同。俄国的未来主义更多地反映革命前夕的社会矛盾。俄国未来主义者蔑视"上流社会"，否定资本主义以及"旧世界"的一切文化，乃是为了革新社会而革新艺术。所以基于艺术思想和观念的差异，他们中有些人不承认和意大利的关联。1914年，他们甚至阻挠马里内蒂在莫斯科和圣彼得堡举办讲演。

由于俄国艺术在走向抽象的过程中同时受到立体主义和未来主义的影响，所以，一些艺术家称自己的作品是"立体未来主义"。在立体未来主义的发展中，马列维奇和康定斯基这两位艺术家加速了该流派的抽象化进程。马列维奇开创的至上主义是俄国土生土长的现代艺术派别，后来取代了立体未来主义。塔特林、罗琴科和李西斯基等艺术家聚集在至上主义的旗帜下，发展本国特色的抽象艺术。

1914年爆发的第一次世界大战推动了俄国十月革命的成功，诞生了第一个社会主义国家苏联。大批知识分子为苏联的激进的革命信念和纲领而狂热。他们希望能够协助、参与共产主义革命，为建立一个富强、繁荣、平等的新俄国贡献自己的全部力量。建筑设计师埃尔·李西斯基（El Lissitzky，1890—1941）所作的抽象海报作品《红楔子攻打白军》就表达了艺术家对共产主义革命的支持。在海报中，艺术家把红军描绘成一块尖锐的红色三角，把白军描绘成已被攻破的圆形。在画面四周都散布着小的红色三角，预示着红军力量无处不在，具有压倒性的优势。

艺术家们活跃的艺术活动和当时的政治局面有十分密切的联系。十月革命后的苏联对美术的实用性很早就注意了，革命政权开始了使机器生产艺

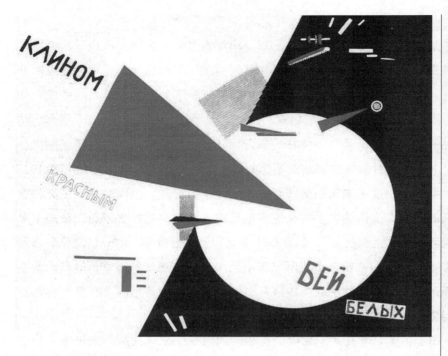

李西斯基：《红楔子攻打白军》(1919)

术化的进程。1918—1921年人民教育委员会的造型艺术司设立了一个"艺术生产苏维埃"，负责在工厂里组织"艺术车间"。1920年10月，苏联在最高国民经济会议下设立了"艺术生产委员会"，负责工厂生产中的美术设计。

除了这两个部门推动艺术和工业生产的联姻外，还有一个事件加速了艺术家介入机器生产的进程。这就是对先锋艺术的批判运动。该运动引导了一些左翼艺术家进入"艺术生产"的队伍。整个运动的主要批判对象是康定斯基、马列维奇和李西斯基。批判理由是他们的唯心主义、神秘主义以及脱离现实生活和无产阶级。这场批判使得欣欣向荣的苏联现代艺术产生了分裂。批判者的口号是"把艺术溶化到生活中去"，"使艺术尽可能地接近人民"。左翼艺术家响应这一号召，纷纷改弦更张，采纳了生产美术的观点。

左翼艺术家的这种响应并不是趋炎附势，而是有很深刻的时代背景：第一，各个现代艺术流派的形成本来就受当时科学技术和大工业生产的影响，生产美术是合乎时代潮流的；第二，左翼艺术家对工人阶级专政的新社会满怀热情，国民经济恢复时期就要来临，建设新世界和新文化的理想鼓舞着他们；第三，他们把抽象艺术的技巧，用于工业产品以提高它们的美学质量，是完全适合的。

1920年，左翼艺术家加波和佩夫斯纳发表了《构成主义宣言》。构成主义（constructivism）一词第一次在文字中出现。《宣言》宣传技术的光荣，反对"艺术的思辨活动"。左翼艺术家提出，新的艺术品不再是在平面画布上，而应当直接去制作立体的物，这就是"构成"。依据《宣言》的定义，构成就是"把不同的部件装配起来的过程"。构成主义作为唯一和新社会合拍的艺术主张，得到塔特林和亚历山大·罗德琴科（Alexander Rodchenko）等艺术家的热情支持。他们自称"生产主义艺术家"，反对"纯"抽象的艺术，旗帜鲜明地投入到生产美术的运动中。1920年，罗德琴科出版了《制造宣言》。他的理论把材料的规范化组织和最理想的社会组织——共产主义等同起来。

构成主义者探究基础元素的潜力,联系平衡与动力等一些属于机械的基本原理。他们特别对机械元素——轮、铁棒、齿轮以及线圈进行研究。他们获得的结构有如此精确的平衡和正确的表现，以至于滑轮或支点轻微移动都会损坏形式的表现。他们在平衡与动力领域的发现使得对抽象艺术的认识进一步接近设计实践的使用。其结果是在雕塑形式和工业设计形式之间的联系上形成了新的认识，使得纯粹功用性的机械部件在保持基本性能的同时有了美的表现方法和途径。

构成主义艺术追求艺术和技术相融合的观念,对西方艺术界的影响非常大。1921年列宁的"新经济政策"时期，鼓励与西方联系，这样，苏联的构成主义探索才开始为西方知晓。苏联的艺术家们把构成主义观念和思想带到了西方，产生了很大的震动，特别是对德国。1922年，德国艺术设计学院包豪斯在杜塞尔多夫市举办了国际构成主义研讨大会。会后，包豪斯校长格罗皮乌斯更改了1919年包豪斯《宣言》中强调手工艺的办学思路，走向新型的艺术和技术相结合的道路。

俄国构成主义运动是俄国十月革命胜利前后在俄国一小批先进的知识分

子当中产生的前卫的艺术运动和设计运动。在新社会的建设中,苏联的很多建筑设计师都运用构成主义手法进行了大量创作。但是,由于斯大林排斥构成主义,所以,大部分的构成主义设计都没有能够实现。真正变成现实的建筑设计是在西方完成的,那是1925年著名建筑师梅尔尼科夫年在巴黎世界博览会上设计的苏联展览馆大厦。在这个博览会上,机器美学创始人柯布西埃展出了自己的"新精神馆",其中的精神与形式因素有大量的苏联构成主义的特征。在这次展览会上,"装饰艺术"形成了。这个风格也借用了构成主义的艺术特点。俄国的构成主义在这个博览会当中提供了一个坚实的样板,同时,它对于现代设计的影响也完全可见。

谈到构成主义对艺术设计的影响时,有的研究者指出:"20世纪早期的艺术设计批评理论影响最大的是构成主义美学和新造型美学。苏联构成主义的理论在抽去它的政治色彩后,便成为被西方广泛接纳的构成主义美学(constructive aesthetics)。构成主义美学宣传打破传统,赋予艺术和设计更大的民主性而非精英化;强调人类经验的'广泛性',认为人类在自然的象征主义和抽象的象征主义方面有着共同的语汇。这一理论对荷兰'风格派'(de stijl)的设计批评造成显著的影响。"[1]

(二)荷兰风格派和理性主义的视觉风格

荷兰虽然是一个小国,但是由于进入工业化的时代很早,经济发达,国民素质高,社会结构和经济不断发展和演变,促使艺术不断地适应着新的形势,艺术家和设计师们也在不断地开拓新领域、创造新形式,并不断地探索着未来的方向。1917年至1931年这十几年期间以荷兰为中心的风格派艺术即是这种探索的反映与实践。作为一个国际性的艺术运动,它从立体主义起步,最终在形式表现方面走向了理性主义,并深刻地推动了20世纪的现代艺术设计。

1917年,在荷兰莱顿创刊的《风格》杂志是风格派艺术设计师交流思

---

[1] 尹定邦:《设计学概论》,湖南科学技术出版社2003年版,第232页。

想的园地。风格派没有具体组织形式,也没有立体主义、未来派这些艺术运动的纲领、宗旨和组织形式,成员之间并无过多的接触,仅仅艺术形式近似、美学观点相同而已。他们的一个共同的艺术主张就是绝对抽象的原则。他们主张艺术应与自然物体没有任何联系,艺术家只有用几何形象的组合和构图来表现宇宙根本的和谐法则。因此,对和谐的追求与表现成了风格派艺术家共同的一个目标。该流派的主要代表人物是画家彼得·蒙德里安(Piet Mondrian,1872—1944)和泰奥·凡·杜斯布格(Theo van Doesburg,1883—1931)。

蒙德里安是风格派的核心人物。1911年,蒙德里安在巴黎第一次看到了立体主义原作,受到非常深刻的影响。在蒙德里安眼中,立体主义忽略对自然物象的如实描绘,强调画面的形体构成的表现很适于揭示自然的内在本质。他说:"如果绘画要直接表现普遍的,那么,它自己必须是普遍的,这就是说,抽象的。"[1] 依据蒙德里安的观点,风格派从一开始就追求艺术的"抽象和简化"。它反对个性,排除一切表现成分而致力于探索一种人类共通的纯精神性表达,即纯粹抽象。至于如何表现"内在本质",蒙德里安说:"自然的形式的外观瞬息万变,而实在不变。要给纯实在造像,就必须把自然的形式还原成形式的恒定元素,把自然的色彩还原成原色。"[2] 蒙德里安指出,"形式的恒定元素"就是"立方体和矩形"。

在蒙德里安的影响下,风格派的艺术家们共同关心的问题是:简化物象直至本身的艺术元素。因而,平面、直线、矩形成为艺术中的支柱,色彩也减至红黄蓝三原色及黑白灰三非色。艺术以足够的明确、秩序和简洁建立起精确严格并且自足完善的几何风格。

1923年杜斯布格在《风格》杂志创刊五周年之际,写了一篇社论向蒙德里安致意,并把蒙德里安尊为"新造型主义之父"。"新造型主义"一词是蒙德里安对自己艺术的称呼。他把新造型主义解释为一种手段,"通过这

---

[1]〔俄〕M.金兹堡著,陈志华译:《风格与时代》,陕西师范大学出版社2004年版,第234页。
[2] 同上。

种手段，自然的丰富多彩就可以压缩为有一定关系的造型表现。艺术成为一种如同数学一样精确的表达宇宙基本特征的直觉手段"。艺术家的最终目的"不是通过消除可辨别的主题，去创造抽象结构"，而是"表现他在人类和宇宙里所感觉到的高度神秘"。[1]

　　风格派作为现代艺术运动，它所取得的成就对设计的影响要比对艺术的影响大得多。风格派主张从理性出发，用抽象的几何结构来表达宇宙和自然的普遍的和谐与秩序，探索被事物的外貌所掩盖的规律，这些规律表现了科学理论、机械生产的本质与节奏。

　　风格派艺术家和设计师们的追求和建树突出表现在以下几个方面：一是以新的造型观念从事设计，尽量排除家具、器物设计中的传统形式特征，使其成为简单、抽象的几何结构元素的组合。二是坚持追求这些几何元素的结构的独立性和可观性，用设计的方法创造可视的、可用的形象。三是重视和运用数字的抽象概念和空间结构，运用单纯的三原色和中性颜色。在设计中，他们把几何形式与新兴的机器生产联系乃至等同起来，追求那种来自于机械的严谨与精神，由此最终确立一种新的造型观和新的美学，一切以这种新美学为出发点。值得颂扬的是，风格派艺术家们始终努力更新生活与艺术的联系，把创造新的视觉风格和艺术新形式的目的确定在创造一种新的生活方式上。

　　和构成主义一样，风格派艺术设计所强调的艺术与科学紧密结合的思想和结构第一的原则，也为以包豪斯为代表的现代设计提供了精神食粮。风格派的闻名遐迩与杜斯布格的大力宣传也是密切相关的。这位自学成才且兴趣广泛的艺术家虽然在绘画上没有太多惊人的天赋，但却是一个极有号召力的理论家、演说家和宣传家。他在战争以后遍游欧洲大陆，通过演讲和宣传，使风格派的美学思想传遍欧洲各地。杜斯布格于1921—1923年在包豪斯所在的魏玛讲学，宣传风格派艺术思想。受他的影响，包豪斯的部

>>>

[1]〔英〕赫伯特·里德著，刘萍君等译：《现代绘画简史》，上海人民美术出版社1979年版，第113页。

分学生醉心于"纯形式",这也推动了20年代中期包豪斯在形式探索上向理性主义过渡。

思考题

1. 为什么说毕加索是第一位发掘"机器的艺术潜能"的画家?
2. 俄国构成主义运动在艺术设计史上有什么意义?
3. 现代派艺术为什么能和工业生产方式相结合,从而导致艺术设计的形成?

阅读书目

1. 〔俄〕M.金兹堡著,陈志华译:《风格与时代》,陕西师范大学出版社2004年版。
2. 〔美〕罗伯特·休斯著,刘萍君、汪晴、张禾译:《新艺术的震撼》,上海人民美术出版社1989年版。

第四章
包豪斯——现代艺术设计教育的摇篮

  作为世界上早期最著名的艺术设计高等学校,包豪斯是现代艺术设计教育的摇篮。虽然包豪斯仅仅存在了14年,却成为许多艺术设计工作者心目中的偶像。它的创立者和第一任校长格罗皮乌斯则是20世纪设计文化的主要代表之一。尽管他已经去世多年,不过,从一位西方学者的描述中,我们依然可见他当年的风采:"对那些踏上朝圣之旅的年轻美国建筑师来说,格罗皮乌斯是所有人中最耀眼的人物。格罗皮乌斯1919年在德国国会所在地的魏玛开办了包豪斯。包豪斯不只是一所学校,它是一个公社,一项精神运动,一种对所有艺术之激进理解,一个可与伊壁鸠鲁花园相比的哲学中心。格罗皮乌斯,这个地方的伊壁鸠鲁,修长、朴素、但经过细心修饰;梳向脑后的漆黑头发,令女人倾倒的外貌,举止合宜,善于与人交往,曾是在战争中因勇敢而被授勋的骑兵队队长:这是一种在漩涡中央,焕发出审慎、优越及说服力的形象。"[1]

---

[1] 转引自〔德〕B.E.布尔德克著,胡佑宗译:《工业设计》,台湾亚太图书出版社2001年版,第26页。

这里提到的伊璧鸠鲁（Epicurus）是古罗马著名的哲学家，他于公元前306年在雅典自己领地创办的"花园"哲学学校，和古希腊哲学家柏拉图、亚里士多德创办的哲学学校齐名。把格罗皮乌斯比作伊璧鸠鲁，是很高的评价。

一 格罗皮乌斯和包豪斯宣言

艺术设计教育是艺术设计不可分割的组成部分，它不仅培养艺术设计人才，而且规范艺术设计职业的模式。英国艺术家亨利·科尔（Henry Cole, 1808—1882）领导的研究艺术教育改革和艺术工业发展的专门委员会，1851年在总结伦敦第一届世界工业博览会时，最早提出独立的艺术设计教育问题。科尔曾经帮助组织过第一届世博会，但他对其中的一些展品也提出批评。他认为，要解决工业化带来的问题，兴办教育是唯一的出路，而在这方面工艺博物馆会起到重要的作用。

后来旅居英国的德国建筑家泽姆佩尔参加了第一届世博会的筹备工作，他与博览会主办者阿尔伯特（Albert）亲王和科尔交往密切。1852年他在英国和德国出版了自己的著作《科学，工业和艺术》，副标题是"由于伦敦世界工业博览会对改善人民趣味的建议"。泽姆佩尔在分析第一届世博会的教训时，提出了改革艺术学校教育体系的具体建议，旨在使艺术教育在预科教育后得到专门化。

这一建议，成为19世纪50年代在英国创办南肯辛顿博物馆艺术设计学校的基础。南肯辛顿博物馆创办于1852年，由科尔担任馆长，就是现在的维多利亚和阿尔伯特博物馆。科尔也担任它附属的艺术设计学校的校长。为了适应新的条件，学校后来经过改建，成为英国皇家艺术学院。1899年，英国皇家艺术学院开设了工业艺术专业，以便把艺术直接运用到工业中去。1913年，英国颁发了艺术设计专业本科毕业证书。

在艺术设计教育基础的形成过程中，德国包豪斯起了重要的作用。

（一）包豪斯宣言

自 19 世纪末期以来，德国一直在寻求一种新的教育方式，使工艺和美术结合起来。1919年，德国魏玛造型艺术学院和魏玛实用艺术学校学校合并，成立了"国立包豪斯"，由格罗皮乌斯任校长。

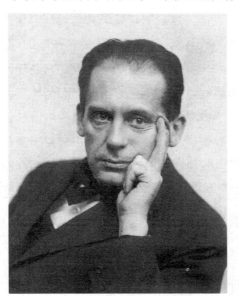

格罗皮乌斯

格罗皮乌斯（Walter Georg Gropius，1883—1969）不仅是一位建筑家，而且是一位教育家和艺术设计师。他生于柏林，父亲是身居高位的建筑家，叔祖马尔丁·格罗皮乌斯是 19 世纪下半叶德国最重要的建筑家之一。1903年至1907年，格罗皮乌斯先后在慕尼黑高等技术学校和柏林皇家高等技术学校学习。1908年至1910年在贝伦斯工作室的工作，对他的创作个性的形成起了决定性作用，和他同时在这里工作的还有密斯·凡·德罗（包豪斯第三任校长）和法国著名的建筑家和艺术设计师柯布西埃。

格罗皮乌斯和贝伦斯一起参加了德国通用电力公司电工中心的建筑和工业产品的设计，贝伦斯帮助他形成了物质环境和谐统一的思想，这种思想成为他在包豪斯活动的基础。在贝伦斯那里，他对现代技术手段以及它们在建筑和艺术设计中的作用发生兴趣。1910年他开始独立从事建筑设计，并赴意大利、法国、英国和丹麦旅行，考察它们的建筑。1911年他加入德国艺术工业联盟。1914—1918年服兵役，并参加西线战争。1918年被任命为魏玛造型艺术学院院长和魏玛实用艺术学校校长。翌年，这两所学校合并为包豪斯。

包豪斯所在地魏玛当时是一座只有 4 万居民的田园诗般的小城，

然而，它有着辉煌的文化传统。在它那狭窄的街道上留下了世界文化巨匠歌德和席勒的足迹，在它那小巧的城堡中有过他们出入的身影。在魏玛居住和工作过的还有音乐家巴赫和李斯特、诗人维兰、德国启蒙运动的重要代表赫尔德。1900年尼采也在魏玛去世。1919年，魏玛被德国资产阶级共和国——魏玛共和国确定为临时首都。包豪斯与魏玛共和国同时诞生。

从研究包豪斯的汗牛充栋的文献中，我们选出两段对包豪斯的评价：包豪斯"创造了当今工业设计的模式，并且为此制定了标准；它是现代建筑的助产士；它改变了一切东西的模样，从你现在正坐在上面的椅子，一直到你正在读的书"（沃尔夫·冯·埃卡尔特）[1]；"现在，每一名就读艺术院校的学生，为了自己在学校里有那些'基础课程'要学，都得感激包豪斯的贡献。每一所艺术院校，之所以能给学生开课讲授材料、色彩理论与三维设计的内容，都或多或少地要归功于大约60年以前在德国进行的那场教育实验。普通大众坐着钢管框架的椅子、使用着可调节式台灯，或者，他们的住宅建筑里部分或者全部采用了预制构件，这些都是获益于（或者受累于）包豪斯在设计领域里掀起的巨大革命"（弗兰克·惠特福德语）[2]。包豪斯的重大成就，来自于它的理论指导。

包豪斯的理论，集中体现在格罗皮乌斯起草的、1919年4月出版的第一份包豪斯宣言中，宣言后面附有学校的教学大纲。宣言封面的木刻是包豪斯第一批聘请的三位教师之一、德裔美国画家费宁格（Lyonel Feininger，1871—1956）创作的，画面内容是带有表现主义风格的哥特式天主教堂。包豪斯宣言写道：

> 建筑物是一切艺术活动的最终目的！装饰它曾经是造型艺术最重要的任务，造型艺术是建筑不可分割的一部分。现在，各种造型艺术闭锁地孤立存在着，只有借助所有制作者共同的和相互渗透的活动，才有可

>>>
---
[1] 转引自〔英〕弗兰克·惠特福德著，林鹤译：《包豪斯》，三联书店2002年版，第3页。
[2] 同上。

能摆脱这种状况。建筑家、雕塑家和画家们应该重新承认和学会理解建筑物被分解的形式处在建筑物各部分的统一中，只有这样，他们才能使自己的作品灌注建筑精神，而这种精神是他们在沙龙艺术中所丧失的。

以前的艺术学校不能够培养这种统一，因为艺术本身不教人这样做。应该重新回到手工工场，因为图案设计师和实用艺术家的世界里只有绘图和绘画，他们的世界应该最终成为建造者的世界。如果爱好造型艺术的青年人像过去那样从研究手工艺起步，那么，他不会成为缺乏艺术教育的、无所作为的"艺术家"，他的完美表现在真正的技艺中，在这里他们能够证明自己的优势。

建筑家、雕塑家和画家们，我们应该重新回到手工艺！"作为一种职业的"艺术不复存在。在艺术家和手工技师之间没有原则区别。艺术家只是高级的工艺技师。凭藉上苍的恩赐，在酲豁开朗的罕见时刻或者在意志的强烈叩击下，前所未见的艺术可能繁荣，然而，工艺技能是每个艺术家必不可少的。真正的造型的源泉就在这里。

让我们建立一个新的工艺技师联合会，在这个联合会里没有造成艺术家和工艺技师之间不可逾越的障碍的阶级差异！我们要思考和建造新的未来大厦，建筑、雕塑、绘画将结合在它的统一形象中。这座大厦像由许多工艺技师的双手将之矗立云天的殿堂，将成为新的未来信念的晶莹标志。

尽管包豪斯宣言中有矛盾的地方，对社会倾向的表述含混不清，把手工艺当做"真正的造型的源泉"，以及回到手工艺的提法也是错误的，但它对德国艺术界的意义难以估量。它不仅迅速成为青年们激烈反对现存教育体系的锐利武器，而且产生了广泛的社会反响，成为当时最重要的文化事件。

（二）包豪斯宣言的意义

只有分析包豪斯宣言出现的历史背景和文化背景，才能够深刻理解它的意义。

还是在战火激烈的1916年，德国早期功能主义者凡·德·韦尔德领导的魏玛实用艺术学校停课后，魏玛公国的统治者邀请当时在西线的格罗皮乌斯担任该校校长。格罗皮乌斯在答复中，建议把学校办成工业和手工业生产的艺术问题的咨询组织。他写道："当工业还认为没有必要与艺术家合作的时候，机器产品只是手工产品较为廉价的替代品。不过，商界逐渐理解到，由于艺术家的创造性贡献，工业产品可以获得新的质量。现在，为了赋予机器产品以必要的质量，他们在这些产品投入批量生产前，力图吸引艺术家讨论产品的形式。这样，可以形成艺术家、商人和工程师之间认真的合作。"这时候，格罗皮乌斯所关心的，还只是工业产品的艺术质量问题，因为机器生产初期造成产品的艺术质量急剧下降。

1918年，德国"十一月革命"推翻君主制，建立了资产阶级代议制共和国。"十一月革命"后，立即成立了艺术委员会，其成员为艺术家、建筑家和批评家。委员会特别注意宣传先进的艺术活动家的成就，并创办了"艺术家开放之家"。几乎同时，柏林"十一月小组"成立，小组成员包括各种艺术门类的代表人物和包豪斯未来的教师：格罗皮乌斯，包豪斯第三任校长密斯·凡·德罗，包豪斯预科第一、二任主持人伊腾和莫霍依－纳吉，以及布鲁耶、穆赫（Muche，有人根据英语读音译为"穆希"，根据名从主人的原则，我们根据德语读音译为"穆赫"）、克莱、施勒姆（Schlemmer）等。"十一月小组"代表了自由的资产阶级民主知识分子的观点。他们主张公开变革现实，密切艺术和生活的联系，同落后和反动作斗争，利用建筑和工业艺术来改善人民大众的生活。"十一月小组"宣言指出，他们的职责是把自己的优秀力量贡献给年轻的自由德国的道德改造。德国著名的戏剧家布莱希特把这股潮流称作"一场小型的德国革命"。

第一次世界大战后的状况、特别是德国"十一月革命"促使格罗皮乌斯的观点发生重大变化。他所关心的不再仅是工业产品的艺术质量问题，而是把个性的全面发展摆在自己创作活动和教育活动的中心。也就是说，艺术家不仅要考虑工业生产和建设的实用目的，而且要造就青年一代的个性。当时德国君主政体崩溃，军国主义和沙文主义的意识形态遭到唾弃，战争留下的创伤、社会精神生活的紊乱以及在战争废墟上建设新生活的渴望交织在一起,追求新思想的青年需要一展身手的大舞台。包豪斯正适应了他们的需要。在包豪斯宣言的感召下,青年们从德国和欧洲其他国家来到包豪斯。他们中有些人已是合格的艺术家和教师,有些人经过战争的洗礼变得成熟,有些人还是美术院校稚嫩的学生。要求入学的女生是如此之多,以至于格罗皮乌斯觉得有必要针对她们提高录取标准,以限制她们入学的人数。

青年们的到来,不是为了设计灯具或陶罐,而是为了成为新社区的一员。这个社区,在新环境中培育人,尽可能激起个人潜在的创造力。包豪斯作为新社区的证明,是学生们建议在魏玛建设居住区。他们提出了设计方案:居住区中心是夜间发亮的照明灯塔。在灯塔基座的半圆内,用石板铺砌10条通向主楼的光束。它们之间矗立着雕塑。另一边是梯形水池,水池四周分布着学生宿舍和教工宿舍。最外边是工场的仓库。这种幼稚的设计方案,遭到格罗皮乌斯的否定,然而它强烈地反映了学生们建设新环境的愿望。包豪斯远远超出一所艺术设计学校而具有广泛的社会意义和文化意义。耐人寻味的是,包豪斯和魏玛共和国共存亡。我们前面讲过,1919年包豪斯和魏玛共和国同时诞生;1933年纳粹上台,魏玛共和国灭亡,包豪斯也在同一年关闭。

包豪斯作为艺术设计学校的建立,是适应工业时代需要的艺术教育史上的质的飞跃。如果说其他同类学校仅仅通过调整课程、加强工场的实习来适应新的需要,那么,包豪斯对传统的艺术教育体制进行了彻底变革,这不仅指新型的职业——艺术设计的确立,而且指新型的职业个性的培养。包豪斯宣言的第一句话"建筑物是一切艺术活动的最终目的",成为包豪斯活动的中心。包豪斯是德语 bauhaus 的音译,原意为"建筑之家",在词源学上它来源于 bauhütte,后者在德国指中世纪的教堂和其他大型建筑群。用包豪斯来命名学校有什么深层含义呢?它有两层含义:第一,狭义地讲,格罗皮乌斯把艺术设计和建筑看做同源的,艺术设计应该像建筑一样,把各种空间艺术统一于一体,恢复、重建艺术和技术、艺术创作和生产活动的联系;第二,广义地讲,"建筑之家"作为"大厦"(Der Grosse Bau)是一种理想、象征和隐喻，指人们居住的物质环境。

包豪斯把"无所不在的建筑"作为自己综合的艺术作品。建筑是树干，其他各种艺术是分枝，它们一起组成葱绿的树冠。各种艺术设计力量围绕建造"大厦"这个共同的任务联合起来，通过艺术手段来造就完整的、符合人性的环境。这种乌托邦的理想，使格罗皮乌斯团结了一批杰出的教师，他们的名字无一例外地载入了设计文化和艺术设计教育的史册。包豪斯这一命名本身蕴涵着解读包豪斯教育思想和艺术设计模式的符码。

二　包豪斯预科

包豪斯的办学模式包括三个层次：半年制预科、3年制本科和众多的实习工场。实习工场有金工场、木工场、粘土工场、玻璃工场、石（雕塑）工场、纺织工场、壁画工场、舞台美术工场等。每个工场由一名艺术家和一名手工艺师担任老师，以实现美术和手工艺的结合。进包豪斯就读向来很难，学校的在读学生数只有100人左右。14年中从包豪斯毕业的学生不超过1250人。半年的预科结束后，很多学生被劝退。预科是包豪斯教育最重要的成就之一。

（一）预科的奠基人

包豪斯第一届学生年龄参差不齐，曾在不同的艺术学校接受过传统的艺术教育。为了使他们适合共同的教学目的和教学法，约翰内斯·伊腾（Johannes Itten，1888—1967）建议为他们组织预科班，格罗皮乌斯采纳了他的建议，并聘任他为预科第一任主持人。

伊腾是瑞士画家、艺术设计理论家和教育家。1919年，应格罗皮乌斯之邀，到魏玛包豪斯任教。他是一位拜火教徒。拜火教的戒律要求锻炼脑力和体力，严格规定素食。伊腾遵守教规，剃了光头，穿着僧侣式的长袍在魏玛游荡，有一种教士的气质。

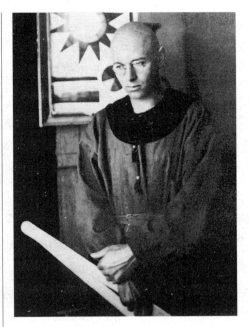

穿着自己设计的罩袍的伊腾

包豪斯第一届预科1919年秋季开学。当时既无专门教材，又无新的教学法，包豪斯初创阶段教材和教学法的制定，完全归功于伊腾。他为预科规定了三项基本任务：(1) 释放创造力，并以此激起学生的艺术才能。而这种才能只可以依靠自己的感觉和知识。因此，学生首先应该摆脱僵死传统的荷载，并有勇气从事自己的事业。(2) 简化学生选择专业方向的过程。在这方面，同各种材料打交道很有益，学生在短期内应该确定，什么材料——木、金属、玻璃、石、粘土或藤条最适合他充分地表现自己的创造力。(3) 使学生熟悉视觉形象的原理，理解形式和色彩构成的主观方面和客观方面的相互关系。

伊腾预科教学内容的基础，是18—19世纪之交德国浪漫主义者关于色彩和色彩构成的理论（包括从歌德的色彩理论中所借用的内容）。包豪斯教师、瑞士画家、表现主义主要代表之一保罗·克莱（Paul Klee，1879—1940）对第一届预科作出不少贡献。他把素描和结构的教学过程，分解为一系列单独的创作行为。浪漫主义色彩理论和歌德本人受到魏玛时期的包豪斯的高度评价，魏玛浸润着歌德这位文化巨人的精神。歌德既主张建立关于自然界中和谐现象包括色彩的客观科学，又主张揭示色彩成为新的和谐整体的原因。研究形式节奏、色彩、比例和空间关系的对比，如大小、长短、高低、冷暖、黑白、宽窄、明暗、厚薄、硬软、动静、锐钝、强弱、滑糙等，是伊腾教学活动的特点之一。研究对比时，伊腾要求学生从感性体验上升到客观理解，进而到综合体现。在所有对比中,伊腾指出三种基本对比:黑白、大小和冷暖。对比只是世界的极端形式,它们之间有一系列渐进过程。掌握这种过程,能够发展对复杂的艺术结构进行综合的能力。学生们在观察大师们的作品时,首先接触到的是对比的相对性:灰色与其他暗色相比时,被知觉为亮色;而与其他亮色相比时,被知觉为暗色。大的暗色形式和小的亮色形式相比时,更有表现力。

　　伊腾的教学生动活泼,他的学生毕业多年后,总是温馨地回忆起当年那种自由的学习生活。为了培养学生的艺术个性和艺术风格,在学习过去时代大师们的作品时,伊腾要求学生保持某种独立性,这样可以避免陷入对固定风格的一味模仿。他在课堂上的做法是:用幻灯把优秀的绘画和雕塑作品投射在屏幕上,然后撤掉幻灯,让学生用碳笔在纸上画素描,以分析这些作品所体现出来的运动。他常常分析这些作品,用粉笔在黑板上作画,讲解艺术家所使用的形式的丰富性。

　　伊腾醉心于早期基督教哲学和中国哲学。他认为促使人向外发展的科技进步,必须由人内在精神品质的发展加以补偿。他把这些思想成功地运用到教学活动中,概括预科的基本思想为"体验—发现—知识"三段式。学生从感性上体验形式、色彩、节奏、比例、结构和空间关系的对比,从视觉和触觉上体验各种材料的性质。在体验的基础上,学生发现了结构和空间关系的广阔世界,并揭示这些发现中的理论前提和哲学意蕴。他援引中国成语"得心应手",并按照德译"手的运动和心的运动同时完成"来理解它的含义,从而赋予运动以重要的意义:运动产生形式,并形成知觉的本质。伊腾写道:"运动产生形式,形式产生运动。每个点、线、面,每种体、暗、明、色——由形式的运动而产生,又重新产生运动。悲和喜、恨和爱、好和恶是产生运动的心理形式。"[1]在《我的包豪斯》一书中,他说得更为明确:"如果我想感觉和体验一条线,那么我的手应该按照这条线的行程运动,或者我应该在自己的感觉中追随这条线,也就是说,我应该在心中运

---

[1] 转引自〔俄〕西尔维斯特罗夫:《包豪斯预科》,莫斯科1970年版,第18页。

动。最后，我能够在精神上感觉这条线，看到它，于是我就在精神上运动。"[1]

随着时间的推移，格罗皮乌斯和伊腾之间产生了矛盾。格罗皮乌斯不满意伊腾的地方有两点：一是伊腾把预科办成只有他本人能够主持，其他人无法替代；二是伊腾预科只培养学生的艺术能力，而包豪斯的目标是培养作为现代技术文明不可分割的一部分的艺术家。在和格罗皮乌斯发生了几次尖锐的冲突后，伊腾于1923年离开了包豪斯。

（二）艺术和技术的统一

包豪斯预科第二任主持人莫霍依－纳吉（Moholy-Nagy，1895—1946）是匈牙利构成主义画家、摄影家、印刷专家和舞台美术家，1923年就职于包豪斯。他戴着圆形边框眼镜，穿着现代工厂里的工人穿的那种工装裤。他的衣着显示他作为一名构成主义者的艺术取向。

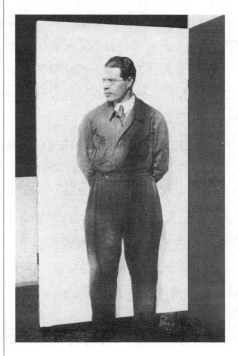

穿工装裤的莫霍依－纳吉

1923年是包豪斯历史上一个重要的转折点。在这一年，格罗皮乌斯形成了自己的新概念，即包豪斯第一届展览会取的名称："艺术和技术——新的统一。"这个概念对工业生产中的艺术设计和相应的艺术教育产生了重要影响。在1919年的包豪斯宣言中，格罗皮乌斯还深受威廉·莫里斯的影响，号召"重新回到手工工场"，力图以此来

>>>
[1] 转引自〔俄〕西尔维斯特罗夫：《包豪斯预科》，莫斯科1970年版，第19页。

解决技术和艺术之间的矛盾。"艺术和技术——新的统一"这个概念的提出，表明格罗皮乌斯的观点有了变化。20年代后期包豪斯开始体现他的这一原则。1925年，学校由魏玛迁往德绍时，把手工场留在了魏玛，而在大工业中心德绍建立了当时最先进的技术工场。这明显地反映了艺术和手工艺的联系向艺术和工业、技术的联系的过渡。

莫霍依－纳吉是格罗皮乌斯理念的忠实执行者。他为预科学生安排了三组课程：一组为工艺类，包括手动工具和设备的使用，材料——木、粘土、塑料、金属、纸、玻璃的物理性质，形式、表面和结构，容积、空间和运动等；一组为艺术类，包括素描、色彩、摄影、制图、字体、制模、诗歌等；一组为科学类，包括数学和社会科学。学习工艺类课程的目的是使学生学会使用手动工具和生产设备，了解结构材料的属性，掌握形式、表面、结构、容积、空间和运动等概念的内容。学习艺术类课程是为了使学生熟悉造型表现的原理。科学类课程则使学生的形象知觉和理性思维结合起来。任用莫霍依－纳吉也表明格罗皮乌斯观点的转变。莫霍依－纳吉醉心于机器，而不是手工艺，他排斥一切非理性的因素，鼓励学生接受新技术和新手段。他来到包豪斯所引起的冲击，"就像是一支长枪投进了满布金鱼的水塘"。

在格罗皮乌斯"艺术和技术——新的统一"这项公式的左边，莫霍依－纳吉又补充了一个概念——"科学"。在莫霍依－纳吉以前，学生主要用手加工材料，而莫霍依－纳吉让学生学习材料机械加工的各种工艺。和伊腾一样，莫霍依－纳吉也赋予了独创性以巨大的意义。他认为，分析新的、甚至是费解的现代画家和雕塑家的作品，才能最有效地掌握创作方法。他培养学生把复杂的建筑物分解成一系列简单成分，从而使学生形成解决问题的多重视角。在教学活动中，他最关注的是培养学生理解空间造型关系、认识空间结构本质的能力。

莫霍依－纳吉和格罗皮乌斯有着深厚的友谊。1928年，他俩一起离开了包豪斯。他俩曾是"包豪斯丛书"的编辑，在1926—1928年出版杂志《包豪斯》。移居美国后，格罗皮乌斯再次邀请他从事教育工作，担任位于芝加哥的新包豪斯艺术学校校长。自1937年至生命结束，他一直领导新包豪斯（1944年更名为艺术设计学院）。

包豪斯预科第三任主持人约瑟夫·阿尔贝尔斯（Josef Albers，1888—1976）是德国艺术设计师、画家和教育家。他于1920年进包豪斯学习，1922年毕业后留校创办了玻璃工场，创作玻璃装饰画。1923年伊腾离开包豪斯后，他协助莫霍依－纳吉主持部分预科。1928年莫霍依－纳吉离开包豪斯后，他主持整个预科，直到1933年包豪斯关闭为止。

阿尔贝尔斯预科的技术倾向不同于伊腾预科的纯审美倾向，而与莫霍伊－纳吉预科相比，更具有实践性，它使学生在制作工业产品时完全贴近实际任务。阿尔贝尔斯为预科增添了一些课程：造型、色彩结构和线条（由保罗·克莱和俄国画家瓦西里·康定斯基讲授），自然科学讲座，画法几何，心理学，材料学，标准化等。他为预科制定的目的是：发展学生独立发现的能力、发明新东西的能力，同时注意结构的简洁；增强责任感、纪律性和自我批评精神，增强思维的准确性和明晰性。材料学是阿尔贝尔斯预科的基本课程之一，与前任们相比，他更感兴趣的是材料结构属性的客观的、系统的知识。

阿尔贝尔斯始终认为自己是伊腾的学生，预科的主要功劳应该归属伊腾一人。包豪斯预科获得极大成功。它的成功主要有三点：其一，为前此各自独立的艺术门类——建筑、绘画、雕塑、实用装饰艺术找到共同的基础，并把它们纳入到与设计活动有关的同一领域中；其二，把当时欧洲积累的艺术创作的丰富经验，系统地吸收到预科的课程设置和教学实践中；其三，科学技术课程为学生提高这一方面的学识和技能奠定了基础。包豪斯在预科之后的本科教学中，继续设置一系列科学技术课程，如数学、物理、力学、材料学和工艺学。

包豪斯关闭后，阿尔贝尔斯移居美国。1936—1940年他在哈佛大学任教。1950年移居纽黑文，任耶鲁大学艺术设计系系主任。

三　包豪斯发展的三个阶段

根据校长任期，包豪斯可以分为三个阶段：格罗皮乌斯任校长的1919—1928年，迈耶任校长的1928—1930年，密斯·凡·德罗任校长的1930—1933年。校长的作用对包豪斯具有重要的意义。全校师生像一支巨大的乐队，而校长是指挥。如果某位教师对办学方向的影响力极度增强，乐队就会出现不和谐音，导致冲突的产生。格罗皮乌斯和伊腾之间的关系就是如此。

（一）第一阶段

包豪斯的基本目的是围绕统一的对象——"大厦"（在格罗皮乌斯的概念中，"大厦"既指建筑物，又指人们周围的生活环境），通过艺术家和工艺技师的联合，重建艺术文化的完整性。把建造"大厦"当做艺术活动的目的和原则，是从罗斯金和莫里斯那里继承下来的。在建造"大厦"的过程中，建筑和其他空间艺术的界限消失了。包豪斯根据学生的才能，努力把未来的建筑师、画家和雕塑家或者培养成娴熟的工艺技师，或者培养成有独立创作能力的艺术家。而工艺技师和艺术家应该找到共同的方法，这种方法能够使他们在建造"大厦"时紧密合作。

格罗皮乌斯把他的学校视为设计文化学校。学校兼有两种原型：中世纪师徒授受的建筑行会和大学模式。学校早期手工艺传统和20世纪先锋派艺术相结合，学生同时向工艺技师和先锋派艺术家学习，向前者学习金属、木材、陶瓷、纺织品等的加工原理，向后者学习现代素描、绘画和雕塑原理。格罗皮乌斯认为，工场里基本的手工艺教育是任何一种艺术创作的必要基础。他不倦地强调，教育活动的最高价值在于它的完整性。学校如果没有工场的话，就不可能形成这种完整性。包豪斯教育的基础是新型教师的概念，即教师应该是艺术家和工艺技师的和谐统一体。但是，这样的教师很难找到，一开始不得不由艺术家和工艺技师单独授课。问题在于怎样把这两部分教师有机地统一起来。格罗皮乌斯多次批评过这两者之间的不协调。在1922—1923年包豪斯首届毕业生留校工作后，这种情况有所好转。

在包豪斯本科阶段，除了课堂教学外，学生还根据自己对某种材料的特长，固定地在一个工场学习和实习。他们参与生产的全过程。他们按照现代工业的要求，学习劳动管理，学习节约原材料和生产手段的方法。他们在学习材料加工工艺的同时，还学习一些应用课程，如设计项目的估价、财会、商务谈判等。学生本科毕业时获学士学位。最优秀的毕业生可以进入提高班（硕士班）深造，这种班被称做"结构思维班"。提高班的教学，以包豪斯的实验工场为依托，结合具体产品的设计和制作进行。在实际生产过程中，学生同许多专家打交道，解决设计和生产的各种问题。德绍时期，包豪斯的工场成为装备精良的实验室。在教学过程中，在同设计的有机联系中，实验室制作出高质量的现代工业产品样品。提高班毕业的学生有资格留在包豪斯工作，从事独立的教学活动或者成为工场的负责人。包豪斯同时对学生试行艺术教育和技术教育，使学生具有双重能力，并使两者合而为一；然后，把经过培训的、有艺术才能的学生输送到工业部门去，以克服早期机器生产所造成的技术和艺术的脱节，恢复、重建艺术家和生产世界已经丧失的联系。这就是格罗皮乌斯所说的"艺术和技术——新的统一"的含义。

包豪斯的第一件集体创作是萨默菲尔德别墅，这是为阿道夫·萨默菲尔德（Adolf Sommerfeld）在柏林建造的私人住宅。它很像美国著名建筑师弗兰克·赖特于1908年设计的芝加哥郊外别墅。这是一座木头房子，一楼楼板的桁梁伸在外面，方石的砌体（特别在入口处）和木墙形成对比。二楼墙体由细原木组成，楼顶为平顶。宽敞的窗户装上一格格的小玻璃。二楼正面窗户在整个建筑结构中居中心地位。在拆自一艘军舰的紫杉木材上刻成大量的几何图案浮雕，用它们装饰门和内墙。灯具是复杂的等面锥体。1920年12月，萨默菲尔德别墅举行隆重的落成典礼，参加典礼的有建筑师、艺术家、德国工业联盟领导人和外宾。

我们在上一章中提到的荷兰风格派的创始人和理论家杜斯布格应格罗皮乌斯之邀参加了典礼。杜斯布格戴着单片眼镜，身着黑衬衣，系白领带。他和伊腾针锋相对，以致伊腾愤愤地说："穿黑衬衣的人，心也是黑的。"杜

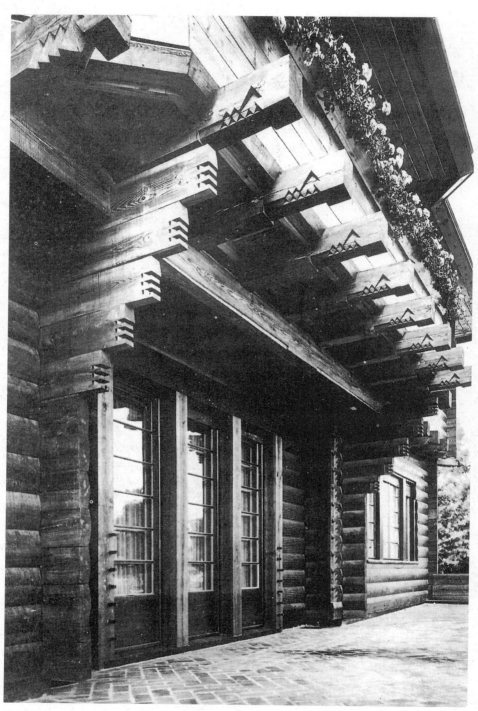

▼ 萨默菲尔德别墅（1922）

斯布格和格罗皮乌斯也有分歧。格罗皮乌斯主张以建筑为中心达到造型艺术的联合，而杜斯布格首先追求的是造型艺术、建筑、诗歌和音乐中风格的共同性、风格形成的类似手法。在萨默菲尔德别墅落成典礼期间，杜斯布格想寻找机会向包豪斯听众阐述自己的观点，然而未能成功。于是，他以私人身份来到包豪斯所在地魏玛讲学，主持造型主义讨论班，公开向格罗皮乌斯叫板，主张"以最简洁的手段达到最简洁的风格"，宣传对创作过程进行理性控制的"机械美学"。他所采用的图形仅仅为正方形和直角形，所采用的几何体仅仅为平行六面体，在颜色中重视原色——红、蓝、黄。包豪斯的一些学生不顾格罗皮乌斯的反对，偷偷地去听他讲课。

受了他的影响，包豪斯的一部分学生醉心于"纯"形式，这导致20年代中期包豪斯在形式探索中向理性主义过渡。虽然格罗皮乌斯也把杜斯布格和另一位风格派领导人蒙德里安的著作列入"包豪斯丛书"之中，但是他不允许别人干扰包豪斯路线和基本的人文主义方向。

在包豪斯早期的创作中，功能主义倾向还不明显。甚至连格罗皮乌斯本人的设计，如魏玛墓地卡普暴动阵亡纪念碑（1920—1922）仍表现了对后立体主义和表现主义的兴趣，而耶拿市政剧院的改建（1921—1922），则体现了他日益增长的理性主义信念。由于包豪斯的先锋主义倾向同保守的魏玛政权发生冲突，不肯妥协的格罗皮乌斯于1925年将学校迁往德绍。1925年3月德绍市议会通过决议，向包豪斯提供财政资助。1925—1926年，根据格罗皮乌斯和迈耶的设计，在德绍建了新的教学楼、工场和宿舍。这些建筑体现了理性主义原则，成为功能主义建筑的样板和格罗皮乌斯创作的巅峰。

这些建筑的室内装饰、家具和设备，由包豪斯最优秀的学生、当时包豪斯家具工场负责人布鲁耶（Marcel Breuer，1902—1981）设计。布鲁耶生于匈牙利，1920年从维也纳美术学院转到包豪斯学习。他完全接受了格罗皮乌斯关于"艺术和技术——新的统一"的概念。在艺术设计中，他力图吸收现代工业的生产工艺，利用比较廉价和实用的材料，并解决标准化问题。他的可折叠的镀铬金属弯管家具体现了这种意图。1925年他设计了第

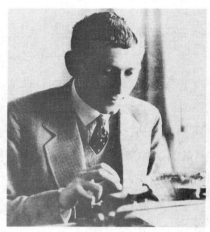
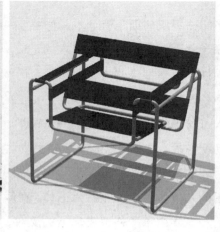

布鲁耶(左)和他的瓦西里椅(1925)

一把这种类型的椅子,被称做"瓦西里椅"(为瓦西里·康定斯基定做的)。这种椅子的重量只有木质椅子的四分之一到六分之一。布鲁耶是第一个把镀铬金属弯管带进家庭的设计师,据说,他是受到他所骑的阿德勒牌自行车镀铬钢管把手的启发。1928年他追随格罗皮乌斯和莫霍依－纳吉,离开了包豪斯。以后,他在英国和美国工作。其主要作品有巴黎联合国教科文新区、美国驻海牙使馆、IBM科学中心等。

格罗皮乌斯晚年经常反思一个问题:包豪斯最宝贵的教育经验是什么?他认为是培养学生的独立性、独创性和创新意识。他在1924年出版的《包豪斯的观念和结构》一书中阐述预科的教育思想时,要求学生自觉地摈弃对任何一种固定的风格和流派的模仿。预科的目的在于揭示学生个人的潜能,并按照所需要的方向发展它们。问题不在于某个人天赋的高低,而在于各个人在节奏、明暗、色彩、材料性质等方面有不同的擅长。因此,必须优先发展学生最有特色的能力,同时均衡地发展他的其他能力。预科不仅是对学生的考验,而且也是教师展示他的其他能力的场所,因为他们面对的是不断发展的个性。

尽管包豪斯教师们的艺术风格很不一样,然而他们都认为,最重要的不是向学生传授自己的创作方法,而是让学生探索个人的道路;不是把某种风格强加于人,而是发展学生的独立思维能力。对于这个问题,作为包豪斯教师的康定斯基(V. Kandinskiy, 1866—1944)说得最为明了:"学校里不应该教的东西,那就是艺术流派和艺术风格。学校的任务在于指明道路,提供手段,而目的和最终决定的寻求是艺术个性的任务。"[1]

与其他学校"趋同"的教育思想相比较,包豪斯"求异"的特色表现得尤为明显。美国的赖特是格罗皮乌斯尊敬的建筑大师。包豪斯第一件集体创作"萨默菲尔德别墅"就吸收了赖特早期创作的成果。在参观赖特学校时,格罗皮乌斯观看了赖特的60名学生的作品。他觉得这些作品不过是对赖特设计方案的模仿,而且是苍白的模仿。通过观察,格罗皮乌斯得出结论说,学生同伟大天才的接触是极其重要的,但是,以主观专制原则为基础的教学过程,不可避免地压抑了学生的才能,即使教师的用心是良好的,他仍然会把自己的思考和个人创作的现成结果塞给学生。学生不应该模仿形式语言,而应该独立创造它,无论这样做是多么困难。

包豪斯浓郁的人文精神和艺术氛围是培育学生创新意识的催化剂。包豪斯建于第一次世界大战后贫困的德国,物质生活十分艰苦。很多学生囊空如洗,买不起鞋子和衣服。宿舍拥挤,供暖不足,包豪斯直接雇车到矿区收煤,学生们帮助卸车来挣饭票。然而,包豪斯师生精神饱满、情绪高涨。耶拿大学与魏玛相隔不远,费希特、谢林、黑格尔等哲学大师在那里任教。受其氛围影响,包豪斯的师生们无休止地讨论艺术家活动和人存在的哲学含义。学校的业余活动丰富多彩,每周、每月、每季都有节日和艺术活动,举办化装舞会、假面舞会、狂欢游行、音乐晚会和诗歌晚会。在魏玛郊区的山丘上,举行放飞造型别致的巨蛇风筝比赛。这一切都成为学生生活中亮丽的风景线。

(二) 第二阶段

瑞士建筑师迈耶(Hannes Meyer,1889—1954)是包豪斯的第二任校长。他于1927年担任包豪斯新建的建筑系系主任。那时候,迈耶由于设计

---

[1] 〔俄〕康定斯基:《艺术学校的改革》,莫斯科1923年版,第17页。

日内瓦国联（联合国前身）大厦而声名远播。《包豪斯》杂志刊登了他的设计方案和他对新的设计概念的详细阐述。

1928年他担任包豪斯校长后，立即改变了包豪斯的方向，和格罗皮乌斯决裂。他认为，必须同包豪斯的以往时期划清界限。在"包豪斯：德绍"展览会上，他尖锐地批判格罗皮乌斯。他指责格罗皮乌斯、莫霍依－纳吉和布鲁耶等

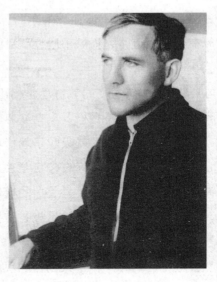

迈耶

包豪斯教师的"艺术唯意志论"和"过分的唯美主义"。他认为，格罗皮乌斯关于艺术设计和艺术相联系的概念是一种审美幻想，主张在艺术设计方法中更多地依靠科学，而不是艺术。

迈耶的观点是不是和格罗皮乌斯完全格格不入呢？其实不是。在艺术设计中自觉地转向科学技术方面，是格罗皮乌斯"艺术和科学——新的统一"原则的合乎规律的发展结果。正如格罗皮乌斯后来所指出的那样，在迈耶出任校长之前，科学方法在艺术设计中的重要作用呼之欲出，迈耶不过是把已经开始的工作推向前进。迈耶的贡献是重视艺术设计的社会方向：艺术设计成为建造现代物质环境的组织力量。

迈耶的功能主义摈弃以审美知觉为基础的一切形式主义方法，而代之以从产品的功能和结构合目的性的相互关系中直接产生出来的规律。他认为，功能是生物学参数、心理学参数和社会参数的总和，而个人对舒适性的爱好当然要考虑，例如在室内装潢时选择不同的木料，但是不能奴隶地服从这种爱好。迈耶的功能主义有时候被称做纯粹功能主义。然而作为一位天才的艺术家，他的实践往往和他的理论没有直接关系，他的建筑设计超出了纯粹功能主义的范围，含有审美

知觉的成分。

迈耶任期内的危机由激烈的政治斗争引起。迈耶是一位共产党员。由于包豪斯的印刷厂印制了共产党的著作，当局在1930年以"肃清共产党基层组织的影响"为由，罢免了迈耶的校长职务。迈耶发表了《我被逐出包豪斯》的公开信以示回击。在包豪斯研究者中，对迈耶任期内的工作有两种截然不同的评价：一种对包豪斯的迈耶阶段漠然视之，缄默不语；另一种则对迈耶作出高度评价，认为这是包豪斯发展史中最重要的阶段，其意义超出其他各个阶段。持后一种观点的人中，最著名的是德国乌尔姆高等造型学校校长马尔多纳多，他认为迈耶奠定了把艺术设计理解为不同于艺术的特殊设计活动的基础。

（三）第三阶段

德国建筑师和艺术设计师密斯·凡·德罗（Mies van der Rohe, 1886—1969）接替迈耶，出任包豪斯第三任校长。

密斯·凡·德罗于1908—1911年在贝伦斯工作室工作。在这里，他接受了新古典主义思想和老师的艺术设计风格。自1911年起，他开始独立从事设计工作。天主教环境中的教育，使他赞同中世纪神学美学家托马斯·阿奎那（Thomas Aquinas，1225—1274）和新柏拉图主义的观点。1919年他发表了实验性的设计作品——带有玻璃幕墙的摩天大楼，该作品隐喻托马斯美学的主要价值——"明亮"。以现代技术创造和谐的形式，从而揭示生活的最高含义，这是密斯·凡·德罗创作的目的。

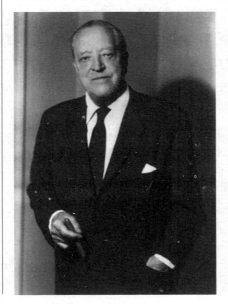
密斯·凡·德罗

密斯·凡·德罗担任校长后，致力于学校的非政治化和非意识形态化，他把教学集中在职业的艺术问题上。习惯于争论和崇尚民主的包豪斯学生，一开始对新任校长持谨慎态度，他们甚至要求举办新校长的作品展，以便讨论他的教学大纲。后来，逐渐在新校长周围聚集起一批学生，其中主要是建筑专业学生。

密斯·凡·德罗不赞同迈耶的纯粹功能主义。他强调，只教会学生语法是不够的，必须创造这样一种条件，使学生身上沉睡的诗意能够被挖掘出来。他也不赞同格罗皮乌斯培养通才的观点，甚至拒绝参加1937年在纽约现代艺术馆举办的包豪斯回顾展。结果展览仅限于格罗皮乌斯任校长的年代，名称为"包豪斯：1919 — 1928"。

密斯·凡·德罗时期，包豪斯承担具体的建筑设计项目，生产日用品。不过，工场的最终目的已经不是生产廉价产品（这曾是迈耶所需要的，以吸引大众对艺术设计的社会层面的注意），而是以统一的方法论原则创造产品的形式。密斯·凡·德罗把产品形式看做建筑空间结构的延伸。因此，学生在家具工场和金工场也学习属于建筑专业教学大纲的课程，如透视和空间知觉规律、画法几何原理等。

1932年年底，德绍市政局停止了对包豪斯的财政资助。密斯·凡·德罗建议师生把学校迁往柏林，包豪斯以前的领导人格罗皮乌斯、莫霍依－纳吉当时也住在柏林。1933年，包豪斯迁到柏林，成为一所私立学校，密斯·凡·德罗个人对它的命运负责。随着纳粹的上台，包豪斯面临着厄运。尽管包豪斯的社会和文化纲领很有节制，然而官方报刊赋予它极"左"的色彩，称它为"布尔什维克文化的巢穴"。当局对包豪斯的搜查，以及与柏林警察局谈判的破裂，迫使密斯·凡·德罗于1933年8月10日宣布关闭包豪斯。1937年他移居美国，1938年任伊利诺工学院建筑系系主任。他以后的建筑设计有两种原型：一种是"水晶匣"，平放的平行六面体；另一种是垂直的棱柱，带有玻璃幕墙外壳。他提出"少即多"原则，要求形式简洁单纯，摈弃装饰。20世纪50年代，他的风格成为国际上的时髦。1958年他和菲利普·约翰逊合作设计的纽约西格莱姆大厦作为世界上第一座"玻璃

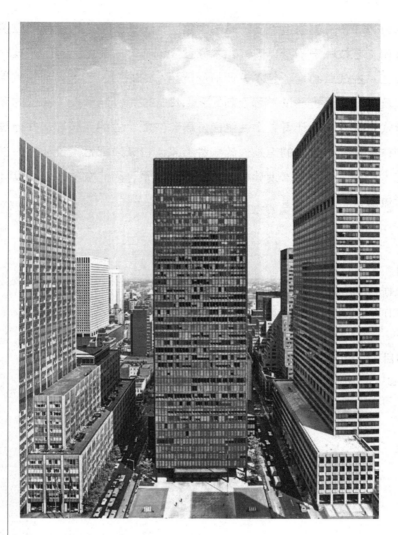

图 密斯·凡·德罗、约翰逊：西格莱姆大厦（1958）

匣子"的高层建筑，成为功能主义的经典作品。它没有任何表面装饰，结构简单明确。密斯·凡·德罗于20世纪20年代末和30年代初设计的金属家具，90年代在美国和西欧仍然流行。

包豪斯校长几经更迭，然而它的教学结构依然存在。这种结构仿佛是一种同心圆，外圆是预科，内圆是本科和实验工场。从总的方面讲，包豪斯的教育思想主要表现为：实行艺术教育和技术教育相结合的方针，架起艺术和技术重新统一的桥梁；填补艺术创作和物质生产、体力劳动和价值创造之间的鸿沟。它所培养的新型艺术设计师应该集艺术家和工艺技师于一身，既有艺术家独立创作的才能，又有工艺技师娴熟的技艺。包豪斯制定了艺术设计师创造活动的原则、艺术设计的教学方法，以及与新型建筑理论不可分割的艺术设计理论。它形成了自己的艺术设计模式：把艺术设计看做个性全面发展、恢复个性的完整性，并通过个性的创作重建物质世界的完整性的一种方式。包豪斯把艺术设计视为创造性的艺术活动，强调艺术设计和艺术的密切联系，因此被称做艺术设计中的艺术流派。

思考题
1．包豪斯的理论遗产是什么？
2．谈谈你对包豪斯预科和学校发展的理解。

阅读书目
1．〔英〕弗兰克·惠特福德著，林鹤译：《包豪斯》，三联书店2002年版。
2．何人可：《工业设计史》，北京理工大学出版社2000年版。

第五章
现代主义艺术设计的两大体系

　　包豪斯第三任校长密斯·凡·德罗在阐述产品的形式和功能的关系时，举过一个通俗的例子："请你设想一下，如果你认识两位孪生姐妹，她们都有运动员的体魄，有教养，有财产，能生育，然而一个漂亮，另一个不漂亮，那你和谁结婚呢？"这里说的体魄、教养、财产、生育，相当于产品的功能，而漂亮相当于产品的形式。取决于对产品的功能或形式的重视程度，分别产生了现代主义艺术设计的两大体系：功能主义和式样主义。

　　功能主义和式样主义是两个流派，形成于不同的历史时期，在现代主义艺术设计中起主导作用。功能主义主要发生在欧洲，尤以德国为代表。美国艺术设计的起步比欧洲晚，然而艺术设计从欧洲移植到美国，没有使美国艺术设计欧洲化，而是本身被美国化了。美国艺术设计所遵循的不是形式为功能服务的原则，而是使形式大于功能，在游离于功能之外追求形式的新颖，这种风格被称为式样主义。

一 功能主义

广义的功能主义思想可以追溯到遥远的古代。作为艺术设计史上的流派，功能主义倾向则发端于19世纪末，发展于20世纪20—30年代，成熟于包豪斯，至20世纪60年代末期趋于没落，它在设计界的主流角色也为直觉的、感性的、个性化的后现代艺术设计所取代。

功能主义是一种创作方法、艺术流派和美学理论。它着力解决形式和功能、美和效用的关系问题。功能主义在19世纪成为专门关注的对象，这与当时欧洲的艺术实践有关。当时欧洲的建筑和实用艺术中出现了繁缛的装饰，绘画中充斥着虚假的华丽。对艺术现状的不满，促使许多艺术家和理论家从文化发展的立场重新思考艺术的形式和功能问题。功能主义流派主张形式追随功能，提倡简约理性的设计，通过机器时代技术与设计的统一，达到生产的标准化和高效率，反对过度的装饰。

为了对功能主义有一个直观的视觉感受，我们先看一下欧洲功能主义先驱者之一——奥地利建筑家阿道夫·洛斯（Adolf Loos，1870—1933）的一件作品和反对他的一幅漫画。洛斯1911年在维也纳设计建造了戈德曼和萨拉奇百货商店。整个建筑附有店面及公寓，位于维也纳市中心。这栋建筑在建造之前就有很多争论，建成之后更引来不少非议。反对者的主要观点是：首先，较低一层的商业店面用大理石为材料，采用古典柱式及雄伟的嵌壁式入口，这与较高层公寓住宅所采用的裸露的灰泥墙形成强烈的反差；其次，这样一栋无任何装饰的大型建筑与维也纳市中心雍容繁华的街景格格不入。

一位持反对意见的漫画家在1911年作了一幅颇有讽刺意味的漫画。漫画的矛头直指洛斯和他设计的百货商店。画的右边是建筑的立面图，画的左边是一位头戴礼帽、拄着拐杖、看起来有些执拗的绅士，他正漫步在大街上，忽然惊奇地站住了。因为他发现了自己设计的建筑的立面图，竟与翻开的窨井盖一个模样。这是对纯粹的功能主义的讽刺。实际上，纯粹的功能主义只是功能主义的极端表现，大部分功能主义设计也会考虑到形式因素。

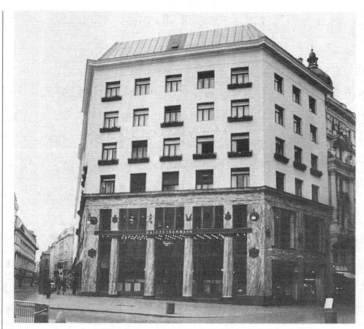

洛斯：戈德曼和萨拉奇百货商店（1911）

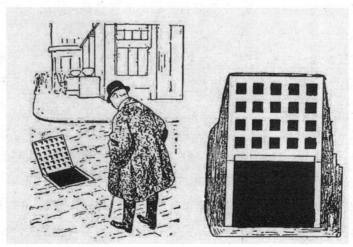

漫画

（一）功能主义的起源

1923年，意大利建筑师阿尔贝托·萨托里斯在《功能主义建筑的因素》一书中阐述未来主义时，第一次在艺术理论中提出了功能主义概念。然而功能主义最基本的原则——"形式遵循功能"在1896

年就由美国建筑师萨利文提出来了。功能主义的先驱者有洛斯、萨利文和赖特。

1. 洛斯

洛斯1870年生于捷克布尔诺。童年时代在父亲工场里的劳动和父亲的手工艺，培养了他对严格的几何图形的爱好。1890—1893年，他在德国德累斯顿技术学院建筑系学习，1893年前往美国学习3年，了解到美国建筑师、首先是萨利文及芝加哥学派其他建筑师的现代建筑方法。美国码头上的起重机、汽车干线和粮仓的壮观景象及异乎寻常的美，给他留下了深刻的印象。

回到欧洲后，洛斯成为坚定的理性主义者。1921年，他的部分论文结集在法国出版，论文集指出奥匈帝国艺术界不能适应以科技进步成就为基础的新风格。他的另一部分论文到1931年才结集出版，书名为《叛逆》，取自德国哲学家尼采的箴言"坚决地叛逆一切"。其中收有他最著名的文章——1908年发表的《装饰与罪恶》。文章题目要表达的观点是：把钱花在不必要的装饰上就是一种罪恶。

为什么装饰是一种罪恶呢？首先，洛斯认为现代人已经"成长得更雅致、更精妙了"。狩猎的游牧人采用多彩的外套是因为他们要用颜色来区分自己，这是功能的需要。而现代人已经有了衣服作为标志，就没有必要再像原始游牧人一样穿戴古怪以达到被识别的目的。其次，装饰造成经济和资源的浪费。洛斯说："如果我想吃一块姜汁饼，我就要挑选一块光溜溜的而不是一块心形的、婴孩形的或者骑士形的，上面盖满了装饰。"[1]再次，对新颖装饰的盲目追求导致商品的质量被忽略、材料的耐用期短、产品粗制滥造。因为讲究装饰的商品通常在形式上是短暂的、不再重复的，比如仅仅为某一场合缝制的舞会服装。

洛斯关于装饰的观点与罗斯金和莫里斯截然不同：对罗斯金来说，装饰给人造产品带来了意义和价值；对莫里斯来说，装饰证明了生产者"工作

---

[1] 奚传绩编：《设计艺术经典论著选读》，东南大学出版社2002年版，第130页。

的乐趣";对洛斯来说,装饰是罪恶。洛斯的《装饰和罪恶》一文已经发表一个世纪了,现在回头来看,装饰并非都是罪恶。因为装饰是人类生活的反射镜,"暗中折射出人类的思想与情感的网络"。不过,洛斯反对商业性的虚伪和批判伪美学的观点,在今天看来仍然具有积极意义。

2. 萨利文

萨利文(L. Sullivan,1846—1924)是美国芝加哥建筑学派的首领。芝加哥既是一座商业大都会,又是一座文化大都会。芝加哥建筑学派的成员都来自美国的芝加哥大学,芝加哥大学辉煌的学术传统和学术成就都是令人瞩目的。在人类学术研究的历史上,分布于建筑学、经济学、社会学、心理学、传播学、社会心理学等很多领域的"芝加哥学派"各执牛耳,让人不禁一边为这座位于密歇根湖畔的美丽城市静谧的湖光水影、繁华的都市街景所迷醉,一边因芝加哥学派的学术成就而惊诧。

同样,芝加哥建筑学派在世界建筑设计史上留下了不可磨灭的印记。1871年10月8日21点45分,一头倔犟的奶牛踢翻了放在草堆上的油灯,引发了震惊世界的火灾。大火蔓延到芝加哥各个地方,包括人口最稠密的中心区。强大的冲天火光足以使20英里外的人能够在夜间阅读报纸。石建筑只需数分钟便被烧成一堆碎石。30小时的噩梦几乎摧毁了当时美国发展最快的城市。据官方统计,这次大火使10万人无家可归,300人丧命,死伤牲畜不计其数,芝加哥几乎遭受灭顶之灾。芝加哥"浴火重生"之后,开始一系列大规模的重建,城市得到迅速扩张,一个全新的建筑学派因此诞生。出于防火的需要,芝加哥在大火之后诞生的高层商业办公楼纷纷以耐火作为其第一属性,由此摆脱了纽约的高楼复古式样的窠臼,开创了基于工程技术与实用需求考虑的芝加哥学派。萨利文指出:"19世纪80年代的芝加哥建筑师们如果想要继续开业,除了掌握先进建造模式之外别无选择。"这种先进的模式就是建造大量的摩天大厦,并掌握由此需要的各种建筑技术和材料,如电梯、钢结构等。

1896年,萨利文在《从艺术观点看待高层市政建筑》一文中,批评一些建筑师在解决新任务时不善于摆脱旧风格和旧方法,认为艺术创作的真正标准是形式和功能的相互关系。为了证明其正确性,他阐述了一条自然规律:"自然界中的每个物都有形式,换言之,都有自己的外部特征。外部特征向我们指明这个物是什么,它同我们和其他物的区别何在。""无论何地,无论何时,形式都追随功能——规律就是这样。功能不变,形式也不变。悬崖峭壁和绵绵山脉长期不变;闪电形成时获得了形式,瞬间又消失了。任何一种物——有机物和无机物,一切现象——物理现象和形而上现象、人的现象和超人的现象,任何一种理智活动、心灵活动和精神活动的基本规律在于,生命在其表现中被认知,形式永远追随功能。规律就是这样。"[1]

以萨利文为核心的芝加哥学派在芝加哥的城市重建过程中发挥了巨大作用。在他们的主张下,一栋栋摩天大楼拔地而起,其中,有常见的矩形建筑物,也可见梯形的、菱形的、正方形的、尖塔形的、圆形的、半圆形的、三角形的等等。造型多呈规则的几何形,这也是后来功能主义的特点之一。此外,为了增加室内的光线和通风,简单的立面和整面的玻璃幕墙也成为芝加哥学派的建筑特点。

3. 赖特

赖特(Frank Lloyd Wright,1869—1956)自认为是萨利文的学生,他对萨利文的声名远播起了推波助澜的作用。赖特生于美国的威斯康辛州,曾在麦迪逊大学学习工程科学。未毕业就于1887年到芝加哥一家建筑事务所工作,当时芝加哥在火灾之后正大兴土木。几个月后,他转到萨利文的建筑事务所,当时还只是一个18岁的年轻人。萨利文的理论对他的观点产生了重要的影响。1893年他开办了自己的事务所,主要从事建筑设计,也设计室内装潢和家具。赖特作为美国公认的建筑大师和建筑理论权威,经常援引萨利文的观点,他称萨利文是第一个把设计的纯职业问题和现代文明问题联系起来的人。除了大量的设计外,赖特还留下了很多理论著作,其

---

[1]〔美〕萨利文:《从艺术观点看高层市政建筑》,载《建筑大师论建筑》,莫斯科1972年版,第44—45页。

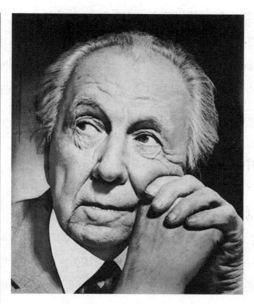

赖特

中有《自传》(1932)、《有机建筑：装饰建筑》(1939)、《建筑的未来》(1953)、《遗言》(1957) 等。

1903年，赖特在芝加哥以"机器时代的艺术和手工艺"为题作了一次报告，听众为莫里斯的艺术与手工艺运动的支持者。1930年，赖特在普林斯顿大学的一些讲座中，又重复了这次报告的内容。此后，报告的基本观点常常为人所援引。赖特认为，19世纪末期是钢铁和蒸汽的时代，新文化真正的编年史应该借助钢铁和蒸汽来编写。体现在钢铁中、并且接受了工业产品形式的科学思维，成为社会进步的发动机。人被机器所包围。机器使人摆脱了繁重的劳动，扩大了人的视野。机车、轮船、机床、照明设备和兵器，在人类文化中开始占据以前各种艺术作品所占据的地位。因此，应该研究机器对人们的影响，而不能让机器浪费原材料，不能以工业方法批量生产伪劣产品。赖特呼吁掌握机器的艺术潜能，以改善人的生活质量。赖特的报告不为当时的艺术界所理解，他因此而受到嘲笑。

同样是意识到工业化机器时代来临后生产和艺术相分离的问题，威廉·莫里斯主张恢复原来的手工艺生产，而赖特和德国的功能主义者则主张通过艺术与技术的结合，将艺术推进到一个新的角度。为了解决同一个问题，所秉承的两种方法却背道而驰。这种对现代设计理解的差别很快带来了不同的结果。虽然英国是第一个实现工业化的国家，世界上第一所专门的设计学校是1852年在英国成立的，第一个现代设计的标志——伦敦郊外的水晶宫是在英国诞生的，被视为现代设计第一位先驱的是英国人莫里斯，但"直到1913年，英国整个电气工业基本上是依靠德国西门子及它的子公司。相反，这时德国的AEG公司已经有了像贝伦斯那样优秀的设计师，他们的电气炊具和电水壶等家用电器几乎垄断了英国的市场"[1]。所以，我们有时禁不住认为，英国的设计师具备艺术家的气质，而德国的设计师则更具备工程师的天然禀赋。

（二）功能主义在艺术设计中的展开

功能主义在艺术设计中的展开主要集中于德国，从"德国艺术工业联盟"的成立一直延续到包豪斯，功能主义的设计理念在德国的艺术设计中得到完整的体现，功能主义已经从它起源之时对建筑设计的关注扩展至对工业设计的关注。直到今天，德国依然给我们这样的印象：街道旁风格整齐统一的建筑，颜色纯净的住宅，不带修饰的几何形窗户，功能完善、细节精巧而形式简洁的日用品。功能主义理念在德国的各个角落留下了不可磨灭的印迹。德国功能主义早期代表人物有穆特齐乌斯、凡·德·韦尔德和贝伦斯。

1．穆特齐乌斯

在1896年威廉·莫里斯去世的那一天，有一个德国的年轻人恰好抵达英国，他就是当时德国驻伦敦大使馆建筑专员穆特齐乌斯，那一年他35岁。

穆特齐乌斯（Herman Muthesius，1861—1927）是建筑家、实用艺术家和艺术理论家，生于德国图林根一个石匠家庭。他1881—1883年在柏林学习哲学，1883—1886年在柏林高等技术学校学习建筑。1887—1891年作为"恩德和贝克曼"建筑公司工作人员，在日本工作4年，参与建造了日本议会大厦、司法部和最高法院。这些建筑的目的是在日本传播德意志精神。穆特齐乌斯虔诚地相信那个年代德国官方建筑的社会使命和政治使命。后来，他逐渐对艺术批评和理论活动发生兴趣。1894—1895年他出版了一份建筑杂志，越来越明确地反对德国官方建筑的风格。1896年，他去意大利旅行，

---

[1] 丁朝红：《这不是一只烟斗》，厦门大学出版社2002年版，第16页。

把所看到的建筑风格与自己老师的艺术规范相比较,迫切地感到要革新德国建筑。同年年底,他被派往英国。作为德国驻伦敦大使馆建筑专员,穆特齐乌斯在英国工作了7年之久。

当时英国是德国最主要的政治对手和军事对手。穆特齐乌斯去英国有两个明确目的:一是分析英国建筑、实用艺术和日用品生产发达的原因,研究在出口方面赶上英国的可能性;二是透过主流艺术趣味,考察英国人的思维方式和社会发展的动力,以揭示英国的社会潜力。威廉·莫里斯是穆特齐乌斯一直景仰的设计领袖。莫里斯突破了过去设计仅仅作为审美情趣层面上的问题这一局限,而把它看成是更加广泛的社会问题的一个部分;由于被放入更广泛的社会层面,因此设计应该注重实用主义功能。

在19世纪最后20年间的英国,沃塞(Charles F. A. Voysey,1857—1941)的设计影响巨大。而这段时期,正是穆特齐乌斯在英国考察设计状况、观察艺术与手工艺运动余波的时候。沃塞受过建筑训练,喜爱墙纸和染织设计,与莫里斯等人交往甚密。沃塞的作品继承了罗斯金、莫里斯提倡的艺术与技术结合以及向哥特式和自然学习的精神,设计风格简洁、大方。他风趣地说:"丑陋的杯盘碗碟比冷了的饭菜更致命,后者伤身,前者伤你的灵魂!"沃塞设计的壁纸得到凡·德·韦尔德的高度评价:"一派春意盎然,犹如亲临其境。"

像许多外国人一样,穆特齐乌斯为英国的实用主义所震动,特别是在家庭的布置方面。他写道:"英国住宅最有创造性和决定价值的特点,是它绝对的实用性。"通过对当时英国设计状况的考察,穆特齐乌斯逐渐形成成熟的设计见解,主要体现在他力图寻找"机器风格"和英国艺术与手工艺运动的接合点,制定现代器物形式的评价标准。同时,他不倦地宣传提高工业产品质量的必要性,批评肆无忌惮地利用旧风格形式的机器生产。

从英国回国后,穆特齐乌斯担任普鲁士贸易和手工艺部顾问。为了利用英国在物质文化领域里的艺术经验,他做了一系列工作:首先,他改革艺术教育,并吸收现代建筑的激进代表如贝伦斯等参加这一工作;其次,继续从事研究活动,并积极地将研究的成果付诸理论与实践。

穆特齐乌斯一生撰写了大量的理论著作,其中有《文化和艺术》(耶拿,1904)、《英国住宅》(1—3卷,柏林,1904—1905)、《实用艺术和建筑》(耶拿,1907)、《建筑的统一:关于建筑工程设施和实用艺术的思考》(柏林,1908)等。这些著作重点讨论的问题之一是艺术形式的本质,这反映了穆特齐乌斯的功能主义的设计立场。

19、20世纪之交,许多德国艺术家从实用艺术转向工业品的造型设计。就像穆特齐乌斯1911年所指出的那样,"'从沙发床的枕头到城市设计'——可以这样称谓近15年来装饰实用主义所走过的道路"。这样,实用艺术家面临的任务发生了变化。

实用艺术家从装饰图案师变成产品结构形式的创作者。为了创作完善的形式,必须把形式和物品的功能密切地联系起来。这就产生了形式服从材料属性的问题,因为每种材料对加工工艺都有特殊的要求。换言之,艺术家在实践中要适应"材料——加工工艺——产品功能"三段式所提出的要求。这些要求既包括艺术形式的创作,又包括合目的形式的创作,而这两种形式不仅不相互矛盾,相反,它们彼此交融。

穆特齐乌斯一生追求真实、简洁和理性主义的设计风格,最具代表性的设计作品是他为自己位于柏林郊区的住宅设计的室内装潢。

2. 凡·德·韦尔德

凡·德·韦尔德(Henry van de Velde,1863—1957)是比利时人,可是他在德国生活了近20年,对德国艺术作出了重要贡献。

1914年,世界大战爆发不到一个月,科隆展览会如期举行。战火的硝烟仿佛从战场一直弥漫至展览会的展厅,在这里也进行着一场唇枪舌剑的争论,双方争执不下。争论的双方分别以穆特齐乌斯和凡·德·韦尔德为代表。争论的核心问题有两点:第一,艺术工业中艺术家的作用是什么?第二,产品类型化是否有意义?

我们在第二章中曾经谈到这一争论。穆特齐乌斯提出了十条论纲,在会前预先分发给每位与会代表,主要的观点是主张设计师们促进产品的规范化、标准化，生产那些能够以高质量满足出口贸易需求的产品。凡·德·韦尔德对穆特齐乌斯的观点逐条加以反驳，气氛紧张到白热化的程度。韦尔德认为，为了国家的经济利益而统一艺术与工业是将理想与现实混为一谈，会导致理想的崩溃。他说道："工业决不应为了获得更多的利益就可以牺牲作品的美和材料的高质量。对那些既不注重美，也不注重使用材料，因而在生产过程中毫无乐趣的产品，我们不必去理睬。"

1914年的科隆展览会因为这场争论而从艺术设计史上纷繁众多的展览会中脱颖而出。尽管气氛不很和谐，但它表明了艺术和科学对工业的影响。韦尔德是一位捍卫艺术家个性自由的功能主义者，也是一位反对规范化、主张多样化的功能主义者。尽管后来包豪斯的领导者们力图通过证明没有图案装饰的形式也具有独特的表现力，以此反驳韦尔德，但无论如何，韦尔德的存在为看似灰色、冷漠、生硬的功能主义添上了一抹亮彩。

3．贝伦斯

贝伦斯（Peter Behrens，1868—1940）是世界艺术史上第一个担任工业公司艺术领导职务的艺术家，德国乌尔姆高等造型学校校长马尔多纳多称他为"第一位现代艺术设计师"。贝伦斯生于汉堡，1886—1889年在美术学校学习绘画，自1891年起在慕尼黑从事书籍插图和版画创作。他曾是"青春风格"画家，并是慕尼黑分离派的创始人之一。1898年开始设计工业产品。1903—1907年，他应邀担任杜塞尔多夫实用艺术学校校长职务。

贝伦斯作为著名的建筑家和艺术设计师，是现代艺术设计的奠基人之一。后来成为著名的建筑家和艺术设计师的格罗皮乌斯、密斯·凡·德罗和柯布西埃曾同时在他的建筑事务所工作，他是他们真正的老师。作为功能主义者，贝伦斯的突出贡献是将功能主义的设计理念实现于工业产品的设计上，并完成了工业产品的简洁外貌和功能性相统一的审美理想。

1907年，贝伦斯接受了德国通用电力公司（AEG）负责人W.拉特瑙（Walther Lathenau，1867—1922）的建议，担任公司的艺术经理。这一事件从此将贝伦斯的名字与现代工业产品设计紧紧联系在一起。在领导电力总

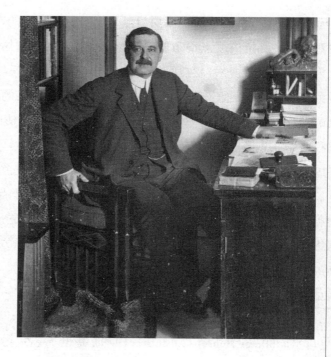

贝伦斯

公司的艺术设计工程过程中,他实现了自己将外貌的简洁和功能性统一起来的审美理想,并由此将公司各种产品的风格统一起来,使AEG成为早期开始采用标准一体化系统的公司之一。

成立于1887年的通用电力公司当时已经成为超级垄断组织,通过遍布世界各地的网络销售产品。因此,贝伦斯注意到统一产品风格、形成公司品牌理念的重要性。为此,他采取了一系列措施:第一,设计了统一的形式语言,即制订统一的"公司风格"。他全面负责公司的建筑设计、视觉传达设计以及产品设计,从而使这家庞杂的大公司树立起了一个统一完整的、鲜明的企业形象,并开创了现代公司识别标记设计的先河。他设计的AEG三个字母形象的图案作为企业标记统一应用于产品、包装、海报、便笺、信封等方面,这成为后来的视觉识别系统(Corporate Identity System,简称CIS)的雏形。AEG的标识经他数易其稿,一直沿用至今,成为欧洲最著名的标记之一。此外,贝伦斯还设计了通用电力公司的工人住宅和位于柏林的公司的汽轮机车间（1908—1909）。这个车间成为20世纪初工业建筑的典范。第二，制定公司纲领和工业产品的样品，并且制定批量生产的技术复杂的产品的艺术设计方法，这些方法后来成为现代艺术设计的职业手段。

贝伦斯方法的主要内容在于产品形式的几何形变化。几何形的产品外形和产品的标准化批量生产是功能主义者的代表主张。贝伦斯认为，"只遵循功能目的或者材料目的，不可能创造任何文化价值"。无论"现实主义的功能主义"，还是"造成混乱的浪漫主义造型"，都不能克服对象世界的非和谐性。因此，唯一的出路在于形式的艺术形象性同形式对功能的适应性以及"工艺的自然性"的结合。形式的几何图形化可以使外观变得明晰，这既反映了生产过程的技术准确性，又反映了产品及其环境的文化标志意义。

贝伦斯亲手设计了电钟、弧光灯、电风扇、电水壶等。这些设计理念也体现在他自己设计的一些工业产品中。他1908年设计了台扇，1910年设计了电钟，通过图片我们发现，产品的设计看不到任何伪装与牵强。他通过改变容量、局部的几何形状、材料和装饰的途径，设计了电水壶系列。其基础为三种模式：圆底的、椭圆底的和六面体的。后者被称做"中国灯笼"。

贝伦斯：中国灯笼(1909)、电钟(1910)

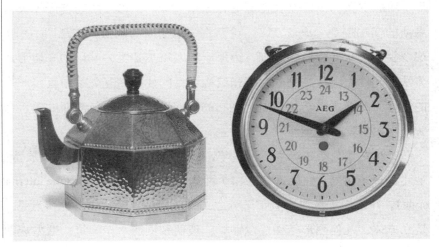

利用几何图形的审美化设计出的产品为产品的标准化和大批量生产带来很大的可能性。比如，对电水壶的设计，贝伦斯制定三种壶体、两种壶盖、两种手柄及两种底座，从中选择并加以组合，共有24种样式；电壶有水下加热电阻丝，锤击的效果及藤条覆盖的手柄显示其为手工制作。他是第一个改革产品设计使之适合工业化生产的设计师，设计的电水壶充分考虑了机器批量和标准化生产的特点，水壶的提梁和壶盖都可以和别的造型的水壶配件互用。

贝伦斯的功能主义设计理念在实践中的运用，使通用电力公司的产品成为脱离了装饰的功能产品，在当时工业化生产的初期阶段，为实现工业产品的规模化生产而从事的设计提供了一种典范。

贝伦斯的设计实践是其设计理念的充分体现。他把纯粹的几何图形和简洁却精致的装饰很好地结合起来，开辟了产品技术美的新世界。产品的技术美，体现的是产品设计中技术与艺术的统一。关于艺术与技术的关系，贝伦斯指出，与艺术家所坚持的传统相比，技术同样能够确定现代风格。高度发达的技术可以服务于文化，通过批量生产符合完善的审美要求的消费品，可以逐步改善人们的趣味。贝伦斯设计出来的供大机器时代生产的产品，其精确的制造、优美光洁的弧线、完善的功能是手工艺作坊中所不可能生产出来的。

功能主义的全盛是在德国的包豪斯完成的：包豪斯的首任校长格罗皮乌斯的"功能第一，形式第二"论奠定了包豪斯功能主义的基调；密斯·凡·德罗提出"少即多"的原则；迈耶摒弃以审美知觉为基础的一切形式主义方法，而代之以从产品的功能和结构合目的性的相互关系中直接产生出来的规律。功能主义在包豪斯走完它的全盛历程，而与包豪斯的关系密不可分的乌尔姆高等造型学校在功能主义道路上继续前行。

功能主义垄断建筑界三十多年，使世界建筑丧失了地域和民族特征，各地建筑日趋雷同，缺乏人情味和个性化，形成了国际风格（the international style），并改变了世界大城市三分之二的天际线。国际风格的特点是：建筑是立方体、几何图形结构，以钢材、玻璃和钢筋水泥构筑，造型规则，平顶的、纯白色，从抽象和功能角度加以设计，不迁就周围的景观和市容。国际风格是包豪斯的设计风格化的结果，很多设计师把包豪斯的设计奉为圭臬，正如建筑学家沃尔夫（Tom Wolfe）所说："如果有人说你模仿米斯、格罗皮乌斯或者柯布西埃，那有什么？这不就像一个基督徒在模仿耶稣基督一样吗？"[1]

然而，现代主义和国际风格逐渐受到挑战。有人批评道："沿纽约上行的第六大道上不断增长的冰冷的钢材、玻璃和水泥预制板看上去像巨大的墓碑。"1972年7月15日下午美国密苏里的圣路易斯市炸毁了现代主义住宅区"普鲁蒂·艾戈"，英国建筑师和理论家查尔斯·詹克斯（Charles Jencks）将这一事件看做现代主义建筑设计的死亡。虽然这种个人宣判遭到了众多非议，不过，它毕竟表明了人们改变单调、刻板的国际风格的强烈愿望。

（三）德国理性设计

有一个问题值得我们思考：为什么功能主义在艺术设计中的运用主要发展于德国？这与德国文化和民族精神有关。美国人这样评价德国人："德国人行动比较慢，目的意识很强，小心谨慎，讲求方法，工作劳动中考虑很周密。他们不是大胆的、冒险的民族，他们需要时间去思考和行动，他们需要他们的秩序和规矩、他们习惯的环境、他们规定好的道路和方法。但是他们具有一种至今其他国家没有达到的能力：事先识别出正确的道路，然后毫不动摇地走下去。"[2]

德国有黑森林和布洛肯山脉，它的独特的风景"同海洋无缘，缺乏从海洋吹来的广阔的自由的和风"。有人说"德国人是人类中最为理性的民族"。德国人严肃沉默、不苟言笑；他们注重实际、不尚浮夸、从不张扬；德国人脸上时常透着日耳曼民族冷峻、严谨的气质；德国的产品设计理性、实用、线条简单明快；德国人善于思辨，这是一个诞生了康德、黑格尔、马

>>>...............

[1] 转引自尹定邦：《设计学概论》，湖南科学技术出版社2003年版，第222页。
[2] 转引自丁朝红：《这不是一只烟斗》，厦门大学出版社2002年版，第38页。

克思、叔本华、尼采的国度，欧洲哲学的历史几乎是用德语写成的。

德国人也曾是世界历史上最为疯狂的民族。直到现在我们耳边似乎还响着德国原始尚武意识给世界带来过的战争的铿锵之声，希特勒统治下野心高于一切的德国还让我们不寒而栗。伟大的思想家黑格尔竟然也有这样的论断：战争是最伟大的纯洁剂，战争有助于因长期和平所腐化的各国人民的伦理健康，正如刮风使海洋去除长期平静所造成的污秽。日耳曼人的身上似乎透着歌德在《浮士德》中发现的浮士德精神——"他野心勃勃，老是驰骛远方"。

黑森林的阴森恐怖滋生的是德国人与生俱来的神秘气质还是冷静理性？或许兼而有之。在德国人的冷峻外表下，在德国设计的理性风格里，埋藏的是审慎的思维和纤细的感情。大片的黑森林幽暗晦涩的光线、坎坷的历史造就德国传统民族性格中的悖谬性：敏感阴郁的内心、审慎的内省和思辨的传统，冲出黑森林的野心造就的原始尚武意识偶尔会疯狂显现，但绝大多数时候总是将一切小心地埋在内心世界。

这样我们可以发现德国为什么能沿着功能主义的路走下去：独特气候和自然环境下滋生出的不安全感使德国人谨慎、不冒进、深思熟虑，所以现代主义设计的先锋在设计史上是英国人而非德国人；日耳曼人的神秘气质让他们本能地将内心的感情隐藏在冷峻简洁的设计外表和一丝不苟的细节设计下，功能主义能一直在德国发展下去的根本原因是日耳曼人与生俱来的坚毅性格。

二 式样主义

与欧洲功能主义相对的，是美国的式样主义设计。德国人这样评价美国风格："那些轻的、不复杂的、不很结实的，但是便宜的、很快就淘汰的机器，这就是典型的美国机器。"英国人则说："美国机器的主要特点是，细节很精巧，最大限度地利用零部件，高速度和易损坏，结构上追求时髦的经济。制造每一件东西都是为了加快步伐。"[1]

美国的艺术设计起步较晚，从欧洲引进艺术设计的确切日期是1925年，而在第二次世界大战以后，属于美国人自己的式样主义艺术设计运动已经开展得轰轰烈烈了。

美国的艺术设计在自己民族文化的影响下，形成了完全不同于欧洲的美国生活的特殊现象，由此，功能主义与式样主义形成现代主义设计史上蔚为大观的两种风景：前者追求功能，后者追求式样；前者立足耐用、持久，后者立足新颖，鼓励"喜新厌旧"、不断抛弃；前者的设计是功能主义、实用主义的；后者的设计是式样主义、消费主义的；对于功能主义设计师来说，功能至上、结构严谨、简洁明快的外形曲线是完美曲线；对于式样主义设计师来说，正如他们的代表人物雷蒙·罗维直言不讳的那样——"最美的曲线就是一条上升的销售曲线"。

（一）艺术设计成为一种商业流派

美国著名剧作家阿瑟·米勒的《推销员之死》的主人公说："在我的生活中一旦想要拥有的东西，都已经过时了。我一直在与废品收购站赛跑。"当艺术设计成为一种商业流派，设计就与销售有着密不可分的联系。一种产品刚刚出来，当你正为自己成为时尚人士而沾沾自喜时，也许艺术设计师以迅雷不及掩耳之势又推出了新的款式。直接以利益驱动的美国艺术设计显得精彩，却也让人无奈，如同可怜的推销员叹息的那样。

1. 艺术设计成为商业流派的原因

1925年举办的巴黎国际装饰主义和艺术工业博览会，展示了第一次世界大战后欧洲功能主义艺术设计发展的首批成果。展品中包括轿车设计、柯布西埃的家具、格罗皮乌斯及其学生们的作品。美国没有参展，华盛顿政府官员在答复法国方面的正式邀请时，表示美国没有东西可展览。然而，美国商人派出特使参观巴黎博览会，观察员的任务是：把欧洲有利于完善

---

[1] 转引自丁朝红：《这不是一只烟斗》，厦门大学出版社2002年版，第59页。

美国商业艺术的一切东西移植过来。

在艺术设计方面,美国本来是欧洲的学生,可是不久欧洲反成为美国的学生。1959年总部设在巴黎的欧洲经济合作组织派出代表团赴美学习艺术设计经验。代表团经过仔细和全面的考察,得出一个基本结论:"艺术设计成为生产和销售之间的桥梁。"如果说包豪斯的艺术设计理论和建筑理论关系密切,特别强调物质环境的完整与和谐,那么,美国艺术设计理论则独立于建筑理论,以满足和刺激消费需要为旨归。可以说,美国艺术设计是艺术设计中的商业流派。

美国艺术设计为什么会成为一种商业流派呢?这与美国经济发展的状况有关。美国的经济崛起在第一次世界大战前后初见端倪。从第一次世界大战到20世纪20年代末期,美国工业发展迅速,它的工业产量超过英国、德国、法国、意大利和日本的总和。体现科学和工艺学最新成就的新技术领域不断形成,它们包括轿车、电子技术、化工、航空、无线电和电影工业。全国轿车拥有量2650万辆,超过世界各国总和,轿车成为美国繁荣的标志。家用电器如吸尘器、电冰箱、洗衣机、咖啡壶等层出不穷。1924年美国拥有6.5万台电冰箱,10年后增加到2000万台。1925年美国有571座广播电台和300万台收音机。

1929年美国在消费品生产领域爆发了严重的经济危机,这是美国艺术设计发展的重要契机。艺术设计师成功地说服了甚至最谨慎的企业家投资生产技术水平高的优质产品,以打开销路。很多企业提出了"美是销售成功的钥匙"的口号,艺术设计仿佛成为拯救美国工业灾难的希望。这个口号奠定了美国设计发展之初就具有的基调:它与商业有着千丝万缕的联系。

在那时,又恰逢30年代德国包豪斯被关闭,一些著名的设计师和包豪斯的教师辗转来到美国,为美国设计人才的培养和美国设计的未来发展提供了很大的潜在力量。当时很多欧洲赫赫有名的设计师都踏上了美国的土地,他们是:格罗皮乌斯、密斯·凡·德罗、莫霍依-纳吉、阿尔贝尔斯、布鲁耶。他们给美国带来了艺术设计教育。然而,美国的艺术设计没有按照包豪斯的方向发展,因为美国的状况已经和魏玛共和国很不相同了。很快，美国艺术设计迎来了蓬勃发展、人才辈出的时代。迄至20世纪30年代末，美国有12所高等学校培养艺术设计人才。他们成为新兴的美国设计坚实的后备力量。

2."丑货滞销"

"丑货滞销"是由美国式样设计流派的代表人物——雷蒙·罗维（Raymond Ferdinand Loewy，1893—1986）提出来的，这个口号很形象地说明产品的设计，尤其是外型、式样的设计对于销售的至关重要的作用。与此相类似的说法还有我们前面提到的"美是销售成功的钥匙"，以及欧洲经济合作组织在1959年赴美学习艺术设计经验时得出的结论——"艺术设计成为生产和销售之间的桥梁"。

罗维是美国设计界的传奇人物，1893年出生于巴黎，1910年获巴黎大学工学学士学位后应征入伍。第一次世界大战结束后，于1919年移居美国。最初以画杂志插图为生，并成为有名的插图画家。而立之年后逐渐涉足艺术设计行业，成为艺术设计史上赫赫有名的人物。他的作品从总统的飞机到百姓的用具，名目繁多。而他在学术界也得到很高的认可，法国美学家于斯曼和另一位法国艺术设计史研究者帕特里克认为，艺术设计有三个来源：德国理论、法国趣味和英国经济。德国理论指包豪斯理论，英国经济指英国最早发生的工业革命催生了艺术设计，法国趣味则指罗维的趣味。这种说法虽不确切，但是罗维在世界艺术设计界的地位可见一斑。

罗维认为"丑货滞销"，而一个设计得很漂亮的商品，则为销售提供了保障。他说："一家设计公司最好的推销员就是设计师本人。""对单个设计师来说，出色的创意能力加上适当的公共关系能力，就可以获得成功，根本不需要销售。"事实也向我们有力地证明了这一点。

罗维的创作被视为艺术设计和技术设计相结合的典范，其特点是无可挑剔的平面设计，精细的材料感，轻盈的风格，对圆形、边饰和纯净色彩的爱好。早期的冰箱在外观上是纪念碑式的，置于高而弯曲的腿上，还有一个暴露的冷凝器。1934年，罗维为"冰点"（Coldpoint）冰箱设计了一个崭新的形象，略微修饰了一下外观的线条，冰箱外型采用大圆弧与弧形，浑然一体的箱体看上去简洁明快，整个冰箱包容于白色的珐琅质钢箱之内，透出光洁、素净而高贵的质感。冰箱内部也作了部分调整，带有半自动除霜器和即时脱冰块的制冰盘等装置，从而奠定了现代冰箱的基础。这些设计为"冰点"冰箱创下了惊人的销售量，年销量从60000台到275000台直线飙升。一时间，流线型成了消费者的采购目标。从销售"冰点"到"沸点"的变化，罗维实现了一个现代商业的神话。

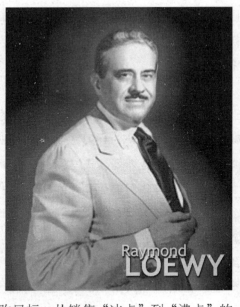
电影明星一样的罗维

我们对可口可乐都很熟悉。生于80年代以后的年轻人，可口可乐从童年一直伴随他们到现在。可口可乐背后的故事也说明了式样设计对于产品所起的举足轻重的作用。可口可乐这种由可乐果汁、糖、咖啡碱和二氧化碳水调配而成的汽水在瓶装以前一直在药店出售，它的发明者约翰·S.帕姆伯顿是一位药剂师。最初在药店出售时为5美分一杯，和平常苏打水的价格差不多。四年后，药剂师把这种饮料的所有权卖给了一位商人，希望他可以促进这种饮料的销售。此后因为式样的普通一直没有引起注意。1915年，一位瑞典籍工程师设计了后来我们十分熟悉的可乐玻璃瓶的外观雏形——一种收腰外观的瓶子，也有人将它说成"莲步裙型"，并带有淡淡的透明蓝色或绿色。奇迹意想不到地发生了，可口可乐立刻迅速占领市场。后来，罗维用他神奇的笔将可口可乐的神话演绎到极致，在他为可口可乐公司重新设计瓶形时，他赋予瓶子更加微妙、更加柔美的曲线。"它（可乐瓶）的形状极具女性的魅力——这一特质在商品中有时会超越功能性。"罗维为可口可乐设计了商标：白底红字，流畅的字形下加波形曲线。这成为继基督教十字架、伊斯兰教星月形和纳粹标志后第四大世界性标记。

罗维的艺术设计在商业中获得的成功，为可口可乐公司带来巨额利润。也许那位药剂师无论如何也不会想到，自己混合出的散发着药水味的这种暗褐色液体，在一百年后会风行在全球的各个角落：热带丛林探险的旅游者带着它，日韩街头嬉哈一族的中学生喜欢它，甚至你在阅读本书时也不时饮上一口，享受那清凉而略带酸涩的独特味道。

3．有计划地废弃旧产品

美国式样主义设计兴起时，面对的是一个饱和的市场。怎样促使消费者在旧产品还没有被淘汰时又去购买新产品，这对设计师是一个很大的挑战。

以汽车为例，美国基本上每个家庭都有汽车，甚至不止一部。汽车制造商不可能急剧降低产量，或者转入其他产品的生产。为了获取高额利润，他们要继续大量生产汽车，并以更高的价格出售。为了促使消费者在旧汽车还没有被淘汰时又去购买新汽车，他们不断加速汽车的更新换代。与旧汽车相比，新汽车的功能有所改变，但改变得更多的是汽车的外形和款式。在这种思想指导下，艺术设计师所遵循的不是形式和功能相统一、形式为功能服务的功能主义原则，而是使形式大于功能，用式样的新奇和新颖吸引消费者废弃旧汽车，将他们口袋里的钱掏出来心甘情愿地买新汽车。

在美国，艺术设计的价值取决于产品销售的利润，公式如下：$P=N(S-U)-C$。其中，P 是利润，C 是生产准备和艺术设计的消耗，U 是每件产品的成本，S 是每件产品的售价，N 是产品销售量。根据这个公式，新产品的艺术设计费用可以通过下列途径得到回报：(1) 扩大产品销售量，即 $(N_2-N_1)(S_1-U_1)>C$；(2) 新的艺术设计提高了售价，即 $N_1(S_2-U_1)>C$；(3) 新的艺术设计降低了成本，即 $N_1(S_1-N_2)>C$；(4) 新的艺术设计既提高了售价，又降低了成本，即 $N_1(S_2-U_2)>C$。这样，艺术设计把生产和销售联结起来，调解生产消费系统诸成分的相互关系。这个公式很好地说明了美国的商业主义设计与生产、销售之间的辩证关系。

美国的式样主义是刺激消费、鼓励废弃旧产品的商业流派,其汽车设计是式样主义设计的典型代表。设计别克、卡迪拉克和庞蒂克轿车的美国艺术设计师H. 埃尔（Harley Earl，1896—1969）曾长期主持美国通用汽车公司的艺术设计部门。他对轿车作了很多改进,其中包括全景式挡风玻璃的应用。为了检验消费者的新观念,根据他的倡议,在市场上开始展示未来的轿车模式——"梦幻"（Dream）轿车。他设计的"黄金国比亚利茨"卡迪拉克轿车豪华亮丽,令人叹为观止。1948年埃尔受P－38型战斗机垂直双尾翼的启发,将一块小而无功能作用的凸起物加在1948年型号"卡迪拉克"车的尾档上。50年代中期,这些凸起演变成了大尾鳍,不仅卡迪拉克车,许多其他汽车也都如此。

　　大尾鳍的设计引起很多争论。不管怎样,这种设计体现了美国文化的特点。美国是爵士乐、摇滚乐的故乡,是迪斯尼乐园和麦当劳快餐的发源地。美国文化喧闹、火爆,往往给予人们巨大的感官冲击。埃尔设计的汽车车篷从车头向后掠过,尾鳍从车身中伸出,形成喷气飞机喷火口的形状。这说明了艺术设计是一种文化的设计,它既是对某种文化的设计,又是某种文化的体现。

（二）艺术设计作为一种职业

　　美国艺术设计作为一种职业,渗透到生活的各个角落。"曾经有那么一段时间,对每一个美国人来说,他的一生都生活在罗维及其同伴所设计的产品及包装之中：史蒂贝克轿车、佩帕索顿牙膏、希克剃须刀、灰狗公共汽车、幸运牌香烟和卡林啤酒。如果这个是美国总统,那么还有'空军一号'。"[1]美国20世纪30年代后期渐趋成熟的第一代艺术设计师的特点是"万能",他们"认为自己什么东西都能设计,不管它是一个火车头还是蛋糕的盒子"。除了罗维以外,还有几位著名艺术设计师,下面我们看看他们林林

>>>----------------

[1]〔美〕斯蒂芬·贝利等著,罗筠筠译：《20世纪风格与设计》,四川人民出版社2000年版,第49页。

总总的作品。

蒂格（Walter Dorwin Teague，1883—1930）在1926年创办了美国最早的艺术设计事务所，该所后来成为美国最大的艺术设计事务所之一。蒂格作为天才的艺术设计师和成功的商人，有过很多经典的设计。他早在1936年为柯达公司设计的柯达相机一直生产到60年代初期，成为美国艺术设计的经典作品。他的作品还有轿车、波音飞机的内饰、美国德士古石油公司加油站统一的形象设计（从30年代一直沿用到80年代）、纽黑文和哈特福铁道公司旅客列车的内饰。他还对波音飞机外型的改进提出了建议。此外，他也和美国其他大公司进行合作，这些公司包括杜邦公司、福特公司、美国钢铁公司、威斯汀豪电器公司等。

贝尔·盖茨（Norman Bel Geddes，1893—1958）是世界艺术设计史上充满艺术幻想和创作激情的通才人物。他曾经设计出很多引起轰动的作品。他为纽约时装店"萨卡斯"设计的风格独特的橱窗，吸引了大批观众前来观赏，以致地方当局不得不出动警察维持秩序。

盖茨1927年在纽约注册了艺术设计事务所，1932年在波士顿出版了《地平线》一书，副标题是"工业设计地平线"。该书汇集了他的艺术设计作品，阐述了他的艺术设计观点。他认为，艺术设计师在选择设计对象时，没有人为的界限。艺术设计师即使缺乏技术知识，在新型的机车、飞机和海轮的设计中，起主要作用的仍然是他们，而不是工程师（机械设计师和电器设计师），因为艺术设计师能够预见到这些高速交通工具的新形象。他认为未来工业产品产生于想象中，产生于自由自在的画稿和由木材、金属、塑料制成的模型中，然后才获得必要的科学技术加工。

带着这种自信，盖茨创造了艺术设计史上的一个又一个奇迹。他设计了汽车、高速列车和海轮，在20年代还和德国著名航空设计师奥托·科勒尔一起，设计了有四百多个座位的巨型客机。为了使飞机的乘客能够像轮船乘客一样舒适，机舱内有较大的活动空间和休闲场所。虽然设计带有明显的乌托邦色彩，技术上也不乏幼稚之处，然而他奠定了未来飞机设计的航空动力学风格的基础。1937年盖茨设计完成"未来城市"：在相当大的场地上耸立着5—6岁小孩高的玩具式摩天大楼,高速公路纵横交错,树木葱茏,5万多辆小汽车模型川流不息地行驶。这项设计得到美国通用汽车公司数百万美元的资助,成为1939年纽约举办的"未来世界"博览会上最为璀璨夺目的亮点。

亨利·德雷福斯(Henry Dreyfuss,1904—1972)也设计过很多东西,从日用品小百货、化妆品容器到计算机、直角形电冰箱、轮胎,甚至在第二次世界大战期间,他还设计了军工产品:枪炮仪表上的刻度盘、坦克的内饰、海军和空军装备。他希望长头发艺术家的流行概念能够随着卷起袖子干活的高水平艺术设计师的出现而消失。

(三)艺术设计引领时尚

罗维在美国的知名度和流线型风格在美国的流行,说明了美国艺术设计能够引领时尚。

《时代》周刊是美国影响最大的新闻周刊,有世界"史库"之称。1947年,罗维成为《时代》周刊的封面人物。罗维在美国享有的知名度可以和电影明星相媲美,而美国是一个对电影特别感兴趣的国家。1990年美国《生活》杂志评选出100名20世纪最杰出的活动家,罗维与叱咤风云的政治家、战功显赫的军事家和荣膺诺贝尔奖的科学家一起名列其中。《生活》杂志认为,罗维以自己的创作对千百万人的生活方式产生了影响。今天,当我们凝视罗维的相片,发现他的确有电影明星

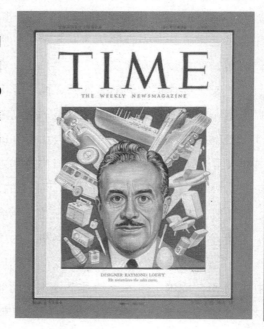

▼《时代》周刊封面上的罗维

的风采：俊朗的外型、分明的轮廓、翩翩的风度，除此之外还具备电影明星所没有的坚定的眼神所折射出的知性气质。

流线型风格删削枝蔓、简洁明快，符合人们对和谐有序的潜意识追求，因此很快在美国流行开来。罗维将当时流线型的最新研究成果运用到他的一件很精致的作品中，奇妙的创意立刻在当时的设计界引起轰动。这件作品就是1934年罗维申请的专利——卷笔刀。这个独特的卷笔刀外观呈现银色的水滴状，看上去像微型太空舱，非常别致。罗维的设计想表达的理念是：利用类似水滴的流线外型，空气阻力被降到最小，气流就可能带动摇柄转动，然后自动削铅笔。后来，流线型被应用到汽车外观，就使汽车产生速度感，这种速度感给人舒适的视觉感受，而在理论上也被证明对于减少阻力确实科学有效。

在整个30—40年代的美国，流线型的身影无处不在。越来越多的冰箱、收音机和烘面包机也开始看上去像一部飞速奔跑的赛车。有的西方学者认为，"美国的生活方式就像流线型的高速公路"。"流线型"成了时尚的代名词，所谓"美国的流线型"的说法就此产生了。当时美国的职业设计师都是流线型风格的创立者和实施者，他们为流线型的风靡推波助澜。

不过，式样主义对形式的追求是有限度的。新产品需要有吸引力，然而又不能过分标新立异。为了解决这个矛盾，罗维提出maya原则。它由"most advanced yet acceptable"四个英语单词的第一个字母组成，意思为"最先进的，然而是可接受的"。每一种产品都有一定的临界域，这与消费者的支付能力无关。临界域规定了对新产品的消费愿望的极限。达到这个临界域，对新产品的愿望就会变成对新产品的绝对排斥。罗维从艺术设计师的角度对消费的这种社会心理现象作出阐释，认为只有很像旧产品的新产品才会有市场。根据maya原则，他确定了艺术设计师为不同客户工作的方法。例如，企业规模越大，新措施的风险就越大，对于大型企业来说，即使小的更新也会产生巨大的风险。罗维还对maya原则作了量的规定，如果近30%的消费者对新产品持否定态度，那么产品就达到了临界域。maya原则随着气候、季节、收入和社会状况而变化。如果艺术设计师要冒险的话，这种冒险是经过精确计算的，由maya原则决定。广大消费者的需求成为艺术设计师内在的创作需求,艺术设计师是市场的特殊媒介。

美国的式样主义设计让整个世界为之焕然一新。它是一种生动的、丰富的、五彩斑斓的设计风格,迎合了美国人直率大胆的民族性格,也回应了战后一夜富裕起来的美国人对消费的饱满热情,在两次世界大战以后世界由沉寂而重归喧闹之时,引导了那个时代的艺术设计新风尚。

思考题

1. 什么是功能主义?
2. 什么是式样主义?
3. 功能主义与式样主义的区别是什么?

阅读书目

1. 〔英〕彼得·多默著,梁梅译:《1945年以来的设计》,四川人民出版社1998年版。
2. 〔美〕斯蒂芬·贝利等著,罗筠筠译:《20世纪风格与设计》,四川人民出版社2000年版。

第六章
后现代艺术设计的崛起

  美国后现代主义学者哈桑（Ihab Hassan）在《后现代转折》（1987）一书中对现代主义和后现代主义作过一番比较。在设计语言上，现代主义是"功能决定形式，少就是多。无用的装饰即是犯罪。纯而又纯的形态。非此即彼的肯定性与明确性。对产品的实用性原则、经济性原则和简明性原则的强调"；后现代主义是"产品的符号学语义，对隐喻的共同理解。形式的多元化、模糊化、不规则化。非此非彼，亦此亦彼，此中有彼，彼中有此。骡子式的杂交，对产品的文脉的强调"。[1]

  我们在第四章中谈到，包豪斯教师布鲁耶设计了可折叠的金属弯管椅，这种椅子的形式遵循功能，是现代主义设计。我们比较一下意大利艺术设计师盖当诺·佩西在1980年设计的一组沙发"纽约的日落"。沙发的靠背是红色的半圆形，沙发前面摆放着几个错落有致、连在一起的部件，部件的

---

[1] 转引自朱铭：《设计家的再觉醒——后现代主义与当代设计》，中国社会出版社1996年版，第61页。

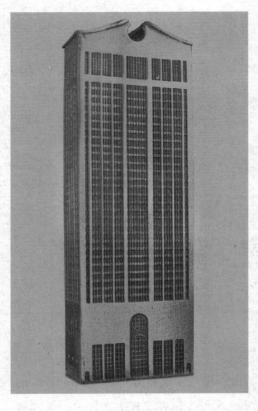

约翰逊、伯奇：美国电报电话公司大厦

造型和表面处理成摩天大楼，看上去就像夕阳正从城市的摩天大楼背后徐徐落下。这组沙发包含着某种隐喻，强调符号学语义，是后现代主义设计。

如果说我们在第四章中提到的密斯·凡·德罗设计的西格莱姆大厦（1958）是世界公认的国际主义风格的正式开端，那么，美国建筑师菲利普·约翰逊（Philip Johnson）和伯奇（Burgee）于1978—1984年设计完成的位于纽约市中心的美国电报电话公司大厦，则成为后现代主义摩天大厦的经典之作。大厦整体造型类似一高脚柜，楼体由高高的楼脚支撑起来，并采用了古典的建筑语言"拱"，借用了15世纪意大利文艺复兴教堂的形式，从而把古典风格搬进了现代高层建筑。这座大厦带圆开口的三角山花顶部、三段式立面处理，底部开敞的拱廊和公共大厅无处不体现出后现代主义所有的特征：古典主义、装饰主义、折中主义。

针对密斯·凡·德罗主张的"少即多",后现代主义者提出"少即乏味";针对柯布西埃主张的"房屋是居住的机器",后现代主义者提出"建筑是有思想的空间创造"。柯布西埃的《走向新建筑》(1923)激烈反对传统建筑,走向现代主义建筑;文丘里的《建筑的复杂性与矛盾性》(1966)批评现代主义建筑,走向后现代主义建筑。文丘里主张利用历史符号来丰富建筑面貌,同时吸收美国大众文化的商业风格,采用折中主义的装饰以改变现代主义建筑刻板的风貌。

后现代主义设计不仅不同于功能主义设计,而且不同于式样主义设计。在式样主义中,虽然形式大于功能,完善的功能仍然是产品的基本前提。它在功能问题得到解决的条件下,追求形式的独立价值。对形式的追求并不妨碍产品的功能。功能主义和式样主义都是现代主义设计。后现代主义设计以直觉性、感性和个性化向现代设计的科学性、理性和逻辑性发起强烈冲击。它的口号是"形式遵循表达",在这里功能已经退居到次要地位。

一 后现代的场景描绘

今天关于后现代的话题早已不仅仅只是学术理论界研究的对象,它就像因特网、多媒体、数字化等话题一样,影响的范围也逐步涉及人类生活的各个领域,成为全球性的新文化景观。在当代的日常生活、报纸杂志以及媒体广告中,"后现代"一词正在逐渐成为一个主要的定语,尤其当我们描述一种新事物或新现象的时候。然而,对后现代却至今仍然没有一个公认的统一性的权威定义。虽然不同学科、不同学派纷纷从自己的角度进行定义和阐述,推动了对后现代的争论和深入研究,但也造成了大众理解上的分歧和混乱,导致其在日常生活和媒体广告中常被肤浅地当做一个时髦的词汇使用。

"后现代主义"(Postmodernism)一词最早见于菲德里柯·德·奥尼斯

(Federico De Onis)的《1882—1923年西班牙、拉美诗选》（1934）一书。1947年英国著名历史学家汤因比（Arnold Toynbee,1889—1975）在其所著《历史研究》中,用后现代标志西方新兴工业城市工人阶级的产生以及非西方民族和文化的崛起。而哈桑和美国学者费德勒（L. Fiedler）首先明确地在肯定意义上使用了"后现代主义"一词,费德勒将后现代主义与当代激进的文化潮流融为一体,以波普文化的名义向现代主义的文学传统提出了挑战。[1]

20世纪60—70年代,后现代主义从文学领域走出来,成为一种泛义的文化思潮开始向全世界传播。法国哲学家德里达（Jacques Derrida）、福柯（Michel Foucauh）、利奥塔（J. F. Lyotard）和波德里亚（Jean Baudrilla）等人把关于后现代文化形式的讨论提升到更具普遍性的哲学高度,形成了后现代主义哲学。从此后现代主义成为一种世界性的文化潮流,涉及艺术、文学、语言、历史、政治、哲学等观念形态的诸多领域。

后现代是否就意味着又一个新的文明时代的开始,就像我们的祖先从以采集果实和捕鱼打猎为主的原始社会时代进化到开荒种地、饲养家畜的定居的农业文明时代,再前进到以机器代表先进生产力的工业文明时代一样,我们还不敢随意断言,但今天我们的生活与过去相比确实发生了某些本质性的变化。下面,我们将从科学观的变化、社会生活景观的改变以及艺术观念的转变来勾勒一个后现代的场景。

（一）从现代科学观走向后现代科学观

科学技术在人类历史进步中占有重要的地位,具有巨大的推进力,使人类以越来越短的时间从一个文明走向另一个更高级的文明。人类创造和发展了科学技术,在这一过程中形成的科学精神和方法不仅缔造了科学本身,推动了技术的发展,也改变和提高了人类的认识能力,形成新的世界观,孕

>>>————————

[1] 〔英〕玛格丽特·A.罗斯著,张月译：《后现代与后工业》,辽宁教育出版社2002年版,第14页。

育出人类新的文明，不断完善人类自身。

意大利文艺复兴运动揭开了现代科技革命的序幕，人类开始以科学的解释来代替神对世界的诠释，科学知识成为人类抛弃神圣的上帝、服务于自己、控制和征服自然的工具。"知识就是力量"这一思想至今还有其现实意义。

伽利略（Galileo Galilei）通过对自然的数学化，使五彩缤纷的自然被化约为可替代的符号和公式，让形式的逻辑代替了自然界复杂的关系，成为现代科学研究方法的特征。笛卡尔在全面总结前人成果的基础上，确立了归纳法和演绎法相结合的方法论，对现代科学研究产生巨大的影响，并且把人类意识从机械论的法则中独立出来，将其提升为自然的主人和所有者。在他人研究的基础上，牛顿（Isaac Newton）把物质的运动规律归结为三大基本定律和一条万有引力定律，由此建立起一个完整的、普遍的物理理论体系，达到了物理科学的第一次大综合。至此人类开始了从宗教神学观向现代科学观的转向。

随着能量守恒原理的发现和电磁理论的建立，现代科学研究迅速转化为直接的生产力，为人类带来了滚滚的财富，人类在这不到一百年的时间里创造的财富比以往所有时间里创造的总和还要多。直到19世纪末，经典物理学取得的伟大成就，使当时不少物理学家误以为物理学理论已接近最后的完成，以后的工作主要是在细节上作些补充和发展。然而19世纪末至20世纪初的X射线、放射性、电子的三大发现，使经典物理学理论体系受到质疑与挑战。爱因斯坦（Albert Einstein）用一种全新的理念来重新诠释世界：在宇宙中并不存在绝对的、恒定的点，相反每个事物都在与其他事物的相关中运动着；在保留客观观测规范的同时，将主体性和相对性的因素引入，改变观察的速度和方向，客观世界也将改变其形状、尺寸和色彩。这就是爱因斯坦著名的相对论思想。[1] 它否定了牛顿的绝对时空观，证明了时间、空间的相对性、可变性，即时空不仅随着物质运动状态的改变而改变，

>>>
―――――――――

[1] 黄烨转载：《爱因斯坦与相对论》(EB/OL), http://www.oursci.org/ency/physics/001.htm, 2000-01-20。

而且与物质分布的密度有关。相对论是20世纪物理学中的一个革命性理论，它同后来的量子理论、混沌理论共同构成了现今物理学的三大支柱。

量子力学经过爱因斯坦等众多科学家的共同努力，于20世纪30年代初形成了比较完整的理论体系，它使人们从根本上改变了只承认连续性和机械力学决定论的经典物理观念，论证了连续与间断统一的自然观。量子理论为原子能技术的开发、激光的问世、大规模集成电路的建立奠定了理论基础，为人类进入"后现代"信息社会提供了科学技术的保障，也孕育了有关社会领域的许多新的观点和思想上的新的渴求。

根据佩特森（Pedersen）的系谱学考察，"混沌"理论其实就存在于牛顿数学本身之中，只是他选择了总体上预测是可行的区域来进行研究，而放弃了"混沌"区域。被压制的"混沌"领域在19世纪末至20世纪初被亨利·庞加莱（Henri Poincaré）所发现。混沌理论也认为事物的行为是复杂和不可预测的，即使在看似最简单的决定性系统中也蕴藏着高度的复杂性和非预测性，即我们生活的世界是一个复杂的有机系统。因此，在量子力学和混沌理论的影响下，科学家们开始以复杂的、随机的、非规则性的和相互作用的多样系统方式的观念来修订机械主义的、决定论的、因果性和预测性的现代科学观念，揭示出无序和有序是如何共存的，为人们描绘出一个混沌却并不是杂乱无章的新的世界景观。

（二）从现代社会景观走向后现代社会景观

美国著名未来学家阿尔文·托夫勒（Alivin Toffler）以浪潮来借喻人类社会的变革，一次浪潮的出现代表了一种新的主导文明的诞生。

能源的使用、产品的生产以及产品的交换相互结合形成人类文明的主要结构体系，在不同的文明时代表现出不同的特征。在农业文明中，人们的日常生活能源主要是树木、谷物梗杆，生产的能源主要依靠水力、风力、人力和畜力等，这些能源多是自然的或可以再生的，在今天的意义上是环保型能源。而工业文明的能源主要依赖不可再生的化石燃料如煤、石油和天然气等，这些大量储藏在地下的能源成为工业文明发展必不可少的动力基础，然而"它意味着人类文明开始吃自然界的'老本'，而不只是吃自然界的'利息'了"[1]。这也使今天的人们为此付出沉重的环境代价，整个人类面临着能源短缺以及能源短缺所带来的政治、经济和社会的危机。在科技的支持下，一大批现代工业涌现出来，先是煤矿、纺织、铁路，然后是钢铁、汽车、化学和机械工业的相继发展。工业革命浪潮拉开了大规模集中生产的闸门，大规模集中生产要求农业浪潮中分散的、小规模的、直接销售的销售方式，让位于大规模集中销售系统。

托夫勒把工业文明的主要特征总结为四个方面：第一，标准化特征。工业文明不仅把产品部件、生产工序标准化，还将社会的价值观、道德标准甚至语言都进行标准化。通过标准化原则把原本千差万别的世界变得惊人地一致化。第二，专业化特征。泰勒的企业管理哲学被奉为工业化生产的"圣经"，生产效率确实得到了奇迹般的增长，但工人们非人性化的程度也得到了最大化的提高。第三，同步化特征。社会的标准化、专业化当然要求人们与之同步化。为了适应工业化社会机器运转的需要，人们从小就被培养要有时间观念，朝九晚五成为东西半球人们标准的工作方式，世界呈现出千篇一律的生活景象。第四，最大化特征。扩大生产规模也能降低单位成本，从而获取最大的利润，因此追求最大规模化成为工业文明时代的固有特征。在20世纪60年代，当时美国50家最大的工业公司平均拥有8万名职工。通用汽车公司一家就雇用了59.5万人。大规模的生产和销售也必然导致资本的大规模集中，从而出现工业文明时代的托拉斯。在20世纪60年代，美国的通用、福特和克莱斯勒汽车公司生产了美国94%的汽车，德国的大众、奔驰、宝马和奥迪垄断了德国的汽车生产，而意大利菲亚特一家就独占了意大利全部汽车产量的90%。在工业文明社会的各个领域中都有着相似的景观。

20世纪下半叶以来，以微电子、半导体、集成电路为标志的电子科技革命，使机器的自身结构与控制方式发生了根本性的变化。机电一体化产

---
[1]〔美〕阿尔文·托夫勒著，朱志焱等译：《第三次浪潮》，新华出版社1997年版，第22页。

品所形成的智能化机器系统,实现了用机器代替人对机器进行操作和控制。计算机全面进入到生产、生活和社会的管理领域,极大地解放和拓展了人类的体力和脑力,使人们摆脱了繁重的体力劳动,提高了工作效率。人们有更多的自由空间来再学习、创造和享受生活。这一切引发了社会生产力新的革命,加速了人们现有生产方式、生活方式和社会组织结构的变更。

当代消费的多样化、个性化特点,将使功能性产品被功能艺术性产品所代替,大规模单一产品的生产系统将逐渐让位于多品种、小批量甚至单件定制产品的智能柔性生产系统。未来的制造业将全面进入柔性、智能、敏捷、精益、绿色、艺术化、全球化、人性化的先进制造新时代。信息网络化、网络全球化,使今天的社会逐渐变成一个开放而多边的网络,人们可以方便及时地获取大量的信息,信息以及信息处理已成为当今世界发展的关键——人类已走进一个全新的"信息社会"时代。

(三) 从现代艺术走向后现代艺术

现代主义艺术于19世纪后期登上历史舞台,直至20世纪六七十年代,一直主宰着西方发达国家的艺术文化舞台,成为西方乃至世界主要的艺术文化景观。

对现代主义艺术家们来说"艺术并不描绘可见的东西,而是把不可见的东西创造出来"[1]。真实世界中任何具体的事物在他们的作品中都是不能容忍的,他们渴望创造一个完全独立于真实世界的全新世界,从而形成了现代主义艺术的一个主要特征:为艺术而艺术,即艺术家们把艺术从社会生活与社会意识形态中剥离出来,把目光只集中到美学形式或自我情感表现手段自身。这种坚持为艺术而艺术和艺术自治的信念,最终把艺术目标的中心从再现和模仿现实转到对艺术形式本身的关注,专注于对新的形式、风格和模式的试验。从法国绘画领域中的印象派开始,现代主义艺术开始一步一步远离现实主义的再现模式以及艺术乃模仿(对现实的模仿)这一

---

[1] 王端廷:《什么是后现代艺术》(DB/OL),中国期刊网,2004-08-16。

概念，探索新的观察方式和进行新的美学试验。

在各种艺术领域，现代主义艺术家们都不断地发明独特的技巧创造出新颖的作品，来表达艺术家个人对世界的独一无二的观察与思考。于是天才、里程碑主义、与众不同等成为现代主义美学固有的特征。因此人们可以很容易地辨识出莫奈或凡·高的绘画和密斯·凡·德罗的国际风格的建筑。到了20世纪60年代，随着现代艺术实践和探索走向极端，人们感到在现代艺术中追求新奇和革新已经走到尽头。同时市场经济加快了现代艺术的商品化，现代主义艺术变成了消费社会的装饰符号，其技巧被吸收进艺术设计中，成为市场竞争的工具。现代主义艺术经历了一段苍白空虚的彷徨时期后，开始了一种新的转向——后现代主义艺术。

就像印象主义孕育了现代主义艺术一样，后现代主义艺术的萌芽可以追溯到第一次世界大战期间产生的达达主义运动。在绝望、混乱的纷飞战火中，一群流亡瑞士的文艺人士、学生，目睹战争产生的杀伤力与破坏力，在反战情绪而产生的愤慨共识中诞生了苏黎士达达派。

欧洲大陆达达主义艺术家将第一次世界大战以前的各种技法，以折中选用的态度，加以兼容并蓄，以不尽相同的元素来构成自己的风格。而由一群来自欧洲躲避战乱的艺术家和美国本土的艺术人士形成的纽约达达主义几乎与苏黎士达达主义同时发生（甚至更早），由于战事远离美国本土，因此它没有欧洲大陆达达主义的浓厚政治氛围。他们正忙于一场反欧洲现代主义的运动，呼吁年轻一代艺术家远离感官的艺术，走向观念化创作。纽约达达主义的灵魂人物是马塞·杜尚（Marcel Duchamp）、弗朗西斯·毕卡比亚（Francis Picabia）和曼·雷（Man Ray）。其中，杜尚的影响最为深远而持久。

杜尚从视觉形象转向思维领域，主张"一件艺术作品并不是供人欣赏的，更重要的是让人去思考"。他提出所谓"现成取材法"，即把日常用品转化成艺术作品。他有两件作品曾轰动世界：1917年他在一只小便池上签上名字，作为自己的作品在纽约独立艺术家协会的展览会上展览，并在展示标签上注明《泉》。小便池被倒过来，呈现出柔和而流动的曲线。杜尚把一件普通物品放在特定的语境中，并把它转换为一种新东西，还因此指出了它的雕塑价值，改变了人们看待它的目光。1919年杜尚回到法国后探索"现成物体之辅助"，在《带胡须的蒙娜·丽莎》这一作品中，他在达·芬奇的画像蒙娜·丽莎的嘴唇上添了两撇小胡子和山羊胡，使蒙娜·丽莎从圣洁的女性变成不男不女的样子。比起达达主义对现代主义艺术规范有限的、一时的、情绪化的破坏来，杜尚的坚定地叛逆和嘲讽一切则是入木三分的。在大胆否定现有的一切艺术规范和表现手段方面，不仅达达主义，在其后的任何一个流派或运动都没能超越他，并且还深受他的影响。

达达主义艺术通过绘画、雕塑、装置、表演、电影制作或现成物的集合艺术，来表达思想层次上的突破和追求。虽然每一种风格的产生，都是针对过去某一形式或观念进行变革，但是达达运动诉求整个思想意识的全新变革，对20世纪的艺术产生了重大影响，孕育和催生了今日多样复杂的后现代艺术文化：行为艺术、原生艺术、贫穷艺术、集合艺术、地景艺术、女权主义艺术、偶发艺术、涂鸦艺术、装置艺术、过程艺术等。

二 后现代艺术对后现代艺术设计的影响

现代艺术的抽象化和几何化的表现形式，很容易适应理性化、秩序化的操作，刚好满足机器大规模生产的审美创作需要，为现代艺术设计提供了设计的形式和语言。而后现代艺术一反现代艺术远离现实社会的态度，对现实社会生活表现出前所未有的热情，它们不再局限于艺术概念和艺术体制的问题，而是站在社会学的高度，从人类社会的历史、政治、种族、文化差异、环境以及个体经验等不同角度对现实世界进行深入的观察和体验，把艺术视为一种改造社会、升华人类思想的力量和手段，并尝试用艺术来干预现实社会。对社会、人类、环境以及个性的关注正是信息时代艺术设计的重心所在。

一般认为，最初的后现代艺术形态的产生是对现代主义艺术中最后的辉煌——抽象表现主义的反叛和挑战。从20世纪50年代中期到60年代,西方艺术界出现的众多新的探索都是对现代抽象艺术创作观念的反叛,比如集合艺术、活动艺术、波普艺术、偶发艺术等等,它们都可以归到后现代艺术的范畴中。正如上面所说,后现代艺术的萌芽可以追溯到20世纪初的达达派,达达派艺术家们对现代主义社会主流意识形态的反叛,对现代艺术体制与规则的挑战、对艺术与生活界限的消解等,这些思想最终成为后现代艺术创作中最基本的法则。

虽然不同的后现代艺术流派在创作时有不同的侧重点,但它们在消除现代艺术家所表现的精英意识、为艺术而艺术的观念上以及尝试走出象牙塔以消除与大众艺术鸿沟方面的努力方向是一致的。如我们将要在下一章谈到的波普艺术,虽然它在创作方法上受到了达达主义的影响,但却是一个全新的流派,它把当时正在迅速发展的大众文化直接运用到自己的艺术创作中,消除了纯艺术与通俗艺术、精英文化与大众文化的界限。

后现代艺术流派众多,我们只从中选取两个流派——大地艺术和装置艺术来阐述。

大地艺术出现在20世纪60年代末70年代初。一些具有探索精神的雕塑家放弃传统的创作材料与艺术作品的永久性,走出画廊、美术馆的展厅,选择到自然中去创作自己的作品,形成了大地艺术。其实我们在人类文明的初期就可以找到大地艺术的先例,如古埃及的金字塔、英格兰的巨石阵等。从这种角度来说,大地艺术也是对古代文化艺术的一种回归与观念的借鉴。它主要关注人类在自然中活动的痕迹以及这些痕迹所体现出来的思想层面上的意义。"螺旋形防波堤"是著名大地艺术家罗伯特·史密斯(Robert Smithson)的代表作。他在美国犹他州的大盐湖中,建造了一个巨大的螺旋形防波堤。这个堤坝并不真正具有防波堤的功能,只是一个以大自然为背景的巨大雕塑,但湖水的侵蚀会很快改变它最初的形状,甚至最后使它消失。其中蕴涵的理念也是显而易见的:自然有能力对强加于自身的意志进行改造或者消除。同时这一作品也让人们清晰地感受到了人与自然的互动关系。

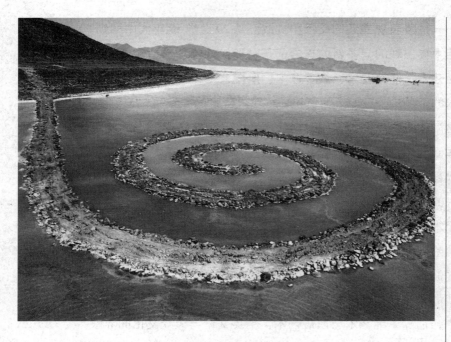

史密斯：螺旋形防波堤

"非洲玛兰吉山上的圆圈"是英国艺术家理查德·朗（Richard Long）1978年创作的作品，他把在自然中随处可寻的树枝堆放成一个圆圈，就像人们或动物在自然中所留下的标记一样，和自然融为一体。如果不仔细观察，通常很难察觉这类标记的存在，而且在自然力的作用下，它们会很快地消失。理查德·朗的作品中表达了一种东方传统文化的自然观，他从不试图刻意地去改变自然，而是融入自然，与自然进行一种平等的对话。这种思想为后现代艺术设计对自然、对环境的关注提供了指导和借鉴。

20世纪80年代以后，装置艺术（installation art）是另一种重要的后现代艺术形式。Installation有安装、装配的意思，即把不同的元素组装成一个作品。装置艺术把早期集合艺术中对不同创作元素形式的组合探讨上升到观念形态上的表现，从而引发观众的思考。它作为一种开放的艺术形式，打破了传统艺术门类的界限，扩展了创作材料的范畴，现成品、声音、图像、文字甚至观众的参与和互动都成为它的创作元素，这一思想为多元、功能各异的组合产品的设计提供了启

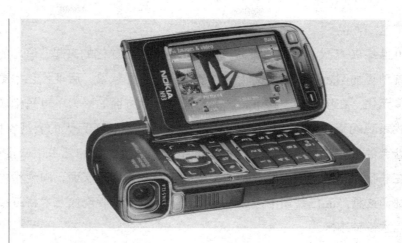

N93型手机

示,如当今流行的带有拍摄功能、录音功能以及上网功能的手机。诺基亚公司推出的 N93 型手机,独具人性化的双立轴翻盖方式及相应的键盘设计,使消费者可以延续以往对电脑和手机的不同使用习惯:横翻为掌上电脑功能、竖翻为电话功能,超大横竖版真彩触屏让消费者在进行游戏和观赏多媒体文件时获得更多的精彩体验;内置 Microsoft Windows Mobile 系统,支持多种 Office 的应用; Active Sync 功能轻松实现与 PC 数据的同步; 300 万像素的数码相机,能随时获取清晰的图像并可及时对图像进行编辑处理。

　　装置艺术的另一个特征是强调观众的参与性和互动性。装置艺术通过综合运用各种元素来调动观众的感官,让他们只有在作品中才能感受到作品本身的意义,有些作品甚至能够针对观众的行为作出相应的变动。装置艺术作品所传达的观念并不是艺术家单方面对受者的灌输,在很多情况下,是在与观众的思想交流中甚至是观众的主动参与中才有了真正的意义,并且观众在观赏的过程中还能从自身经验的角度去产生新的意义。这种关注主体性和个性的思想,也正是后现代艺术设计的另一个重要内容和特征。"土地"是英国艺术家安东尼·葛姆雷(Antony Gormley)的经典装置艺术作品。他在欧洲和中国都曾创作过这样的作品。在中国,他邀请了广州花都区 300 位不同年龄、不同社会生活背景的市民制作了 192000 个手掌大小的小泥人,一起完成了这一作品。

20世纪90年代以后,随着信息网络化、网络全球化的兴起,信息的繁复与流动更加明显,各地域文化的交流与碰撞更加频繁,后现代艺术更加趋于多元化。在技术的支持下,产品功能、技术方面的因素不再是构成设计形式表现的障碍,这使得产品的艺术设计方面获得了巨大的表现空间。随着社会的进一步发展,设计正向着与精神领域打交道的艺术领域接近,特别在非物质化的数字、媒体领域,设计完全脱离物质层面,向纯精神层面靠拢,这种产品已经逐渐接近艺术品,这就意味着后现代艺术将直接参与到艺术设计中来。

三 后现代艺术设计的多元发展

像后现代艺术家们一样,从20世纪60年代,艺术设计师们就开始了后现代艺术设计的探索,从激进设计、反设计运动,到80年代的激进后现代设计浪潮的高峰,再到90年代以后逐渐走上具有建设性的后现代设计的大道。今天,后现代艺术设计已成为后现代主义文化和艺术思潮中一个重要的不可分割的组成部分,而后现代设计的成果反过来又进一步巩固和发展了这一新的世界观。

如果把20世纪60年代的波普设计看做是现代设计向后现代设计的转折点和过渡事件的话,那么,后现代设计的革命首先发生在建筑领域——对现代主义国际风格的反叛。为什么后现代设计的革命首先发生在建筑领域呢?我们下一章中将要提到的美国后现代理论家杰姆逊认为,原因在于建筑是一种非常接近经济的、接近多国消费者的实践活动。同时,建筑也仍然是得天独厚的美学语言,使我们身边出现的后现代新空间明朗化。

1966年来自美国费城的建筑师罗伯特·文丘里出版了《建筑的复杂性与矛盾性》,向现代主义正式宣战。他在书中写道:"建筑师再也不能被清教徒式的正统的现代主义建筑的说教吓唬了。我喜欢建筑杂而不要'纯',

要折中而不要干净,宁要曲折不要直率,宁要含糊而不要分明,要兼容不要排斥,宁要丰富不要简单,宁要不一致和不肯定也不要直截了当。我主张杂乱而有活力胜过明显的统一,我容许不根据前提的推理并赞成建筑的二元性。我认为用意简明不如意义丰富。我既要含蓄的作用,也要明显的作用。我爱两者兼顾,不爱非此即彼、非黑即白;是黑白都要,或是灰的。"他认为正统的现代建筑师"试图打破传统从头做起时,把原始而低级的东西理想化了,牺牲了多样而细致的东西"。他提倡通过继承传统,"利用传统的部件和适当引进新的部件组成独特的总体,通过非传统的方法组合传统部件使之能在总体产生新的意义"。[1]

文丘里不仅在理论上对现代建筑的教条进行了否定,还进行了积极的设计实践活动。他在1960—1964年设计了后现代建筑的最早作品——美国费城的退休老人公寓和宾夕法尼亚州栗子山自己母亲的住宅。后一所住宅抛弃了当时盛行的方匣子的建筑形态,运用传统的形式和元素——坡形的屋顶、开口的三角形山花墙、门上隐喻古典券拱

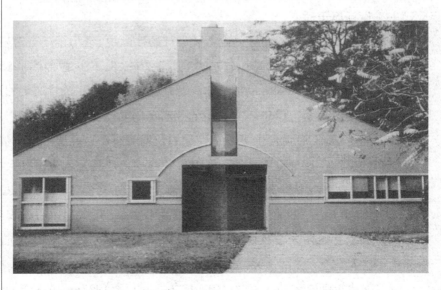

文丘里:
为母亲设计的住宅

[1] 詹和平:《后现代主义设计》,江苏美术出版社2001年版,第36—38页。

的弧线以及大小不一的窗户等,传达出一种非理性的、复杂的,不合逻辑的后现代美学趣味。该设计后来荣获美国建筑师协会"二十五年奖"。后现代艺术设计像后现代艺术思想、文化以及艺术一样,经历了20世纪60年代的诞生,七八十年代的多元的激进性,90年代以后进入了一个多元的"理性"时期,成为当代社会、文化的重要组成部分,推动着人类向新的文明迈进。

(一)后现代艺术设计的多元化探索

这里有必要先对一些概念作些说明。我们这里的"后现代"与后现代主义,在观念和内容上都是不尽相同的。通常"后现代"既是一个时间观念,指大约从上世纪60年代以后的时期,同时也是一种思维观念,是对现代思维观的背离和反叛。后现代主义一般是指在上世纪60年代对抗现代国际风格的过程中产生的,发展于70年代,成熟于80年代的设计风格流派,首先出现在建筑领域,然后影响到其他设计领域。也有些理论著作中把后现代主义划分为广义和狭义两个范畴,广义的指现代主义设计以后的各种设计流派,狭义的则指名为后现代主义的这一种设计流派。我们下面谈论的后现代主义设计属于后者。

后现代主义设计风格在对现代主义设计的批判中,经历了三个时期。20世纪60年代尽管现代主义国际风格仍然占据主流,但不少建筑师对逐渐统一了世界城市天际线的国际设计风格深感忧虑和不满,开始对建筑的形式和风格进行新的探索。1966年文丘里的《建筑的复杂性与矛盾性》引发了建筑业界的新革命。后现代主义建筑设计的初期带有明显的历史主义情绪,它以变形的装饰手法来提取传统的元素,并与现代建筑技术以及社会文化生活相联系。这一时期的建筑实践并不太多,并且几乎全是小型住宅建筑。到了20世纪70年代,随着后现代主义理论的形成,后现代建筑设计得到了很大的发展,开始逐渐涉及公共建筑的设计,逐渐形成融合多种建筑风格的新折中主义,体现出文脉主义、隐喻主义和装饰主义的特征。

由美国建筑师查尔斯·摩尔(Charles Moore)于1977—1978年间设计建成的美国新奥尔良意大利广场是新折中主义的代表作。摩尔从意大利传

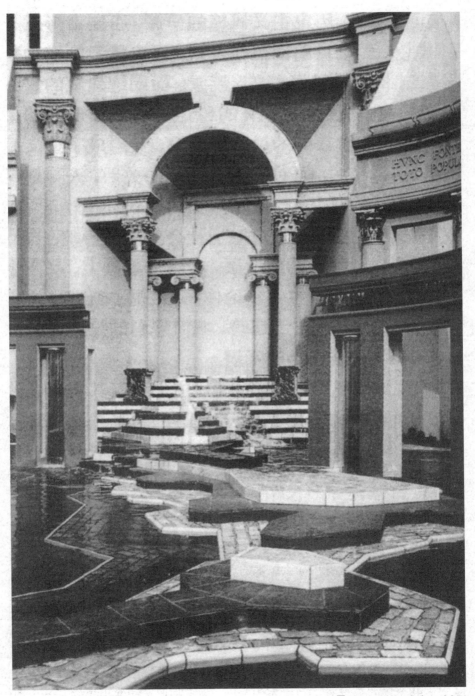

摩尔：新奥尔良意大利广场

统文化中抽取出特有的建筑片断和元素，在延续城市文脉的基础上综合考虑该公共场所的使用功能，为当地的意大利移民社团设计了这个精美和浪漫的庆典广场。古典的罗马柱式、拱券形式与鲜艳的色彩和五彩的霓虹灯，这些代表意大利传统文化与美国通俗文化的元素完美地融为一体。摩尔还直接把意大利的地图搬到了广场设计中，自圆心喷泉中涌出的水从象征着阿尔卑斯山脉的高处瀑布般地流淌下来，两旁则是五种典型的古典柱式。我们之所以说这座建筑是折中主义的，因为它把历史文脉和通俗文化结合起来了：古罗马建筑的构造是历史因素，而霓虹灯是美国通俗文化的象征。并且，霓虹灯取代了科林斯式柱头上的圆球，不锈钢制的爱奥尼柱头替代了大理石柱头。从而，广场既传统又前卫，既高雅又世俗。

进入20世纪80年代，后现代主义设计风格成为一种国际性的建筑语言，并在公共建筑和摩天大厦中占了一席之地，掀起了一股后现代建筑的热潮。建筑上成熟的后现代主义设计开始影响其他设计领域，建筑师也成为这一时期产品设计领域的主角，形成所谓的"微建筑风格"——把后现代主义建筑风格直接沿用到产品设计上，大量采用鲜艳的色彩、建筑造型的装饰图案以及金属和新型材料。例如，文丘里1979—1983年间为意大利 Alessi 公司设计的不锈钢咖啡具及1983—1984年间为美国 Knoll International 公司设计的一系列曲木椅子，这些椅子由多层胶合板层压成型后，表面印上色彩丰富的装饰图案，椅靠背镂铣成各种形象。

高技派风格是把当代科技特色当做设计元素并用夸张的形式来表现，这个术语来自于祖安·克朗（Joan Kron）和苏珊·斯莱辛（Susan Slesin）1978年出版的《高科技》一书。这种风格的特点是把科技中的技术结构成分提炼出来，追求工业材料和加工技术的运用，用夸张的手法形成一种视觉冲击效果。最经典的高技派作品应该是巴黎标志性建筑——蓬皮杜文化中心，它由英国建筑师理查德·罗杰斯（Richard Rogers）和意大利建筑师伦佐·皮阿诺（Renzo Piano）设计，整个建筑使用一种被称为"MERO"的金属结构形式作为建筑的构造，金属管构架之间的距离达到13米，形成了一个跨度宽达48米的没有支柱的巨大室内空间，为各种展览和演出提供了一个理想的场所。电梯被玻璃围合，悬于建筑的外侧，所有的管道暴露在外，并且涂以鲜艳的色彩。除建筑外，高技派风格在产品设计尤其是家具设计上也表现突出，例如英国建筑师诺尔曼·弗斯特设计的高技派风格的办公家具系列。

作为一种哲学概念的解构主义，法国哲学家德里达早于1967年就在《论书写学》、《书写与差异》和《言语与现象》三部著作中系统地提出并加以论证过了。而解构主义作为一种设计风格的形成则是在80年代以后。

美国建筑师弗兰克·盖里（Frank Gehry）是世界公认的杰出的解构主义大师。他17岁从加拿大多伦多随家人移居到洛杉矶，获南加州大学建筑学学士、哈佛大学城市规划硕士，1962年成立了自己的建筑事务所，开始把解构主义哲学观融入到自己的建筑设计中去。其作品引起世界设计界广泛的兴趣，成为评论界评论的中心，并于1989年获得建筑界最高大奖——普里兹克奖，1992年获得日本的建筑帝国大奖。

盖里的设计采用了解构的方式，把传统的完整建筑解构，再重新组合形成新的空间和形态，因此他的作品总有一种支离破碎的感觉，但这并不意味着随心所欲，建筑仍然有着理性的结构和清醒的空间。他于1988年设计了位于洛杉矶的迪斯尼音乐中心。

除了以上介绍的几种后现代设计流派外，还有新现代主义、微电子风格、减少主义、地方主义等纷繁多样的后现代设计探讨，它们从不同侧面促进了后现代艺术设计的发展，本身就体现了后现代文化的多元化特征。

（二）青蛙设计——当代后现代艺术设计的代表

作为现代设计发源地的德国，其工业设计在战前就有坚实的基础，战后德国艺术工业联盟促进艺术与工业结合的理想以及包豪斯的机器美学仍然影响着工业设计。随着经济的复兴，联邦德国成了世界上先进的工业化国家之一，并且发展了一种以强调技术表现为特征的工业设计风格。1955年成立的乌尔姆高等造型学校，进一步加强和确立了以系统论和逻辑优先论为基础的理性设计，形成了反映德国发达的技术文化的现代工业设计。

但是后现代设计思潮仍然冲击到了现代设计思想的根据地，到20世纪70年代中期，德国设计界出现了一些试图跳出功能主义圈子的设计师，他们希望通过更加自由的造型来增加趣味性。被人称为"设计怪杰"的科拉尼（Lugi Coalni）就是这一时期对抗功能主义倾向最有争议的设计师之一。他的设计得到舆论界和公众的认可，但却遭到来自设计机构的激烈批评。由于科拉尼的设计灵感大多来自自然界中的生物，如鸟和水下动物，因此他的设计方案常常具有空气动力学和仿生学的特点，表现了强烈的造型意识。科拉尼用他极富想象力的创作手法设计了大量的运输工具、日常用品和家用电器，其中一部分生产后得到了市场认可和接受。他设计的未来飞机的造型取自于鸟形，形态符合空气动力学原理。

德国的后现代设计对现代主义设计观，并不像"孟菲斯"所代表的激进后现代设计观那样采取一种彻底的决裂和否定的态度，而是在否定继承的基础上，形成了自己具有建设性的后现代设计理念，成功地诠释了信息社会工业设计的概念。青蛙设计公司则是这一设计理念的杰出代表，也是德国信息时代工业设计的杰出代表。

艾斯林格（Hartmut Esslinger）是青蛙设计公司的创始人，先在斯图加特大学学习电子工程，后来在另一所大学专攻工业设计，这样的背景使他能完满地将技术与艺术结合在一起。他于1969年在德国黑森州创立了自己的设计事务所，这便是青蛙设计公司的前身。1982年，艾斯林格为维佳公司设计了一种亮绿色的电视机，命名为青蛙，获得了极大的成功，于是他就把"青蛙"作为自己的设计公司的标志和名称。另外，极为巧合的是青蛙（frog）一词恰好是德意志联邦共和国（Federal Republic of Germany）的缩写，也许这并非偶然，它的成功使德国又一次站到了信息工业时代设计的前沿。青蛙公司的设计既保持了德国传统设计的严谨和简练，又带有后现代主义的新奇、怪诞、艳丽甚至嬉戏般的特色，在设计界独树一帜，很大程度上改变了20世纪末的设计潮流。青蛙公司建设性的后现代设计观有一系列特点。

第一，青蛙设计公司的"形式追随激情"设计哲学，直接挑战其前辈所倡导的"形式遵循功能"的现代设计原则。这一点上，它与孟菲斯的后现

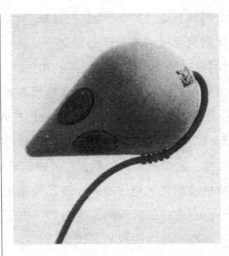

青蛙公司：
卡通鼠标

代设计思想一致。它认为好的设计应建立在消费者的一种复杂的情感基础上，而不仅仅是使用功能的完美体现，但它并不排斥对功能的追求，相反它追求多元的功能观——激情也在其中。因此许多青蛙的设计都有一种欢快、幽默的情调，令人忍俊不已。如青蛙公司为迪斯尼公司开发设计的一款儿童话筒，巧妙地把米老鼠融入产品之中，卡通诙谐、逗人喜爱，让小孩有一种亲切感。

第二，青蛙公司的设计原则跨越技术与美学的局限，以文化、激情和实用性来定义产品。艾斯林格曾说："设计的目的是创造更为人性化的环境，我的目标一直是将主流产品作为艺术来设计。"作为一家在国际设计界极负盛名的大型综合性设计公司，青蛙公司按照自己的后现代设计理念，以其前卫甚至未来派的风格不断创造出新颖、奇特、充满情趣的产品。

第三，青蛙公司的设计也不再像以往那样常常以设计和创造一种新生活方式来试图强加于消费者，它更多的是延续或提升消费者对某种生活方式原有的舒适、美好的感受，这是一种对人性化更深的理解和感悟。

青蛙公司建设性的后现代设计理念，帮助它开拓了全球市场。从1969年至今，青蛙公司设计的产品创造了超过两千亿美元的产值。青蛙美国事务所主要为许多高科技公司提供设计服务，苹果、IBM、戴尔公司都是青蛙公司长期的合作伙伴。它们积极探索"用户友好"的计算机，通过采用简洁的造型、微妙的色彩以及简化的操作系统，取得了极大的成功。1984年青蛙公司为苹果设计的苹果II型计算机刊载在《时代》周刊封面，被称为"年度最佳设计"。从此以后，青蛙公司几乎与美国所有重要的高科技公司都有成功的合作，其设计被广为展览、出版，并成了荣获美国工业设计优秀奖品最多的设计公司之一。

和其他设计公司相比，青蛙公司具有更加丰富的设计经验和技巧，有着建立在对使用者的需求深刻了解基础上的直觉，因而能洞察和预测新的技术、新的社会动向和新的商机。公司的业务遍及世界各地，客户包括AEG、苹果、柯达、索尼、奥林巴斯、AT&T等跨国公司。青蛙公司的设计范围非常广泛，包括家具、交通工具、玩具、家用电器、展览、广告等，但90年代以来该公司最重要的领域是计算机及相关的电子产品，设计的领域也从工业产品设计扩展到数字媒体设计、企业的品牌策略，为客户提供了从产品到品牌的整体无缝设计服务，并取得了极大的成功，特别是青蛙公司的美国事务所成了美国高技术产品领域最有影响的设计机构。

进入信息网络时代以后，根据市场对设计内容和形式的不同要求，青蛙公司的内部和外部结构都作了调整，在保持原先传统的领域方向外，又拓展了新的领域并整合了各领域的资源，以适应新时代的要求变化，保证为客户提供全方位的最佳服务。由于青蛙公司所取得的巨大成就和对社会的极大贡献，艾斯林格1990年荣登《商业》周刊的封面，这是自罗维1947年作为《时代》周刊封面人物以来艺术设计师难得的殊荣。

思考题

1．列举日常生活中更多的设计实例来阐述后现代艺术对当代艺术设计的影响。
2．怎样赏析后现代艺术以及后现代艺术设计？

阅读书目

1．马永建：《后现代主义艺术20讲》，上海社会科学院出版社2006年版。
2．〔美〕斯蒂芬·贝斯特等著，陈刚等译：《后现代转向》，南京大学出版社2002年版。
3．朱铭：《设计家的再觉醒——后现代主义与当代设计》，中国社会出版社1996年版。

第七章
波普设计和孟菲斯

在第五章中我们谈到,德国的贝伦斯在20世纪初期曾经设计了电水壶系列,这种系列的基础是三种模式:圆底的、椭圆底的和六面体的。贝伦斯追求产品外貌的简洁和功能性,从事的是功能主义设计。到了20世纪80年代,美国的格雷夫斯也设计了电水壶,然而这种电水壶的风格和贝伦斯设计的电水壶大异其趣:壶嘴是米老鼠形,壶和茶具的把手是米老鼠的耳朵形。这种产品深受欢迎,格雷夫斯一跃成为著名的产品设计师。他所从事的正是波普设计。

波普是20世纪60年代西方最流行的艺术风格和设计风格,波普设计旨在反对以包豪斯为代表的现代主义设计。波普是英语pop的音译,后者来源于英语单词popular,意思是大众的、流行的、通俗的。波普艺术(pop art)原意指杂志上的广告、电影院门外的招贴以及宣传画等大众艺术或商业艺术。波普艺术作为大众艺术,波普设计作为大众设计,这里的"大众"指工业化文明中大众的生活方式,波普艺术和波普设计是伴随工业化社会而产生的。如果说现代主义的风格是抽象的、工业的、纯净的、严谨的、理性的，那么，波普的风格就是具象的、商业的、艳俗的、诙谐的、荒诞的。

孟菲斯是意大利的一个艺术设计组织，它成为20世纪80年代世界上最著名的前卫设计组织。如果说孟菲斯是激进的后现代主义设计的主要代表，那么，其后形成的、我们在上一章中谈到的青蛙公司则是建设性的后现代主义设计的主要代表。

一 从大众文化到波普设计

20世纪60年代以后，西方社会进入后现代社会。后现代社会又称后工业社会、消费社会、信息社会、跨国资本主义社会或者晚期资本主义社会。这个时期，商品被有计划地人为废弃，服装时尚迅速地变换节奏，高速公路不断增长，科学技术和传播媒介高度发达，文化、工业生产和商品紧密地结合在一起。美国当代著名的西方马克思主义者杰姆逊（Fredric Jameson）指出，后现代社会"文化已经完全大众化了，高雅文化与通俗文化，纯文学与通俗文学的距离正在消失，商品化进入文化，意味着艺术作品正在成为商品"[1]。可以说，后现代主义理论是大众文化的理论形态，而大众文化则是后现代主义理论的现实表现。波普设计和波普艺术是众多的后现代主义艺术和设计中的一种，它们都是大众文化的组成部分。

（一）大众文化

大众文化是后现代时期的主流文化，是信息社会和消费社会的产物。所谓大众文化，指在大众中流行的通俗文化，它是相对于精英文化、高雅文化而言的，精英文化指为少数精英人士所垄断的高级文化。例如，莫扎特的严肃音乐作为艺术家的天才创作，是高雅文化；而流行音乐作为商品化

---

[1]〔美〕杰姆逊：《后现代主义与文化理论》，陕西师范大学出版社1987年版，第162页。

的消费对象,则是大众文化。艺术沙龙或艺术画廊具有肃穆的氛围,是高雅文化;集体观看的娱乐电影产生乐趣,则是大众文化。

以前与精英文化相对应的是民间文化,现在大众文化取代了民间文化的地位。大众文化在西方的形成有一个过程。19世纪后期出现了大众通俗报刊,《世界新闻》取代了《圣经》的大众情趣。接着,出现了畅销小说,主要是侦探小说、惊险小说和爱情小说。《风流情郎》出版的当年,每个打字员人手一册,因为它体现了打字员的黄粱美梦。这时候正是现代主义形成伊始,然而,现代主义抵制了大众文化的幽灵对它的威胁,它自认为是与大众文化和大众娱乐形式相对立的。它没有扰乱沿袭下来的高雅文化的等级类型。现代主义美学经常使用的术语有"节制的"、"婉约的"、"简洁的"、"冷峻的",而大众文化如好莱坞电影、商业电视则被指责为"浮华的"、"矫饰的"、"夸张的"、"极端的"。后者就像英国维多利亚时代那种装饰琳琅满目、奢靡豪华的建筑,与结构朴实的现代主义建筑格格不入。[1]

20世纪,人们把空闲时间更多地花在看电影、浏览杂志和报纸、听爵士乐上。随着现代主义的没落,在后现代主义社会中,商品化和商品崇拜达到史无前例的程度,有媒体和广告,有流行艺术,有好莱坞及其商品化的明星如梦露。在信息社会和消费社会中,世界进入新闻媒体控制的电视和广告的时代。大众文化是和大众传媒携手并进的。大众文化的中心是传媒,而电视首当其冲。随着电视进入千家万户,随着大众传播工具的扩散,图像日益替代文字,对受众进行视觉轰击。大众文化主要是视觉文化,它达到空前的扩张,通过文化工业如电影、电视、录音、录像,进入了日常生活的各个层面,成为消费品的一种。精英文化走出象牙之塔,通过商业手段融合为通俗文化,进入寻常百姓家。现代主义中高雅文化和大众文化的区别被打破了。

法国哲学家利奥塔在《后现代状况》(1979)一书中这样描述大众文化

---

[1] 〔澳〕约翰·多克著,吴松江、张天飞译:《后现代主义与大众文化》,辽宁教育出版社2001年版,第337页。

现象:"人们听着西印度群岛上的流行音乐,看西部电影,午餐吃麦当劳,晚餐则吃本地餐点,在东京却喷着巴黎香水,在香港穿'复古'服装,知识则变成了一项电视竞赛游戏。"[1]大众文化如好莱坞电影、迪斯尼乐园、卡拉OK、广告、时装表演、通俗小说、娱乐报刊、游戏机等,以提供娱乐为目的。用一位后现代主义者的话来说,大众文化"就是尽一切办法让大伙儿高兴"。

西方的大众文化五光十色,令人眼花缭乱。以性和摇滚来展示自己的音乐天赋的美国演员麦当娜、以动人的"头脑简单的傻瓜"的形象在银幕上出现的梦露、在80集电视连续剧《豪门恩怨》中扮演风流女子的英国性感明星考琳丝(Joan Collins)、1974年8月成立于纽约的Blondie乐队、加拿大时尚用品商店碧芭(Biba)、充满诡异和色情的肥皂剧、流行杂志《十七岁》和《红颜》、朋克(Punk)、狂欢派对等都是大众文化现象。

对于现代主义美学来说,悲剧是一种高级形态,悲剧性是真正的艺术的标志。古希腊美学家亚里士多德在《诗学》中指出,悲剧具有净化作用,即舒缓、疏导和宣泄观众过分强烈的情绪,恢复和保持心理平衡,从而产生一种美感。悲剧能够使人精神上得到升华,心灵受到震撼。而肥皂剧缺乏悲剧性,在存在的本质上是灰暗苍白的,主要作用是消遣。肥皂剧随着连载小说的出现而产生。20世纪三四十年代,连载小说出版并由电台播出,随后又被制作成电视连续剧。它最初由肥皂商赞助演播,所以称为肥皂剧。肥皂剧是琐碎的,提供多样的、偏离中心的叙述,没有宏大叙事和崇高场面。肥皂剧中的神秘和悬念永无止境。它没有结局,剧中角色不断制造悬念使故事更加扑朔迷离。白天播放的肥皂剧的主要观众是家庭妇女。它提供一种特别的女性叙述的乐趣,这种乐趣完全适应家庭妇女的生活节奏。可以说,肥皂剧使期待成为一种结局,这种期待的乐趣就像等待电话铃响或婴儿睡觉。

>>>──────

[1] 〔法〕利奥塔:《后现代状况》,第76页。转引自王岳川:《后现代主义文化研究》,北京大学出版社1992年版,第193页。

麦当娜作为"肉体女郎"的形象是泛滥的消费资本主义的集中体现，无数少女崇拜她玩世不恭的行为，喜欢观看她在电影如《寻找苏珊》或者录像和音乐会上魅力四射的表演。朋克的表现方式存在于音乐、艺术设计、图像、时尚各个领域，在艺术和大众媒体中受到瞩目。从20世纪70年代中期以来，朋克女孩开始穿60年代中叶意大利电影里那种极为惹眼的迷你装、松垮的外套、塑料耳环、渔网式的长筒袜、黑色塑料迷你裙，还有滑雪裤。她们把时装变成通俗文化。狂欢派对中，脖子上挂着一只口哨、嘴里衔一个玩偶、身穿胸罩式紧身短衫的女孩，在汗流浃背地跳舞。口哨和玩偶起着象征性的保护作用。[1]

杰姆逊阐述了大众文化的若干特点。[2]第一，缺乏审美深度，满足浅薄的平面感。大众文化不追求普遍和永恒，不叩问人生意义这类终极价值，不思考生活中的重大问题，不对世界的意义作出解释。大众文化无力生产严肃的图像或文本给予人们以意义。它用戏谑代替了严肃，用消费代替了精神探索。它认为权威本身已经瓦解，主张多元开放、多样杂糅和去中心。大众文化通过甜腻的媚俗不给人留下反思的空间。我们只要比较一下古希腊悲剧和肥皂剧就很容易理解这一点。古希腊悲剧追求终极关怀和精神探索，引起人无限的感喟和慨叹；而肥皂剧使人满足于感性刺激和陶醉于浅层次的快感。有人认为18、19世纪是阅读的世纪，而20、21世纪是阻碍阅读的世纪。电影、电视、流行杂志、流行音乐对人们有太大的诱惑力，人们沉不下心去阅读、去思考，而乐于在电视旁消磨时光，听听爵士音乐。狂欢派对在小城镇、新城镇、高速公路和美丽的乡村风景点泛滥，伴随着不断加快然而十分单调的节奏以及悠扬悦耳、轻松愉快的音乐，人们整日整夜地狂欢不已、甚至接连几天狂欢不已，这时候他们追求的只是纵情享乐。

>>>――――――――――――
[1] 参见〔英〕默克罗比著，田晓菲译：《后现代主义与大众文化》，中央编译出版社2001年版，第190、216页。
[2] 参见〔美〕杰姆逊的《后现代主义与文化理论》一书、《现实主义，现代主义和后现代主义》一文（载《比较文学演讲集》，陕西师范大学出版社1987年版）；王岳川：《后现代主义文化研究》，第236―244页。

第二，注重现在，割断历史联系。现代主义怀旧表现为传统和记忆，历史意识是一种深沉的根；后现代主义也表现历史，然而仅仅把历史理解为纯粹的形象和幻影，历史事件转换成了照片、文件、档案，这些材料仅仅记录了早已不存在的事件或时代。后现代一点点地失去了保留过去的可能，我们开始生活在一个不断发展的时代，在这个时代里传统正在不断地消失。后现代人只存在于现时当中，变成了没有根的浮萍般飘来飘去的人。在大众文化中出现了零散的、片断的材料的堆积，出现了偶然拼凑的大杂烩。这说明，大众文化不仅失去了意义的深度，也失去了历史的深度。

第三，主体消失。既然大众文化是去中心、多元化的，应该张扬个性才对，怎么会是主体的消失呢？这里所说的主体的消失，指随着都市化、工业化和大众传媒的迅速崛起，人被"原子化"——像物质结构中的原子一样，大家千篇一律，不分彼此，失去了个性特征。电影、电视、流行杂志、流行音乐等使受众的趣味标准化，大众传媒从外部统一大众的意识，传播固定化的思维模式和情感模式。影视广播强制性地使所有受众欣赏同样的节目，使他们放弃个性选择和反思能力。后现代的多元化是一种离心力，每个人都有权选择自己的生活方式和行为方式，世界成为松散的，以人为中心的视点被打破，世界已不是人与物的世界，而是物与物的世界，剩下的只是纯客观的表现，没有情感和热情。美国波普艺术家沃霍尔（Andy Warhol）说："我想成为机器，我不要成为一个人，我像机器一样作画。"艺术家变成机器时，他的作品达到纯客观的程度。英国波普艺术家爱伦·琼斯（Allen Jones）设计了一张茶几，一个趴在地上的半裸少女雕塑背部顶着一块玻璃板，少女的形象非常逼真。这个形象像大众传媒一样，成为一种仿真手段。这张以人体作为主要支撑部件的家具备受争议。它醒目而又极具色情意味，尽管艺术家本人声称他的作品就像古希腊的人像柱那样，人体仅是建筑的构成因素，但还是反映出消费主义社会中，女性的形象通常是作为商品被占有和消费，并且往往带有色情色彩。我们还可以从另一角度来评价这件作品，那就是主体的消失。杰姆逊虽然没有评论过琼斯的这件作品，然而他注意到，纯客观的艺术观在雕塑上体现为以合成纤维制成的极度真实的人的形象。他认为，如果长期盯着这种可以乱真的假人，我们转过身来就会怀疑周围的人的真实性——这种极度逼真造成了一种令人恐怖的非真实感。这样的人外表依旧，但是历史感和现实感被抽掉了，成为一个空心人。这表明后现代人成为真正意义上的边缘人。

第四，机械复制性。大众文化最根本的主题就是"复制"。德国学者本雅明（Walter Benjamin）在《机械复制时代的艺术品》一文（1936）中对这个问题作过深入的研究。本雅明喜欢在城市里漫步，迷恋咖啡屋文化，迷恋橱窗和橱窗里陈列的商品。他指出，在机械复制的时代，艺术和其他产品一样，开始被大批量地"生产"而不是"创造"出来。艺术成为一种生产，艺术家是生产者，艺术作品是产品，读者和观众是消费者。本雅明认为，大众文化是标准化、程式化、机械复制的产品，这是刻板的、流水线生产方式的必然产物。机械复制的广泛运用，使众多摹本代替了独一无二的艺术精品。比如，一张摄影底片，可以冲印出很多照片，要确定哪一张照片是权威照片已经毫无意义。复制消除了唯一性，一切都在一个平面上，没有深度，没有历史，没有主体。

（二）波普艺术

了解到光怪陆离、波谲云诡的大众文化，我们对波普艺术和波普设计的出现就不会感到诧异。波普艺术最早诞生于英国。1952年，英国一些艺术家、评论家对新兴的大众文化，特别是美国大众文化感兴趣，他们成立了名为"独立团体"的艺术组织。1954年，独立团体成员、评论家劳伦斯·阿洛韦（Lawrence Alloway）首先提出"波普艺术"的术语。1956年，独立团体举办了"这就是明天"的画展。画展中，汉密尔顿（Richard Hamilton）的作品《什么使今日的家庭如此不同，如此有魅力？》引发了许多波普艺术作品的出现，汉密尔顿因此被称为"波普艺术之父"。

这幅拼贴画中，有从药品杂志上剪下来的健壮男子，手上拿着巨大的棒棒糖，上面写着POP三个字母。沙发上坐着傲慢的裸体女郎，乳头上有两块金属片。公寓里充满了大量的消费文化产品：电视、带式录音机、连环图书上的一个放大的封面、一个福特徽章和一个真空吸尘器的广告,电视里出现的是美女镜头,房间一角的红色沙发上放着报纸。透过窗户还可以看到街道上的电影院以及当时走红的明星艾尔·乔尔森的电影《爵士歌手》的海报。这幅画把美国消费文化的内涵淋漓尽致地渲染出来,阐述了波普艺术的精神,成为波普艺术的标志,并奠定了波普艺术的创作方法。

汉密尔顿想表明,大众文化使今日的家庭变得有魅力。他给波普下的定义是:"通俗的(为广大观众设计的)、短暂的(短期方案)、易忘的(可清费的)、低廉的、大量生产的、年轻的(对象是青年)、机智诙谐的、性感的、诡秘狡诈的、有刺激性和冒险性的、大企业式的。"[1] 这则定义面面俱到,并不很严密、确切。要确定某个作品是否属于波普艺术,不是一件容易的事情。

波普艺术首先发生在英国,后来在美国流行,并传播到其他国家。1961年,美国纽约现代美术馆以"集合的艺术"为题举办了展览,促使波普艺术思想登上了国际艺术舞台。1962年,最先提出"波普艺术"术语的英国的阿洛韦担任美国古根汉姆美术馆的展品负责人,他从展品中发现了美国艺术家劳申伯格等人的作品,把它们称为美国的波普,然后又举办了6位美国波普画家的联展,从而刮起一阵波普旋风。1964年威尼斯双年展上,许多国家的展厅展出了波普艺术作品,这表明波普艺术获得官方的认可。波普艺术开始在德国、法国、意大利、奥地利、瑞士等国流行开来。

我们在上一章中谈到以杜尚为代表的达达主义,波普艺术深受达达主义的影响。我们把波普艺术的特点概括为:第一,它展示了工业社会和大众文化的视觉特征,具有消费性、娱乐性、商业性。在这种意义上,它是工业社会和大众文化的伴生形态。在我们见到的汉密尔顿的作品中,电视机、录音机、广告、电影海报等都是大众文化的视觉符号。在波普艺术家的作品中,好莱坞、拉斯维加斯、电影明星、汽车绘画、商业广告片段、厨房用品、甲壳虫乐队、流行画报图像、时装模特、咖啡罐头、啤酒罐头、汉

---

[1] 转引自张承志:《波普设计》,江苏美术出版社2001年版,第7页。

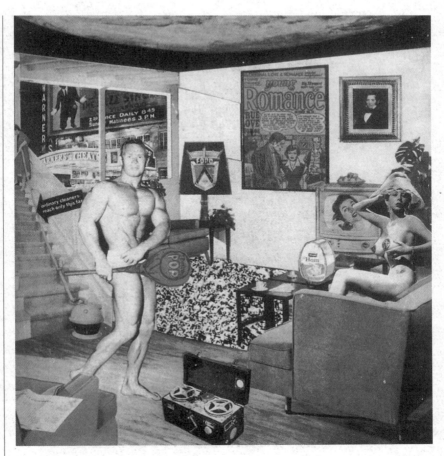

汉密尔顿：
《什么使今日的家庭如此不同，如此有魅力？》
(1956)

堡包、可口可乐、钟表、空调等都是表现的对象。这些对象是为广大观众设计的、可消费的，本来就充斥、弥漫在波普艺术家的周围。

第二，波普艺术往往采用机械复制的手法，这与现代信息传播方式相对应。在这方面波普艺术明显受到本雅明的影响。传统艺术要经过艰苦而长久的劳作，波普艺术则摆脱了费时费力的做法。沃霍尔最具特色的创作风格就是重复，他的《玛丽莲·梦露》（1962）就是体现了这种创作风格的著名作品。沃霍尔从电影杂志上选取了梦露的形象，运用丝网（silkscreen）复印，对她的化妆进行滑稽模仿：以不同的、均匀的花哨色块刻画她的面部的细节。虽然色块区别很大，但是观众马上就能认出变形了的梦露。

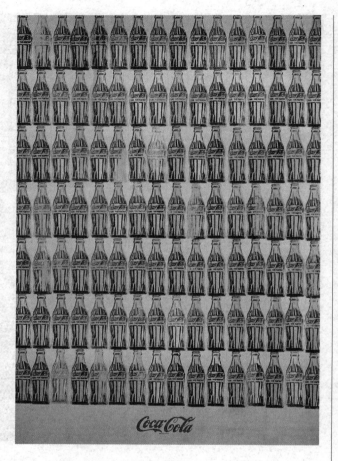

沃霍尔：
《绿色的可口可乐瓶》
(1962)

　　沃霍尔以同样的手法创作了《绿色的可口可乐瓶》(1962)、《200个坎贝尔的汤罐头》(1962)、《80张两美元的钞票》(1962)、《玛丽莲·梦露的嘴唇》(1962)、《花卉》(1970) 等。有些评论家在评价这些作品时指出，它们是具象的，但是形象单一且重复，因而又是抽象的。所以，对于这些作品既可以从具象角度来解读，又可以从抽象角度来解读。沃霍尔是大众文化和流行艺术的标志人物，享有很高的知名度。杰姆逊把沃霍尔的《绿色的可口可乐瓶》、《200个坎贝尔的汤罐头》的巨大广告牌形象解释为"商业崇拜"。沃霍尔成为毕加索以后西方最著名的画家，他的一幅作品在2006年5月拍卖出1050万美元的高价。

第三,波普艺术采用现成材料和物品进行拼贴、并置、集合,表达奇异和荒诞,反对纯粹和崇高。这种特点在汉密尔顿的作品中已经表现出来。拼贴的方式多种多样,可以把照片、印刷品、新闻剪报相拼贴,也可以把独立的绘画、纱巾、玻璃、布料相拼贴,还可以把各种实物相拼贴。有的拼贴能够产生电影蒙太奇的效果,有的还加上音响,或者用干冰机造雾以营造作品的氛围。最为怪诞离奇的是美国波普艺术家劳申伯格(Robert Rauschenberg)在《组字画》(1959)中,把剥了皮的公羊套进一个汽车轮胎里,基座是色块和图片拼贴而成的底盘。

第四,追求纯粹的客观性,使作品达到乱真的地步。美国波普艺术家汉森(Duane Hanson)和安德列亚(John Andrea)在从事雕塑创作时,直接从真人身上翻制模子。汉森的《超市购物者》看上去像真人一样,貌似有血有肉,表现了现实生活中的真实。如果说汉森给真人体的模子穿上了衣服,那么,安德列亚则将这些模子着色,使

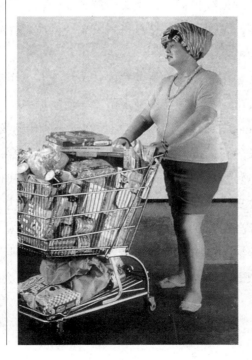

汉森:《超市购物者》(1970)

它们和真人的肤色相似。这些人物雕塑和古典雕塑很不一样，虽然它们比古典雕塑逼真，但是失去了古典雕塑的理想和精神活力。有人评价说："如果说汉森的人物形象看上去仿佛已经死去，那么安德列亚的人物则可以说从来就不曾活过，因为它们非常接近商店橱窗里的人体模特儿。"

波普艺术促进了艺术和大众、艺术和生活的联系，反对国际风格的单调、乏味。但是，波普艺术也有大众文化的局限，例如缺乏审美深度，满足于平面感，缺失主体，导致个性的泯灭等。

（三）波普设计

波普设计与波普艺术关系密切，它直接借用了波普艺术中的元素。事实上，我们上面在波普艺术中谈到的沃霍尔的《绿色的可口可乐瓶》和《200个坎贝尔的汤罐头》就是广告设计。波普设计主要表现在时装设计、家具设计、平面设计、建筑设计等领域，相比之下，波普建筑的成就就要大得多。从国别上说，英国的波普设计引领风气之先。英国的设计师主要是刚从艺术校毕业的年轻人，对传统包括现代主义传统较少依赖，他们要设计具有鲜明时代特色的产品。其创作源泉是自己国家繁荣的波普文化和波普艺术。

波普时装采用艳俗的色彩和图案，显得新奇特殊，价格便宜，主要面向青少年，有较为广泛的大众市场，不再仅仅为少数富裕阶层服务。英国女设计师玛丽·宽特（Mary Quant）设计的迷你裙，是她在这个时代的发明。短短的迷你裙显露出女性修长的腿，进一步展示了女性的体态美。穿迷你裙的女性站姿亭亭玉立，步态轻盈妩媚。迷你裙成为20世纪60年代伦敦年轻风暴的代表，并成为解放身体束缚的最时髦的表现。它在英国这个传统、保守的国家里引发了一场着装革命，到了60年代末期，就连英国女王的裙子也变短了。[1] 英国在服装上的出口远胜过造船业和飞机制造业。但是以往英国出口的主要是传统服装，而迷你裙则使英国现代时装异军突起。

---

[1]〔英〕凯瑟琳·麦克德莫特著，藏迎春等译：《20世纪设计》，中国青年出版社2002年版，第24页。

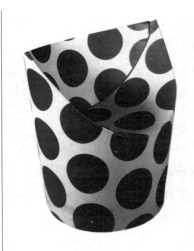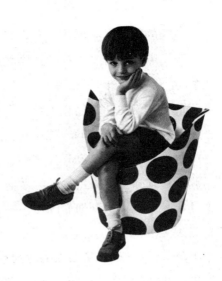

彼得·默多克：《斑点纸椅》(1963)

波普家具造型奇特，价格低廉，带有诙谐、游戏色彩。典型的有英国设计师设计的纸椅子、吹塑椅子、拼接家具等。纸椅子的材料实际上是纤维板，只是用造纸技术制作，看上去非常像纸制品。这些家具满足了青少年玩世不恭的心理状态，它们出现的势头强劲，然而消失得也迅疾。

波普平面设计涉及海报、广告、包装、唱片封套等。英国广告业发达，萨奇公司是世界上最大的广告公司。包装外观也是英国的专长，英国艺术设计师对包装这种"第二"领域的涉足比对产品设计这种"第一"领域的涉足要深得多。他们可能不设计产品，但他们肯定设计瓶子或纸箱。英国的唱片业也注重外观形象的设计。英国波普平面设计借鉴了我们在第二章中提到的新艺术运动代表人物比亚兹莱的插图风格。美国的平面设计也模仿了比亚兹莱的风格，采用复杂的波浪花纹和字母，刺激人的头脑并换起灵感。

波普建筑最充分地体现了波普设计的特点，这些特点恰恰与现代主义设计相对立。[1]

首先，波普建筑采用活泼具象的、生动象形的语汇和手法，有别于现代

---

[1] 参见李姝：《波普建筑》，天津大学出版社2004年版，第30—132页。

主义设计枯燥的抽象和冷漠的规范。如果把艺术分为再现艺术和表现艺术的话，绘画、雕塑、电影、戏剧是再现艺术，它们的艺术形象再现生活形象；而建筑、音乐、舞蹈是表现艺术，它们的艺术形象不再现生活形象，而表现主观世界。当然，它们在表现主观世界时，也反映客观世界。建筑的情感性就是对时代和社会的一种反映。不过，传统的建筑不再现现实中的现象。19世纪法国建筑师勒丘把畜棚设计成母牛的形状，被当成一个大笑话。而波普建筑师重新采用勒丘的做法，反对现代主义建筑抽象的几何形式，把具象、象形纳入到他们的建筑中。泰国建筑师赛斯梅特·朱姆赛设计的机器人大厦（1986）是亚洲银行总行，坐落在曼谷新商业区。它的外貌是一个半具象的机器人，机器人的眼部是位于大厦上端的两只直径达6米的圆形开口，窗户作为眼眉，表现出灵动的表情。大厦外墙装饰性地安装着一些构件，象征机器人身上螺母、螺栓等机械形象。这座建筑以机器人的形象展示了高科技和工业文明的成就，表现人和智能机器的和谐共处，成为曼谷商业区的独特标志。

文丘里指出，艺术家通过改变日常生活用品的背景，扩大它们的规模，从而赋予它们以不同寻常的、丰富的含义。这实际上是艺术创作中的陌生化手法。我们熟悉的事物和对象，忽然出现在不同的语境中，我们对它们就会感到陌生，从而专注于对它们的欣赏，并且获得新的体会。美国波普艺术家奥登堡（Claes Oldenburg）和他的妻子为明尼苏达州一座雕塑公园设计的雕塑《汤匙桥和樱桃》，就是极其扩大了普通物品的比例、改变材质制作而成的。他也采用同样的方法制作了另一个著名的雕塑《衣服夹子》。

其次，波普建筑采用商业文化元素，具有艳俗的色彩。如果说现代主义建筑学习工业建筑，具有纯净的色彩，那么，波普建筑就从商业建筑中得到启示。文丘里等人的《向拉斯维加斯学习》，就是要学习拉斯维加斯这座赌城的商业文化，把商业文化中炫目的霓虹灯、缤纷的广告、世俗的环境转化成建筑语言。美国坎纳事务所1997年在洛杉矶设计的一家汉堡包快餐馆采用了公司的标准色——红、黄、白进行装饰设计，色彩明快，立面鲜明，充盈着欢娱的氛围，具有浓厚的商业气息。

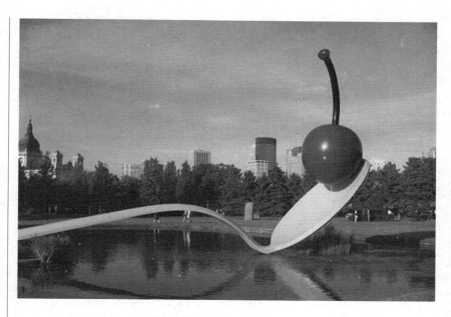

奥登堡和妻子:《汤匙桥和樱桃》(1988)

再次,波普建筑是诙谐的、荒诞的。现代主义建筑是理性的、严肃的、完善的,而波普建筑允许不完善、变形和肢解,出现了怪诞、畸趣、颓败等审美倾向。建筑可以是未完成的,廊柱不完整,有的柱子断裂,墙体开裂、扭曲,广场下沉,有断垣残壁,仿佛是遭遇地震后建筑物损坏、坍塌一样。波普设计师设计的一所学校的庭院中,面向庭院的电梯间墙体瓦解、滑落,巨大的碎石滚向庭院。有的波普建筑故意不对称、不平衡,有戏谑的意味,充满趣味性和神秘性,造成一种缺陷美、残破美。

像波普艺术一样,波普建筑和波普设计也采用拼贴的手法。格雷夫斯以这种手法设计了一个梳妆台,把不同风格的元素和部件叠合在一起,通过兼容产生丰富的含义,强调矛盾和多元共存,从而有别于规范的、纯粹的现代主义设计。

波普设计和现代主义设计分别适应了不同时代的需求,它们在各自的时代都有积极的意义。波普设计改变了现代主义设计的单调和刻板,丰富了设计语汇,满足了人们求新求变的心理。然而,波普设计的出现并不是完全替代、抛弃了现代主义设计。正如一位西方学者所说,波普设计旨在"探究比现代主义先驱者们所倡导的更具有涵盖力的途径"。

二 孟菲斯和意大利艺术设计

自20世纪60年代起,意大利艺术设计在国际上异军突起。不同于美国商业化的艺术设计,不同于德国理性主义的艺术设计,也不同于北欧国家追求传统的艺术设计,它激情迸发、想象奇特。在众多的意大利艺术设计组织中,孟菲斯的声名最为显赫,它对国际艺术设计界造成了极大的冲击和震撼。意大利艺术设计也受到波普设计的影响。

(一)孟菲斯

孟菲斯(Memphis)于1980年至1981年之交由索托萨斯(Ettore Sottsass, 1917—2007)创办。它的名称是两组联想的共生体。一组是古代的、圣经的、魔法的联想,因为孟菲斯是古埃及祭司的首都;另一组是现代的、大众文化的联想,因为孟菲斯又是美国南部田纳西州的一座城市的名字,该市以摇滚乐著称,是现代摇滚乐之王"猫王"普里斯利的故乡。

索托萨斯作为意大利著名的艺术设计师、存在主义艺术文化理论家和哲学家,是国际公认的后现代艺术设计前卫人物的杰出代表。他出生于奥地利一个建筑师家庭,1939年毕业于都灵综合技术学院建筑系,1946年移居米兰。他的妻子是一位狂热崇拜和平主义和存在主义自由的作家。1959年,索托萨斯为意大利奥利维蒂公司设计的电子计算机获意大利艺术设计最高奖——金圆规奖。他既是坚定的功能主义者和严格的理性主义者,同时又是反理性主义者、直觉主义者,甚至是非理性主义者。他曾去美国访问,美国之行对他的设计思想产生重大影响,美国大众文化野蛮的生命力使他惊愕不已。60年代,他成为美国大众文化在意大利最权威的传播者。同时,他又赋予美国大众文化以神秘的、魔法的、原始的、神话的内容,这种内容

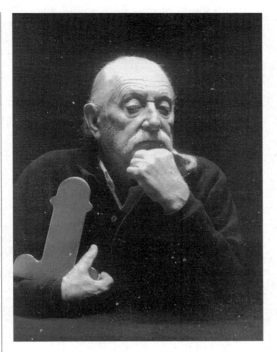
索托萨斯

是他多次去印度和中东旅行时吸取的。例如，他设计的陶瓷花瓶，外形模仿印度支提窟柱子，饰以特有的黑白花纹，充满印度神秘主义色彩。索托萨斯把这种东西方文化的交融纳入欧洲存在主义哲学的背景中。自60年代中期起，他身边聚集起一批激进的青年艺术设计师。60年代末期，他成为这些青年心目中超凡脱俗的导师。

1969年，索托萨斯为奥利维蒂公司设计了手提打字机，它成为意大利艺术设计风格的标志。打字机轻巧、便宜、技术简单，用鲜红的塑料制成，仿佛是一种玩具（作品被纽约现代艺术博物馆收藏）。它用于轻松自如的工作环境，如画家的画室、诗人的郊外住宅。索托萨斯把这种打字机和青年人时髦的服装、家庭小摆设、连环画等组成同一种风格，形成反设计所追求的视觉符号。所谓反设计（counterdesign，或者antidesign），指一种激进设计，它反对功能主义设计观，追求设计的新颖独特，是对传统设计的挑衅。反设计提倡"形式追随表达"，而不是功能主义所提倡的"形式追随功能"。反设计运动的成员是一些年轻人。反设计运动的发展与1966年在佛罗伦萨成立的激进的建筑师组织"超级工作室"以及阿卡佐蒙（Archizoom）等设计组织关系密切，阿卡佐蒙可以被看做反设计的创立者，它的设计工作的目的就是摧毁物体的偶像特征，反对传统设计中的风尚。反设计深受大众文化的影响，所以，又被称做大众设计。加提（Piero Gatti）和保利尼（Cesare Paolini）设计的一款沙发被认为是反设计的原型。它让使用者随意而坐，提供了许多自由，在产品语言上表达了对"坐"的抗议，在坐姿上可以完全不重形式。同时，它又是时代的典型产品。当时在欧洲的大都会里（如巴黎、米兰、柏林、法兰克福）发生了学生的抗

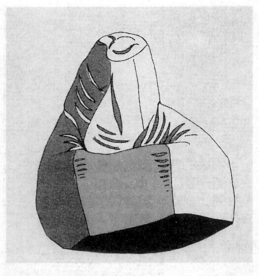

加提、保利尼：沙发（1969）

议运动，运动的重点很快从大学的教育政策转移到衍生的社会问题上来，对过分文明化产生厌恶，追求开放的、无压制的、实验性的生活方式。

索托萨斯和门第尼（Alessandro Mendini，1932— ）、布朗齐（Andrea Branzi，1938— ）并称为意大利激进艺术设计的"三驾马车"。70年代末，他们都参加了米兰前卫的阿基米亚（Alchimia，炼金术工作室）艺术设计组织的活动，阿基米亚因此名声大振。阿基米亚1976年由一位建筑师在米兰创办，它的名称（"炼金术"）就是它的纲领，即试图通过点石成金的手法，使平庸的物品成为真正的艺术。这个组织展出了不考虑生产问题的实验性作品，创作一种非功利的、非使用导向的物品的图像，以诗一般的移情能力表达了创造性幻想。这种意图对新的设计趋势发生了决定性的影响。门第尼指出，正是阿基米亚和它的领导者布朗齐引发了意大利的后现代主义艺术设计和孟菲斯。门第尼从事艺术设计的出版、组织、理论和实践活动。1979年由于积极革新意大利和国际艺术设计文化，他荣获意大利金圆规奖。1981年他出任《多姆斯》（Domus）杂志主编。该杂志创办于1928年，70—80年代以鼓吹激进艺术设计思想而著称。索托萨斯也常在

上面发表文章。为了反对现代主义和功能主义的"优良设计"原则（良好的功能、低廉的价格、简洁的外形等），门第尼采取了一些极端的措施。例如，他用麦秸制成"反使用"的系列产品，把重点从产品转移到制作过程。他把造好的名为"苏拉"的椅子付之一炬，仿佛参效中世纪宗教裁判所焚毁"异教"书籍的做法，对现代设计的"有用产品"处以火刑。

布朗齐于1973年和其他人一起在蒙特菲布列大型化工公司内创办了实验设计局（Centro Design Montefibre，简称CDM），随后该局成为一种新型设计即软环境设计的中心。软环境指色彩、照明、声响、形象、氛围、气味等属性和效果。CDM由于这种实验性的研究活动和设计活动于1979年获金圆规奖。软环境设计成为后工业社会的一种艺术设计，它适应了新的工艺状况。80年代中期，布朗齐以"家庭动物"为题，设计了一系列家具、灯具和花瓶等。1985年他设计的一组小桌子使人想起动物的形象，桌子腿像动物腿一样上下粗细不同，可以明显地看出膝关节和蹄形。布朗齐还主办过很多展览会、讨论会和圆桌会议，曾任《莫多》（*Modo*）杂志主编和国际多姆斯学院院长。《莫多》是新设计运动的喉舌，我们在第一章中已经说过，国际多姆斯学院于20世纪80年代在米兰创办，是培训世界各国艺术设计师的最大的中心。

尽管索托萨斯和阿基米亚的观点相接近，可是他还是退出了这个组织，另外创办了孟菲斯。1980年12月11日夜晚，索托萨斯在自己位于米兰的20平方米的起居室里，和一群不满30岁的年轻设计师聚集在一起，喝着意大利美酒，听着美国摇滚歌手鲍伯·德兰的唱片，试图从摇滚乐中得到设计快感，目标是设计一组全新的家具、灯具、玻璃器皿和陶瓷产品，并由米兰的小型手工企业制造。他们也酝酿建立一个新的艺术设计组织。德兰的演唱中，反复出现Memphis的字眼，索托萨斯说："好了，那就叫Memphis吧。"大家都认为这是再好不过的名字。1981年9月18日，孟菲斯举办了第一次设计展览，参展的有31件家具、3只闹钟、10盏台灯和11件陶瓷。展览带来了全新的设计风貌，显示了与现代主义完全不同的思维方式。展品重视装饰和象征，大胆使用艳丽的色彩，得到参观者的狂热喝彩。孟菲斯

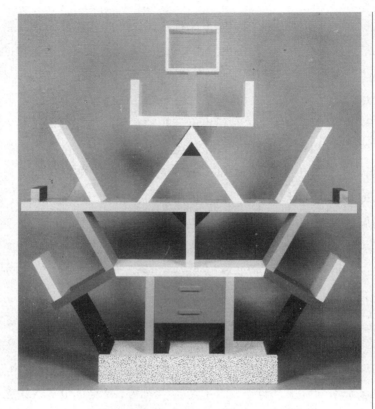

▼ 索托萨斯：
机器人书架
(1981)

的设计师们把艺术设计作品当做真正的艺术品以过高的价格出售，他们获得了成功。

　　展品中包括索托萨斯著名的"机器人书架"。"机器人书架"以比拟的手法设计而成，它由一些积木式的板块组成，三层书架的上方还由一些板块构成一个机器人的形象。尽管机器人身躯的各个部分都可以放置书籍，然而从使用价值的观点看，机器人书架绝不完善，它和人们概念中的书架完全不同。这种书架已不是功能主义产品，而是具有独立存在价值的、类似雕塑的审美对象。它的设计体现了反设计的原则。用索托萨斯的话来说，他以自己的创作表现"生活的隐喻"，赋予形式、造型和装饰风格以象征意义。他在谈到设计的意义时说："设计对我而言……是一种探讨社会的方式。它是一种探讨社会、政治、爱情、食物，甚至设计本身的一种方式。归根到底，它是一种象征社会完美的乌托邦方式。""灯不只是简单的照明，它告诉一个故事，给予一种意义，为喜剧性的生活舞台提供隐喻和式样。"他的这种意图在他对自己作品的一系列命名中也可以看到，如"直立巨石"、"齐古拉特"（古代美索不达米亚的祭祀塔，用砖坯砌成，由梯子和坡道相连）、"浮屠"（印度建筑中佛教的象征性和纪念性建筑物，保存遗宝的场所）、"密宗陶瓷"（密宗是佛教和印度教中的教派）。艺术设计中的历史文脉、诗性叙述因素和文化底蕴，对索特萨斯来说有时候比实际功能更重要。

尽管索托萨斯是激进艺术设计的主要代表，然而他仍然设计了一系列功能主义杰作，并极其认真地对待功能主义问题。这种两重性在他的创作过程中始终存在。80年代，他作为孟菲斯小组和国际孟菲斯流派公认的领袖，不局限于小组内部狭隘的活动，成立了艺术设计事务所，从事严格的工业设计。

可以从不同的角度去解读孟菲斯。有的研究者运用解构主义哲学的观点来分析孟菲斯的设计。[1] 解构主义是现代西方的一个哲学流派，它的创始人是法国哲学家和美学家德里达（Jacques Derrida，1930—2004）。解构主义批判、否定一切现有秩序，对它进行解构。孟菲斯是怎样体现解构主义的观点的呢？

第一，解构现代主义功能观。现代主义功能观强调以功能（物质使用功能）为设计的中心和目的，而不是以形式为设计的出发点，讲究设计的科学性，坚决反对任何装饰，更多地强调科学性而不是艺术性，把设计与艺术有限的联系发展成为更抽象、更理性的形式，并重视设计实施时的科学性、方便性和经济效益性，经久耐用且廉价是其追求目标。而在孟菲斯设计小组的首次作品展览会上，他们用那些夸张的形式、奇特的装饰以及大胆甚至有些放肆的鲜艳色彩，直接解构了功能主义的现代设计观。在这些作品中，物质的使用功能已不再是追求的中心，有些甚至退而成为边缘角色甚至暂时地从设计中消失，个性、非理性、隐喻、象征以及装饰成为主

---

[1] 参见刘子川：《"孟菲斯"的"解构"设计观》，《装饰》2004年第2期。

角,体现出孟菲斯后现代多元功能观。例如米克勒·德·鲁克设计的著名的"第一把椅子",椅子扶手上装了两只金属球,这并没有什么功能,只是一种暗示性的装饰。

第二,解构现代主义产品的语义。现代主义艺术设计追求的目标主要是满足人体工程学中生理和物理的要求,以及产品的实用性。因此,它的产品往往只存在实用功能性语义,而排斥其他语义,使产品过于单调、生硬,缺乏亲和力。而孟菲斯认为产品是一种自觉的信息载体,是某种文化的隐喻或符号,因此,产品的语义应当是多元的。索特萨斯设计的一只柜子就是纪念碑的形状。孟菲斯不仅赋予产品以功能性语义,而且也表达产品的情感性、象征性以及相关联的其他语义,从而体现某一种有特定文化内涵的价值指标。因此,孟菲斯的作品总是竭力表现富有个性的文化含义,或者天真自然、或者矫揉造作、或者滑稽幽默、或者怪诞离奇,使作品的符号语义呈现出独特的个性情趣,并由此派生出关于材料、工艺、色彩、图案等诸多方面的独创性来。有的西方学者说,孟菲斯设计是"一种由不同的文化脉络中截取刺激,将之美化,并转化在物件之中的设计"。

第三,解构现代主义材料观。孟菲斯不仅把材料看做艺术设计的物质保证,而且看做积极交流感情的媒介,看做艺术设计师表现自我的重要元素。孟菲斯对材料本身的肌理、花纹、色彩、浓度、透明度、发光度和反射度等的讲究,赋予材料各种人文内涵。孟菲斯使用材料没有限制:现代的、传统的,人造的、天然的、廉价的、贵重的,无所不用。当时,三聚氰胺塑料胶合板色彩鲜艳、花纹种类繁多,被大量运用在酒吧、舞厅等游乐场所的装饰中,因而被认为是一种很俗气的材料。但是,孟菲斯的艺术设计师们却能赋予它朝气蓬勃、充满活力的品格,用以表达一种乐观的、活泼向上的设计意图,大量用于客厅、卧室和餐厅的家具设计上。他们通过对材料内涵的发掘,使产品富有表现力。

孟菲斯对美国、英国、法国、西班牙、德国、日本的艺术设计都产生了巨大的影响。法国的斯塔克(philippe Starck,1949—)就深受孟菲斯的影响。斯塔克是20世纪八九十年代西方设计文化苍穹中一颗耀眼的明星，是法国少数几个达到世界知名度的艺术设计师之一。他的才能和技艺得到国际艺术设计界的高度评价，门第尼称他为"法国艺术设计的救世主"。斯塔克出生于巴黎，接受过室内装潢设计教育，1979年在巴黎开办了以自己的名字命名的艺术设计公司。他设计的领域很广，从牙刷到城市规划都涉猎过，并获得了成功。70年代，他以室内装潢设计闻名，装修过巴黎的一些夜总会。1982年，他为密特朗总统在爱丽舍宫中的官邸进行设备和家具更新。80年代中到90年代初，他为东京、马德里和纽约的一些著名宾馆作了室内装潢设计。他的设计形成了大都会聚会地点的标准风格。

除了为法国、意大利、西班牙、瑞士、日本的公司设计家具和灯具（与室内装修直接配套）外，斯塔克还设计了牙刷、小船、矿泉水瓶、通心粉制品外形、餐具、路灯、门把手、水晶花瓶以及1992年冬季奥运会火炬。作为艺术设计师，他获得罕见的知名度。他不仅成为专业刊物研究的对象，而且是大众新闻人物。他架着墨镜、戴着皮手套、穿着牛仔服的形象，俨然是一个摇滚音乐家或剽悍的摩托赛车手。他的作品往往显得奇异甚至怪诞，有些就命名为"奇异"或"怪诞"。他设计的一种椅子叫做"古怪博士"（Dr. Sonderbar）。他的一些作品结构棱角分明、粗犷苍劲，另一些作品则使人产生混沌的古生物学联想，例如椅子的腿使人想起猛犸的獠牙，灯使人想起化石鱼的骨骼，而物品的用途初看起来不大清楚。他设计的一款折叠式桌子，就像一件独立的雕塑作品。

孟菲斯的积极意义在于，它打破了现代主义设计观给艺术设计领域带来的沉闷气氛，具有反经典设计的实验性特征，丰富了艺术设计的思路和语汇，产生了一系列不同寻常的艺术设计作品。这些作品充满激进和反叛，不可避免地与现代主义艺术设计观相冲突，引起正面交锋。它最重要的价值是自它开始，功能主义以外的艺术设计观点能够很快地得到贯彻，艺术设计中两种观点誓不两立的时代过去了。孟菲斯的离经叛道成为媒体报道的热点，从而使艺术设计引起人们广泛的关注，成为人们生活和文化的一部分，成为普通大众、艺术家和哲学家讨论的话题。孟菲斯的局限性在于，由于设计思想过于激进，它的很多作品只能供收藏，而不具备实用性。这样的艺术设计就缺乏生存的基础，1988年最后一次精品展后，它就逐渐走向衰落。尽管如此，孟菲斯所倡导的后现代设计观念和美学原则深刻地影响着当代国际艺术设计界，它引发了从激进的后现代设计向建设性的后现代设计的过渡。一位西方学者指出："隔了一段时间之后，我们在80年代底更清楚地见到，主要是由于索特萨斯及他挥洒、游戏般地推动的阿基米亚和孟菲斯的行动，才为活泼的、但后来变得严肃的设计'戏码'，插入了一个具有轻松、平静的效果，而且也让其他的主要演员放松的插曲。"

（二）意大利艺术设计

意大利的艺术设计的发展与它的经济特点有关。它的北方高度工业化，而南方则以农业为主。大城市拥有生产汽车、机械、家用和办公器具的大型企业（如菲亚特、奥利维蒂），此外，以生产玻璃、陶瓷、灯具、家具等产品而闻名的中小企业分布极广。意大利艺术设计师协会1956年成立。60年代，它开始打破北欧的艺术设计优势。1972年，纽约现代艺术博物馆举办了极为轰动的意大利艺术设计展，意大利设计获得了全世界的赞赏和肯定。展品中包括索特萨斯的纪念碑式的柜子和卡斯提琉尼兄弟的拖拉机坐椅。

意大利艺术设计具有国际性的特点。我们在第一章中谈到德国乌尔姆高等造型学校校长马尔多纳多，他从20世纪50年代就定居意大利，60年代加入意大利国籍。他促成了乌尔姆学校和米兰艺术设计界十分密切的思想交流。乌尔姆的学生加入索特萨斯的设计事务所和奥利维蒂公司。索特萨斯和马尔多纳多在乌尔姆也有合作。意大利有一系列知名的艺术设计刊物，如我们在上面已经提到的《多姆斯》和《莫多》。

除了艺术设计师，意大利企业对艺术设计的发展起到重要作用。正如一位西方学者所言："意大利设计并非总是靠艺术设计师的身份而定义的。它的品质也是靠意大利的企业家不排拒新的想法、路子及不怕走错路的决心。"奥利维蒂公司（Olivetti）就是突出的例子。它由工程师C. 奥利维蒂于1908年创建，是20世纪世界上艺术设计的典范企业之一。70年代它制作了所谓红皮书，即设计手册。这套设计手册描述了企业对内对外的所有图像元素。这种造型原则适应于企业的信纸、名片、目录、说明书、包装、交通工具上的图文等。奥利维蒂不是采用少量设计元素，而是挑选各种各样的元素，发展成新的整体。

我们在上面主要谈了意大利激进的艺术设计，这种设计越来越脱离产品的实用目的。除了这股潮流外，意大利艺术设计还存在另一股潮流，意大利学者把它称为"美的设计"（bel design）。所谓美的设计，指简单而形式规矩的、明智的工业设计。我们看一下意大利美的设计的经典作品。[1]第4号是皮瑞提（Giancarlo Piretti）1967年设计的折叠椅，以压铸法制造，通过绝妙而简单的旋转关节可以把

意大利"美的设计"经典作品

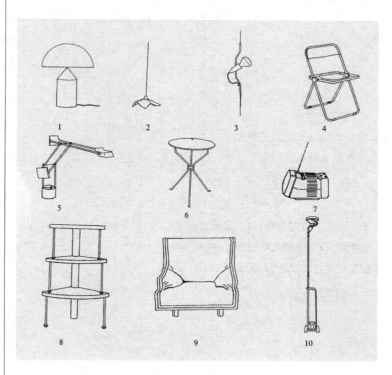

---

[1] 转引自〔德〕B.E.布尔德克著，胡佑宗译：《工业设计》，台湾亚太图书出版社2001年版，第96—97页。

椅子折叠，使用的树脂玻璃产生了一定的透明度，使椅子显得轻巧灵便。第5号是萨伯1972年设计的台灯，能够轻易地进行调整，灯臂可以在360度范围内水平旋转，圆形的灯座里巧妙地安装了变压器，同时对灯具起到稳定作用。这种台灯能够为不同的距离和不同的空间提供合适的光线，仅1986年就在美国销售了15000台。第6号是卡斯提琉尼（Achille Castiglioni）1979年设计的折叠桌，也是表现了灵巧性的成功例证。它的桌面和两个支架可以折叠成一个平面，桌面上有一个小孔，可以把桌子挂在墙上。第7号是扎努索和萨伯1962年设计的便携式电视机，电视机屏幕的前端微微上抬，与机体形成一个角度，用设计师的话来说，它"像一只狗"，从而使冷漠的电视机产生富有趣味的视觉效果。

我们用一位西方学者的话来结束本章的内容："当后现代将整体瓦解的时候，不是认为有权把它弄得一团混乱，而是提供更多的差异化。这才是真正的后现代。"

思考题

1．分析波普设计和大众文化的关系。
2．孟菲斯设计有什么特点和意义？

阅读书目

1．王岳川：《后现代主义文化研究》，北京大学出版社1992年版。
2．李姝：《波普建筑》，天津大学出版社2004年版。
3．梁梅：《意大利设计》，四川人民出版社2000年版。

第八章
非物质社会的设计

　　观看英国特技演员怀恩在007系列电影中从700英尺高空跳下的惊险场面，我们不禁叹服他的高难度演技。然而，在虚拟技术出现后，怀恩有种无可奈何花落去的感慨，他说："现在电脑可以完成任何特技，即使像从楼梯上滚下来这样简单的动作也不需要我们了。不出10年，特技演员将彻底消亡。"以前，表现人物从150英尺的高空跃入水中的壮观场面，需要1.5万到2万英镑，而现在只需要不到两千英镑——特技演员只要从50英尺的高度跳下，剩下的都可以由电脑完成。在美国大片《阿甘正传》中，由于叙事的需要，虚构的人物阿甘在白宫办公室和20世纪60年代的美国总统肯尼迪亲切交谈，并和20世纪70年代的美国总统尼克松握手。这些事件在历史上没有真实发生过，这些镜头不是物质现实的复原，而是虚拟的现实。但是，虚拟的现实反映了那段历史，给观众以真实的感受。

　　以微电子、通讯技术为代表的数字信息技术的普及和应用正把人们从物质社会引入非物质社会。"所谓非物质社会，就是人们常说的数字化社会、信息社会或服务型社会。"[1]工业社会的物质文明向信息社会的非物质文明的转变,在一定程度上将导致设计从有形的设计向无形的设计、从物的设计向非物的设计、从产品的设计向服务的设计、从实物产品设计向虚拟产品设计的转变。在这种新情况下,传统的设计观念、设计方法、设计教育体系等不可避免地受到巨大的冲击和挑战,设计的每个环节乃至设计的全过程均需要进行全方位调整。

一 从物质社会到非物质社会

人类社会的发展经历了漫长的物质文明的积累过程。在千百年的造物实践活动中,人们积累了丰富的造物经验,并能熟练、灵活地运用形式语言,创造出了诸如金字塔、万里长城、卢浮宫等伟大的物质文明成果。而工业化社会可以说是一个物质产品极度丰富的物质文明社会,各种各样以批量化方式生产的产品大量地充斥于我们生活的每一个角落。在物质文明发展的同时,一场深刻的技术变革正在悄然进行。以微电子、通讯技术为代表的数字信息技术的普及和应用正把人们从物质社会引入非物质社会。

非物质是相对物质而言。众所周知,在人们意识之外独立存在的客观实在,又为人的意识所反映的就是物质。客观实在性使物质具有不以人的意志而改变的自身属性。因此,以物质产品的生产、消耗为基础构建的物质社会,其发展是以"物质欲望"和"消费主义"为设计的社会经济推动力,同时也带来了高投入、高消费、过度攫取和占有的不良倾向。

非物质(immaterial)的英文原意是 not material。"非物质"概念的提出源于英国历史学家汤因比的论述:"人类将无生命和未加工的物质转化成工具,并给予它们以未加工的物质从未有过的功能和样式,功能和样式是

---

[1]〔法〕马可·第亚尼著,滕守尧译:《非物质社会——后工业世界的设计、文化与技术》,四川人民出版社1998年版,第2页。

非物质性的，正是通过物质，它们才被制造成非物质性的。"[1]这里提出的"非物质"概念并不是要否定物质，而是基于物质的。非物质是建立在高度的物质文明基础之上的，但又脱离了物质的层面，每一件非物质产品背后都隐藏着强大的物质化的技术支持。

非物质社会是一个提供服务和非物质产品的社会,是物理现实和社会现实充分信息化的社会，是一种基于计算机和网络系统的、以知识为中心的社会。计算机、网络技术的迅猛发展引发了这场非物质化的浪潮，并潜移默化地影响人的行为和生活方式。与原始社会和工业社会的产品、包括原材料的价值和体力劳动的价值不同，非物质社会的经济价值和社会价值，主要以先进知识在消费产品和新型服务中体现的比例来衡量。在这个社会中，知识、信息和服务等无形的产品将在社会经济发展中占有越来越大的比重，人们将直接享用产品所提供的服务，而忽略产品自身的物质化存在。人们将花费更多的时间去管理和享用信息，而不是像物质社会那样管理和占有物品。

二 非物质社会对设计的影响

非物质社会对设计产生了强烈的冲击，从而，非物质社会的设计表现出一系列特征。

（一）非物质社会对设计的冲击

非物质社会对设计的冲击表现为设计内容的数字艺术化,设计形式的虚拟化、设计过程的无纸化以及设计服务的个人化。

1. 设计内容的数字艺术化

在非物质社会，设计的形式、实质和内容都有所改变。设计的重心已经

---

[1]〔法〕马可·第亚尼著，滕守尧译:《非物质社会——后工业世界的设计、文化与技术》，四川人民出版社1998年版，第6页。

不再是某种有形的物质产品，而是逐渐地脱离了物质层面向纯精神的东西靠拢。设计从静态的、理性的、单一的、物质的创造向动态的、感性的、复合的、非物质的创造转变。传统意义上的设计，一般的理解是指一种周密的设想、计划和计算，目的是让人们获得一种自身需要的、固定的、有形的和美好的产品，产品达到的目的是可以被提前预测和构想出来的。而非物质社会的设计却越来越"追求一种无目的性的，不可预料的和无法准确预测的抒情价值"，设计创作越来越需要一种艺术化的诗意价值。"设计正努力向艺术靠拢，正在创造一种不确定的、时时变化的东西。"设计师此时就像是艺术家，有着足够的能力来操纵设计这种与艺术在性质上完全一致的事业。这就是非物质社会对设计的最大改变。它使设计的非艺术成分不断降低，使设计师的设计行为在本质上与艺术行为相等同。非物质社会的设计，诸如网络艺术设计、智能化界面设计、氛围设计、互动媒体设计、信息娱乐服务以及数字艺术的设计，均是着重于调动消费者的感觉系统并企图在人与非物的互动中实现设计的功能，其结果具有不确定性。它突破了传统艺术设计表达方式的限制，创造出新的设计形式以满足人类在信息社会生活与工作中的新需要。

在非物质社会，人与世界的关系正逐步受到由数字化处理的信息控制，声音、图像、思想和行动，全部都可以加以数字化，随时可以储存、复制和再造，特别是知识已逐渐转化为成批量的资讯信息。电子图书把原来的印刷为主的纸张媒介用人们看不见的"比特"所取代。数字化的知识使人们可以用极低廉的成本获得尽可能无限多的内容，知识的价值得到更广泛的承认与应用。数字电视、数字光盘等信息载体的数字化革命，使信息可以以简单的方式传播、以更大的容量存取、以更个人化的方式与接受者交流。

产品本身不再是摆在我们面前、任我们解释的一种东西。我们与产品之间已经从一种非对称的关系转变为一种对称的关系。人—机之间的关系正演变为个人化的双向交流，知识信息与人类行为的互动将使人类有选择地获取真正需要的信息；网络的普及使信息突破国家、地域、文化以及时空

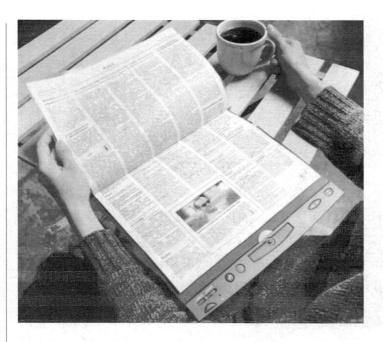

电子报纸

的界限,得以在全球范围内广泛传播。通过各种新的数字媒体,知识成为可操作和运用的资料,在知识的构成体系内部,任何不能转化为数字的事物也将面临淘汰,由此新时代的设计师必须具备将设计所包含的信息转化为数字化语言的能力。

当今众多的朝阳设计产业在这场数字化的浪潮中孕育而生,并以迅猛的速度蓬勃发展。"以数字娱乐、动画和游戏产业为例:全球现有150亿美元的电子游戏市场(并仍在持续快速增长);美国娱乐界中第一大行业是数字娱乐业;2000年全球数字娱乐业的规模和产值已经超过了电影;日本经济的五分之一由数字娱乐及动、漫画产业所创造;韩国数字娱乐业近几年增长率高达40%,成为最具赢利前景的一个产业;而在我国,游戏也已被列入'863'国家发展规划。国家发改委正制定着十一五规划,以推进我国数字文化产业的发展进程。从国际上看,数字内容产业有着巨大的潜力。2015年前后发达国家将进入休闲娱乐时代,信息技术发展将使数字娱乐超越传统娱乐方式,数字化游戏将是21世纪最重要的娱乐产品,数字娱乐产业推动着体验经

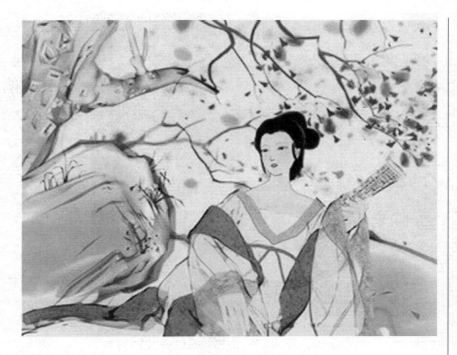

环球数码公司：动画片《夏》

济时代的到来。"[1]

  数字媒体可以将各种类型的艺术作品转化为数据文件，以更方便、快捷的形式进行传播。一方面，人类以往所创造的艺术作品可以通过数字照相、扫描等方式转化为数字文档；另一方面，以计算机技术为依托，借鉴传统作品，艺术家可以进行数字化艺术的再创造。例如环球数码公司创作的三维水墨动画片《夏》，就是用3D技术模仿中国传统水墨画风格的作品。该片进入国际计算机组织下属的图形图像组织（Siggraph）2003年的动画剧场，成为中国大陆首部入选该组织的动画作品。画面风格明显和别的三维动画片不同，荷叶、锦鲤、蜻蜓、池塘、读唐诗的年轻女子构成了一派浓重的中国传统水墨山水画景色。

  综上所述，数字信息将通过取代资本和劳动力成为非物质社会最

---

[1] 鲁晓波：《飞越之线——信息艺术设计的定位与社会功用》，《文艺研究》2005年第10期。

为关键性的资源。产品本身有形的物质特性如造型、材料、加工等将不再是重点，而人机间信息的传达与沟通、产品智能数字化、设计制造虚拟化、"操作"数字化将成为旨归，由此形成非物质社会设计的本质特征。

2. 设计形式的虚拟化

尽管数码产品都有其各不相同的外在形式，但这种形式与其功能之间并没有本质的联系。数码产品只是提供了一个实现其功能的载体，其形式与功能不再是一种表现与被表现的关系，如同我们直接享受了电子信件带来的信息交流的便利，而看不到信息传递功能的服务形式。

更重要的是，虚拟现实技术的发展使设计形式由现实走向了虚拟。虚拟现实（virtual reality）技术又称实时仿真技术，20世纪90年代在全球获得长足进展。作为一种新的人机界面形式，它与用键盘、鼠标等传统人机交互方式不同，是根据人的生理与心理的特点，运用图形学和人机交互技术制造一个三维仿真环境，使人在与计算机沟通时能产生立体视觉、听觉和触觉等反馈。虚拟现实打破了人与机器的对立，为人与计算机的交流寻找到了一种最好的方式。虚拟现实技术

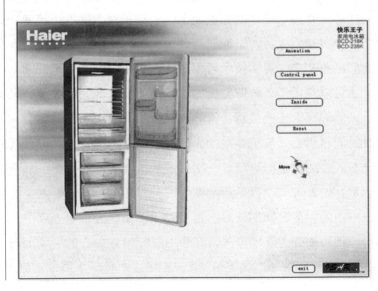

海尔冰箱交互三维展示

应用范围非常广阔，从军事训练、航空航天、远程医疗、建筑设计、展示设计到商业、通讯和娱乐业，几乎任何一个领域都可以借助虚拟现实技术产生本质的变化。比如，在一座楼房还没有盖起来的时候，家庭主妇就可以凭借它"走"进新厨房尝试一下实用的感觉，从而来确定什么样的设计更好；一个新产品，大到飞机、汽车，小到一个玩具，不用开模具试生产出样品，就可以通过这种技术获得先期"使用"效果。

随着网络技术的发展，虚拟购物将成为可能，虚拟办公室、网络书店、电子银行、网上虚拟交易市场也已经或正在成为可能。美国最大的网上邮购企业兰兹恩德（Lands End）是一家在线服装商场。服装是一种需要亲身体验才可购买的商品。兰兹恩德提供了3D模特，浏览者可以按自己的身材定义模特，观看模特的试穿效果，还可以同24小时在线的服装专家进行文字或语音交谈，得到关于品位、时尚和购买的信息。

在我国，虚拟现实技术已逐渐吸引世界目光。通过虚拟设计，人们可以像走进一个真实的大商店那样，"走"进虚拟的网上电脑商店，参观和了解。摆在任何一个角落的商品——英特尔公司的大胆设想已经在浙江实现。1997年，英特尔公司为了展示其最新产品奔腾Ⅱ处理器的性能，与杭州大学工业心理学实验室合作，应用该实验室成熟的实时视觉交互技术，开发了"虚拟故宫Ⅱ"软件，并置于公司的主页面上，引起了巨大反响。接着，英特尔再次求助这个实验室人员，请他们再做一个可以让用户进入任何一个角落参观的虚拟电脑商店。现实技术可以创建一个个虚拟的展示空间。除了虚拟商店，还可以应用于各种博览会的展示，使商家既免除了复杂繁重的布展工作，又能同样地传递信息、推销产品。相对于现场的博览会，则既为那些没有时间和机会到现场参观的人们提供一种仿佛身临其境参观的机会，又能让参展商通过虚拟再现，一次布展多次传达产品信息，从而提高信息的传达量。如2002年9月举行的武汉国际机电博览会上，网上虚拟的武博会与现实中的武博会同期开幕。远在武汉千里之外，端坐家中，只需点击该网站，就可像亲赴现场一样，在华中国际博览中心的广场上自由漫步，从不同的角度欣赏主场馆的建筑造型，在场馆内每一个展位前流连，任意观看各种产品，了解它们的性能和用途，甚至突破实际参观过程中的限制，深入探索展品的内部结构，浏览武博会的即时新闻报道。同时，虚拟武博会运用三维制作展品视图，展品可在网上常年展出。

3．设计过程的无纸化

非物质化浪潮对设计领域最显著的影响莫过于使整个设计的过程非物质化。融文字、数据、声音、图形、图像、动画等视讯信息于一体的多媒体技术，基于数字信息网络的跨国境的设计协同，从视觉、触觉、嗅觉上，多维地模拟虚幻世界的虚拟现实技术（VR），彻底地实现了设计表达和交流过程的无纸化。

传统设计表达的方式是静态的图纸或几何模型。而多媒体技术可以设置产品的模拟装配过程、模拟拆卸过程和模拟运行过程，将三维设计实现动态的可视化，将产品设计横向延伸至制造作业，纵向延伸至产品维护以及市场销售过程，从而增进企业内和企业之间的信息交流，加速对正在进行的设计达成一致认识，以完成真正意义的创新。

20世纪90年代后期以来，企业进行大规模的联合产品开发，靠技术创新取得市场领先地位。进行联合产品开发，异地开展工作的情况增多，通讯和交流的需求因而增加，设计的概念和信息也将面临更多的评判。最近，大量的美国、欧洲、日本的公司建立的设计中心已在网络上广泛开展设计合作，通过计算机联网，使处在日本、意大利、法国、美国的一些设计师围成了一个广域网，在不同的国家中同时讨论与完善设计方案。这种计算机的协同工作把办公室的概念转移到设计人员各自的桌面上，扩展了专业技术人员的服务领域，克服了地域的限制，使跨国境成为非物质化设计的又一鲜明特征。

虚拟现实技术对设计领域而言是一个崭新的数字世界，尽管还不完全成熟，但它从视觉、触觉、嗅觉上三维地模拟虚幻世界的方式，必然对非物质社会的设计产生前所未有的影响。它是一种崭新的人机交互界面，是物理现实的仿真。它是计算机硬件技术、软件技术、传感技术、人工智能及心理学等飞速发展的结晶。通过VR系统，用户可以进入计算机所产生的虚拟世界,三维地与该世界沟通。

　　总之,设计过程的非物质化是以数字化技术为核心,通过多媒体技术、网络技术、虚拟现实技术来实现信息、工具、人员的集成,运用创造性思维,寻求解决问题的方案,并从制约设计的种种因素来研究,从而有效地实现了设计过程中对对象的全面分析和判断。它的发展直接影响了非物质社会的人类设计的实践活动,彻底地改变了设计领域的形象,扩大了它的内涵与外延,使它产生了更广泛的适应性和创造性。新世纪的设计将由此引发一场更深刻、更广泛的革命。

　　4. 设计服务的个人化

　　以机器化大生产为标志的工业时代,是在一个特定的时间和地点以统一的操作化方式生产的经济形态。以电脑为特征的信息时代,则减弱了时间和空间与经济的相关性。在非物质社会的环境中,信息变得极其个人化了,产品与人就如同人与人之间一样熟识,产品对人的了解程度和人与人之间的默契不相上下。这些变化要求设计师面对的设计对象是包含智慧的产品,并应努力以电脑语言的工具和技巧来寻求科学与艺术之间的平衡支点。例如,如今的体育健身用品除了拥有一副机械化的外表和忠诚无二的工作态度外,不会给我们带来更多更有用的相关信息。独自一个人在跑步机上跑步,时间有种无法打发的缓慢呆滞感。出现这样的情况,我们已司空见惯了,因为我们还没有使它们之间建立起可交流的网络,一旦在这些产品中建立起系统网络,并设有擅长语言识别和语言制造的设备,情况就会大不一样了。这也就是我们说的非物质社会设计的特征之一——个人化服务。

　　个人化设计应包含足够的信息分享与沟通联系,它与使用者之间的关系是融洽的、亲密的。同样,以跑步机的设计为例,如果我们希望它不仅仅是一个健身的工具,而且能给我们制订详尽的健身计划,分享我们健身的乐趣,那么产品必须具备与健身俱乐部和健身专家信息系统互相联系的能力,并同时成为人与产品、环境、知识系统等之间的中介。如力健公司推出的数字化娱乐家用跑步机,一改传统的枯燥健身方式,将数字、网络、

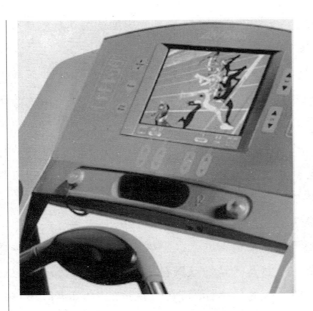

爱力健公司：
数字化娱乐
家用跑步机

游戏、虚拟现实等技术有机地结合起来，革命性地展示和倡导了科学健身新理念。设计者采用VR技术通过荧屏对户外自然景色进行虚拟或实景再现，使室内的健身者感同身受、如临其境。同时，通过网络可受到专家的一对一指导，并可与其他健身者直接进行游戏和竞技比赛。健身者在接受训练的同时，接受专家的科学指导并充分享受各种游戏的乐趣，从而在游戏的氛围中激发健身的热情，久而久之于不经意间养成健身习惯，长久坚持下去，最终达到健身目的。

（二）非物质社会设计的特征

服务化、情感化、互动化和共享化是非物质社会设计的主要特征。

1．服务化

非物质社会的核心是服务。这种服务是超越物质实体所能提供的物质服务以上的服务。正如成功策划了大众甲壳虫汽车的巴里·谢泼德所说："制造商意识到，顾客寻找的不只是产品的功能。他们要买的东西，必须能够体现主人的某个特点。"服务的主要层面正是从精神上调节人的身心，使人们能够切实地享受生活。

在非物质时代，厂商不仅仅提供物质产品，更进一步地，他们提供一种引导、交互、辅助的机会和空间，从而为用户的工作和生活创造新的可能和体验。而顾客也不再是纯粹获取某种物质产品，而是去消费某种服务来满足自己不同的需求，如安全的需求、健康的需求、交流的需求、效率的需求、信息的需求、文化的需求、工具的需求等等。如同电器的概念将不再是摆在某一位置上的某一机器，而是在任何地点、任何时间均可以提供服务的数字化伙伴。盛菜用的盘子提供的服务主要是物质服务——盛菜，而储备了软件或资料的光盘提供的服务就不仅是能够存储软件或资料，更主要的是储备的软件或资料所能提供的服务。美国的微软公司称得上是非物质时代的一个标志，微软生产的Windows系列软件，其物质的"量"可以说是微不足道的，在价格上绝对低廉，但在这个廉价的介质上，提供的是一个虚拟的平台，用户可以在这个平台上从事许多他所感兴趣的事情，构筑他自己的数字世界。这就是微软提供的服务，它以基于物质产品上的非物质内容创造出巨大的需求响应，其服务对象遍及全世界。

2. 情感化

非物质社会的设计追求人类情感的沟通与交流。超大规模集成电路和电脑程序化控制正逐步取代机器内运转的机械构件，技术条件对设计的限制越来越少。微电子元件的使用，使得造型受限于结构的设计大大减少。原先因物质匮乏而产生的简洁风格，也因高消费时代的来临而被"形式追随情感"的设计取代。原有的功能化的设计语言已无法承担这项重任。同时，知识经济时代，微电子化、智能化的信息革命浪潮也要求一种新的设计语言与它适应。

现代设计师要做的就是找到一种能传达情感的设计语言，来表达设计师的思想，并与使用者进行沟通。以这种语言为媒介，使用者能领会设计意图，进而以"动作"、"语言"、"表情"等多种方式来传达自己的感受，从

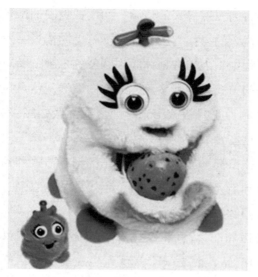

◂"妈咪蛋宝宝"数字机器宠物

而达到情感上更深层次的沟通和交流。换句话说，设计师必须在人体工程学、心理学和人类生理学领域里作周密细致的研究，与使用者建立良性的互动关系，即以数码技术为核心，兼容摄影、录像、视频、声音、装置、互动等综合手段进行设计创作并融入设计情感，从而引起消费者在使用方式和情感上的共鸣。如美国的琴马斯特（Trendmasters）公司推出的廉价机器宠物"妈咪蛋宝宝"（Wuvluvs）系列产品。玩具的尺寸正好让小孩子们可以用两手抱住到处搬运。它安装有光传感器、接触传感器、振动传感器，孩子们抱着它、抚摸它、搬运它时，玩具都可以感知到。蛋平常收藏在袋子中，如果通过不断地进行交流并成为好朋友，那么它就会生出蛋来。蛋内还有它的"孩子"——小"纯真爱情"。人不再是被动地适应产品，而可以与产品进行交流和沟通，从而达到情感上的平衡和协调。

3. 互动化

在非物质社会中，大众媒介、远程通讯、电子技术服务和其他消费信息的普及，标志着这个社会已经从一种"硬件形式"转变为一种"软件形式"，人与世界的关系正逐步转变为各种由数字化处理的信号。产品不再是单方面推向市场，同时，人们将有选择地获取包括真正需要的信息的物质载体。人—机之间以及人与多媒体之间的关系正从传统的单向沟通转变为更民主的双向沟通，并进一步实现互动方式的沟通。

交互化的运用得益于智能化信息技术的发展，这种技术通过系内部的程序设计来响应人的行为、引导人的情绪。如模拟驾驶的游戏机往往设计成驾驶室的样式，通过人的操作驾驶行为，屏幕上的情景会发生相应的变化。在人机互动的过程中，人切身地体验到驾驶的乐趣。随着信息技术的不断进步，人机交互的方式也朝着多元化的方向发展。信息技术的革命把受制于键盘和显示器的计算机解放出来，使之成为我们能够参与、抚摸甚至能够穿戴的对象，这些发展将变革人类的许多行为。除了利用人的手与眼通过遥控杆、键盘、鼠标、显示器进行二维的精确方式的输入输出外，现代的交互手段还有利用人的眼、耳、嘴、手等感知器官通过三维交互技术、语音技术、视线跟踪技术等进行信息的交流。

在现代通讯技术高度发达的社会，许多高技术的智能化产品提供的将不再是具有某种确定功能的产品，而是一个实现人机互动、对话交流的平台。这个平台有可能是实体的，也有可能是虚拟的，但都必须存在吸引人不断对话下去的兴趣点。由于互动的过程中存在着多个客体，这些客体构成了一个由各种潜在的行动意向集合的互动情境。通过互动行为和互动情境定义的改变，人的心理结构和社会文化结构也发生了变化。现代的很多设计提供给人的不再是单一的结果，而是可以根据个体的认知差异，塑造和发展个性化的结局。现代的很多游戏设计就具有这样的特征，它不再提供标准化的结局，而是随着游戏进程的不同而自然展开不同故事。这样的设计符合阅读文本的多义化的特点。曾经风靡全国的网络游戏《传奇》就是提供了一个人与人、人与环境之间自由交流的平台。用户置身于软件所安排的戏剧性的情节之中，在一环扣一环的戏剧情节、背景展示、氛围烘托以及紧张而跌宕起伏的悬念和高潮中获得启迪和感悟。特别是在情景中设置一系列的不确定因素，极大地调动了人们探索新领域的热情和积极性。这种方法使得用户由观赏者转化为扮演者，参与到戏剧情节的发展中，并以自己的作用改变情节的发展。在这个虚拟的《传奇》世界你有可能碰见各种各样的人，采取不同的行为就有可能产生不同的结局。

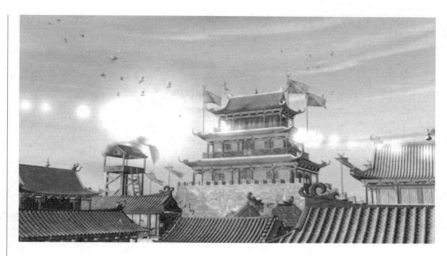

游戏《传奇》中的场景

4. 共享化

非物质化的数字资源可以同时为许多人所拥有,并可一再地重复使用,它不仅不会被消耗掉,而且会在使用的过程中与其他数字资源进行渗透、重组、演进,从而形成新的有用的数字资源,实现自身的增值创新。这是由于数据的占有和使用不具备有限性、唯一性和排他性,相反,各种信息的数据化为信息复制和加工带来了极大的便利。特别是互联网的发展,使得政治、经济、文化、艺术等方方面面的数据库连接起来了,设计师可以方便地从网络中调用各种数据作为自己艺术创作的题材,并再以网络为平台发布和传播作品,从而使艺术创作得以不断生长,形成一个良性的循环机制。

与全球同步发展的网络文化产业正在成为我国新的经济增长点。随着宽带互联网的发展,我国政府为繁荣网络文化事业、发展网络文化产业,正在积极建设全国信息资源共享工程,推动博物馆、图书馆、科研院所等提供高质量的信息。资源"共享化"的价值就在于它产生的这种知识收益递增效应——知识在传播的过程中产生自身的增值效应。

三 非物质社会的设计教育

非物质社会带来新的审美体验,对艺术设计教育提出了新的要求。非物质社会的设计也是实现可持续发展目标的途径之一。

(一) 非物质社会的审美体验

和传统设计相比,正在蓬勃发展的非物质社会设计吸纳了此前许多艺术形式之长,集图、文、影像、声音于一体,强调互动性,所创造的视觉效果具有更强烈的现代感,给人以新鲜、奇妙的艺术体验。所谓体验,是指人亲身的经历、实践、体会、理解、认识、感受等。它既属于行为的范畴,也属于心理活动的范畴。体验的过程既是感觉、知觉的过程,也是注意、思维的过程以及情绪产生和变化的过程。审美体验是指人们通过自己的感觉系统,如触觉、听觉、味觉、温度感、震动感和平衡感等达至的对美的体验。

在数字虚拟实境中,观众是参与者而不是旁观者,奇妙的体验渗透了整个身心。网络具有声、光、音响、文字等多种传输功能,具有主动性、交互性和实时性的特征,又可结合多媒体制作,而且进一步发展可应用虚拟现实技术,把观众带到虚幻的"现实境界",使其"看到"、"听到"甚至"触摸到"商品。例如进入展区内部"实地"观察甚至触摸展品,运用麦克风与现场人员适时交谈,并可通过因特网电子商务系统直接成交等。

对一般人来讲,在自己的卧室里参观虚拟博物馆简直是天方夜谭,但是在使用了VR技术后,参观者可以参观大英博物馆、卢浮宫或纽约市博物馆,而不必真正到达伦敦、巴黎和纽约。又如陈旧枯燥的科普方式总是将人们拒之千里以外,动感电影开拓了科普教育的新纪元。它运用二维或三维图像和模拟运动座椅,可以为观众创造出逼真的科学氛围,大到宏观宇宙,小到微观世界,都可以真实展现。这种与以往传统说教迥然不同的科普方式将人们重新吸引到科学殿堂,并将他们的兴趣长久地维持下去。美国印第安那儿童博物馆、奥兰多科技中心、犹他州耶路撒冷国际剧院、火星博物馆等处都引进了动感影院。

非物质社会的设计不再只是向观众进行单向的输出,而是将主动权交给观众,不同的人产生不同的互动结果,由此解构了传统艺术的认知与审美方式,建构出全新的审美体验。如游戏设计引发的感受是让人始终关注着、体验着空间、物体和声音之间的诸种复杂关系。在《放逐者》这款游戏中,让玩家自己来展开故事,如同他在别的游戏中自行决定采用何种地形一样,玩家可以建构不同的领土,随意选择信息,忽略那些自己不感兴趣的东西,关注那些自己有兴趣的东西。《放逐者》的玩家,在故事线索上的经历没有谁和谁是完全一样的。用这种方式来建构故事,在互动故事的展开过程中,玩家和设计者一样都是故事的作者。

另外,非物质社会的设计还能够使人获得某种超现实的审美体验。这种体验往往难于在现实的社会中获得。利用数字技术可以创造出一个令人感兴趣的魔幻世界,夸张的视觉风格使仿真体验更加戏剧化,更令人愉快。范围、比例、光线、颜色和节奏,对虚拟世界的真实和可信度来说是重要的。逼真的光线、风格化的图像能够使我们沉浸于非物质的世界中进行一次想象和精神的旅程。一款飞行仿真游戏中可以有比现实统计数据更大的风暴,可以让闪电离得更近,更令人害怕。它提供了人们在真实世界中不可能获得的刺激,可以打破现实世界的一切法则来自由翱翔。因此,人在现实社会中无法满足的欲望却可以在非物质社会中得以满足。

(二)非物质社会的设计教育

日新月异的数字技术的发展不断为我们开拓出一个又一个新的设计领域,如网络设计、数字媒体设计、游戏设计、虚拟现实设计等。一批又一批信息交流与互动类的数码产品被开发出来。而这些数字产品的内容均已呈非物质化趋势,这在一定程度上提供了大量信息数据化的工作。大批设计师将要从事将数字信息转化为"形"的工作,如网络浏览器、数码游戏、操作界面、三维动画、多媒体设计等。

就目前世界各国在科技和信息产业上的发展来看，诸多领域对数字内容的设计需求都十分强烈。在国内，电视网、电信网和计算机网正在相互渗透和融合，信息传播手段的大汇流使得数字内容设计匮乏的问题成为信息产业发展的瓶颈。2003年下半年，国务院信息化工作办公室宣布，我国即将出台一项旨在促进信息内容和服务产业的政策。信息内容产业将被视为与软件产业具有同样的重要地位，并在税收、审批等方面享受相应的优惠政策。国家对于信息内容服务业的政策倾斜，标志着国家数字化文化内容产业的推进已经触及到了发展的关键部位。2003年8月，为了实现网络游戏核心技术的国产化，"网络游戏通用引擎研究及示范产品开发"等两个项目被正式纳入国家"863计划"。因此数字内容的设计迫切需要大批既有艺术设计能力、又有信息技术背景的人才。如何培养能够整合数字科技和艺术设计的交叉型的新型设计人才是现代设计教育的新挑战。而数字艺术人才的欠缺和人才培养模式的落后，是制约技术发展、阻碍信息产业进步的重要因素。面向非物质化，设计教育具体应对的策略有：

1. 建立数字化的设计教育平台

随着科学技术的发展，知识增长速度大大加快。过去，人们为了获取某一方面的知识，往往需要在浩如烟海的书籍和资料中花费大量的时间搜寻。而现在，只需要在雅虎、百度这样的搜索引擎中输入关键词，与此相关的上百条信息就会立即呈现出来。在这种情况下，人们将以更快的速度获取、积累和创造新知识。非物质社会的设计教育应搭建数字化的设计教育平台，使学生能够随时获取古今中外的先进科学文化知识，吸收人类社会的文明精华，应用于艺术设计的创作活动中。

具体措施是运用多媒体和网络技术实现资源的多样性、共享性、开放性和学习过程的互动性、生动性。多媒体教学应用现代教育理论和信息技术解决教育教学中存在的问题，是对传统教学的发展和革新。在传统的艺术教学中，教师和教材范本是学生学习活动的重要信息来源，教师是主讲者，学生成了接受灌输的被动群体。多媒体技术进入教学领域后，教师则从主讲者转变为学生学习活动的设计者、合作者和辅导者;教学媒体由作为教师的讲学工具,转变为学生学习的认知工具;学生从接受灌输的被动地位,转变到有机会参与教学、参与操作、发现知识、理解知识、掌握知识的主动地位;教师把以教为主转变为以提高学生能力为主,把教学时间更多地分配给学生从事探索和开展讨论,并帮助他们探讨问题和选择解决问题的策略。

2. 掌握数字化设计语言

非物质社会的设计以先进的科技为载体,创造出与传统设计迥然不同的形式语言,开拓出新的设计领域如互动媒体艺术设计、游戏设计、网络设计等。它们所涉及的领域尽管各不相同,但均是以数字技术为媒介,具有一定的相似性。设计师主要关注的是作为一种对非物质功能与信息之间关系的"形"的设计和表达。如何从信息媒介交流的角度构筑全新的、简洁而优美的信息环境,已成为非物质社会"数字化生活"的关键。

传统艺术设计的语言是个体的,有很强的个性。在人工智能的计算机设计中,是以计算机的基本元素作为设计表达的基础语言。计算机语言都是程式化的、设定好的,设计者随着机器提供的程序进行设计、变化,很容易得到雷同的效果。只要懂得电脑设计,不同的设计师可以创作出同一设计作品来;同一设计师在不同的时间也可创作出相同的作品。这样势必会形成冷漠僵化的模式和机械教条的制作过程。设计师要想创造出有个性的艺术作品,必须利用技术上的不确定性和文化上的多元化实现创作上的弹性。这正如本杰明·维尔(英国当代艺术研究中心新媒体部主任)所说:"艺术作品首先需要提出艺术家的观念,然后再由技术提出最为巧妙和聪明的解决方法,将其完成。艺术作品与每个人的思维方式有关,由观念驱使的创作是艺术性的创作,而如果仅仅通过技术实现的创作就不能称为艺术创作。"观念与技术这两者间的关系是互动发展的,只有在这样的基础上才会出现新的艺术形式和创作出优秀的艺术作品。例如利用三维设计软件可以将现实中的东西模拟得惟妙惟肖,将一些以往通过传统的制作方法无法达到的创意表现出来。设计师可以自由地利

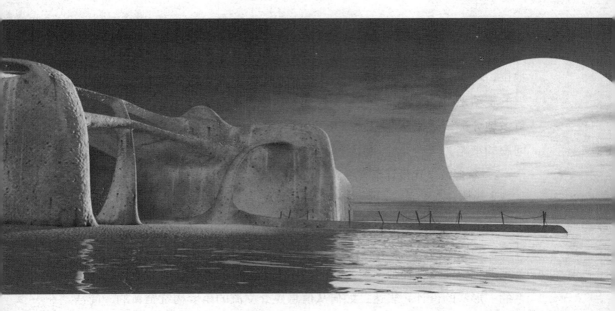

计算机绘画《海边》

用手中的三维造型工具塑造出一个崭新的世界。计算机绘画作品《海边》将海上日落的光影效果表现得淋漓尽致。落日的余晖洒落在巨大的岩石上，海面泛起粼粼的波光，一副多么瑰丽的景色！计算机网络技术的发展给艺术家带来了新的创作可能性，而艺术家们就在这新的数字层面推动着人类艺术的更深发展。

3. 培养设计创新精神

创新是推动一国经济成长的原动力。培养设计创新精神是非物质社会设计教育的核心目标。非物质社会的设计以创新为动力，将各种"文化资源"与最新数字技术相结合，建立了新的生产和消费方式，产生了新的产业群落，培育出新的消费人群，并以高端技术带动传统产业实现数字化更新换代，创造出了惊人的经济社会价值。今天的设计人才只有具备良好的思想、文化和综合素质，具备以创新为中心的宽厚的基础知识和设计工作能力，才能适应激烈的市场竞争。

为培养设计创新精神，设计教育应该按创造性教学原则组织教学、选择教材和安排教学内容、优化教学方法及评价手段。在课程体系和教学内容的改革中，要注意处理好以下关系：以数字艺术创新设计为主要内容的专业主干学位课程与其他课程的比例及衔接关系；各专业知识板块的比例关系，必修与选修的比例关系；应扩大跨专业、跨系甚至跨院开设选修课。专业教学有其自身规律，不能把某一课程的一个环节或一个课题作为一门课来开，以免课程名称的混乱。同时，也要注重个性发展，培养创造型人才，在教学实践中引导学生主动学习、主动发展，最大限度地发挥自己的潜能，大胆突破现有知识和已有经验的限制，认真学习新的数字科技知识，研究用新的数字技术来表达新的观念，并在学习研究中有所领悟、有所发现，力争用新的创作方式表达更深的创作思维。

（三）非物质社会的设计与可持续发展

人类从古到今向大自然索取，究其根源是为了满足自己的需要。生态破坏日益恶劣不能完全归咎于人的需要，即服务的需要，而是人为了满足需要而生产了大量超过所需服务量的物质产品。特别是进入商业社会后，随着营销能力的提高和消费者心理的变化，这个服务过剩量日益增大，如功能的过剩、产品寿命的过剩等，进而超越了生态系统的再生能力。而进入非物质社会，设计用以服务为中心的消费模式取代了以产品为中心的消费模式，从而使单个产品的服务量共享成为可能，产品的使用率得到大幅度的提高，进而减少物质产品的消耗。

可以说，非物质社会的设计是实现可持续发展目标的可行途径之一。非物质社会的设计是以富有创意的新思维和设计创新来实现投资收益的递增和社会的可持续发展。设计的传播和创新所带来的巨大能量可以使传统经济学的"收益递减法则"不再成立。土地、矿产等一般物质资源常带有有限性、唯一性和排他性。你拥有了这片土地，其他人就不能拥有；而知识资源，可以同时为许多人同时拥有，并可一再地重复使用，实现自身的增值创新。在这一点上，非物质社会的设计从脱离物质的更高层面，保证了经济的可持续发展，在不超越生态更新能力的前提下实现经济利益最大化。

思考题

1．分析非物质社会设计的特征。
2．比较非物质社会设计语言与传统艺术设计语言的差异。
3．谈谈非物质社会的设计如何实现可持续发展的战略目标。

阅读书目

1．〔法〕马可·第亚尼著，滕守尧译：《非物质社会——后工业世界的设计、文化与技术》，四川人民出版社1998年版。
2．〔美〕尼葛洛庞帝著，胡泳、范海燕译：《数字化生存》，海南出版社1997年版。

第九章
绿色设计和人性化设计

工业革命一百多年来的巨大成就，给人类带来了空前的物质繁荣和技术发展，然而它带给大自然的破坏和造成的人与环境的生态危机也是空前的：能源紧缺、温室效应、臭氧层破坏、酸雨、空气污染、水污染、噪声污染、稀有动植物资源濒临灭绝、人口爆炸、人与人关系的恶化、毫无节制的消费观念……这一切引起了西方以及整个世界的深刻反思。

1983年11月，联合国成立了世界环境与发展委员会（WECD）。1987年，该委员会把研究长达4年、经过充分论证的报告《我们共同的未来》提交给联合国大会，正式提出了可持续发展的模式。"可持续发展"被定义为"既满足当代人的需要，又不对后人满足其需要的能力构成危害的发展"。人类"应享有以与自然相和谐的方式过健康而富有生产成果的生活的权利"。

1989年5月举行的联合国环境署第15届理事会，通过了《关于可持续发展的声明》，指出："可持续发展意味着维护、合理使用并且提高自然资源基础，意味着在发展计划和政策中纳入对环境的关注和考虑。"

进入新的后工业时代，在整个人类社会高度重视生态环境与人类的可持续发展、高度关注人与自然和谐、科学发展的背景下，艺术设计师也不断调整和修正设计思想和设计目的，关注设计的环境效应和社会道德观念，以顺应不断发展变化的人类的价值观念、消费习惯和生活态度。在这样的大背景下，绿色设计和人性化设计的理念应运而生，其内涵得到飞速的发展、丰富和修正，并成为未来设计发展的重要原则和趋势。

一　人类呼唤绿色设计

绿色设计是以"环境友善技术"（Environmental Sound Technology，简称EST）为原则来指导设计，讲求设计与自然界以及人类本身的和谐友好。

绿色设计不是一种商业时尚或潮流，不是打着"绿色"的旗号来招揽消费者；绿色设计也不是人类的乌托邦理想，它建构在不断发展的经济技术条件之上，与人类可持续发展的原则相适应，与后工业社会的发展趋势相吻合。

绿色设计应该从广义生态学的角度进行设计，不仅仅关注能源消耗、经久耐用、材料回收等传统绿色设计的内容，更应该扩展内涵，研究艺术设计中的传统文化、传统技术、后工业社会的非物质观念和非物质设计。

（一）绿色设计的起源和理念

应该说许多传统的艺术设计都无意识地、本能地体现了许多重要的绿色设计思想。例如中国传统包装设计中，善用各种生态材料：荷叶包肉、葫芦装酒、蛤蜊装油、草绳串蛋、竹篓装鱼……遍布世界各地的形态各异的传统建筑形式，充分体现了传统建筑设计中尊重自然环境、善于利用地域地形的特点。建筑材料大多就地取材，使用本土生态材料，建筑布局则充分利用自然的空气、阳光、雨水和风，而不是现代建筑中纯粹使用耗费巨大能源的空调来制造的人工环境。

然而真正意义上的、人们有明确目的和意识的绿色设计思想的最早提出，应该是在20世纪60年代，著名的美国设计理论家威克多·巴巴纳克（Victor Papanek）在他于1967年出版的《为真实世界而设计》（*Design For The Real World*）中，强调设计应该认真考虑地球的有限资源使用问题，应该为保护我们居住的地球的有限资源服务。

伴随人类工业化和现代化进程的推进，绿色设计的思想和理念愈来愈被广泛重视。一方面，人类生存和经济发展的环境越来越恶劣，人们不能不重视和考虑可持续发展以及科学健康发展的战略。另一方面，西方社会和发达国家人们的物质文化生活水平得到极大的提高，进入了物质丰裕社会，人们的价值观念随之发生了较大的变化：以往被人们忽略了的文化、生态等与人们生活质量深切相关的命题及更深层次的精神需求重新得到人们重视。人们开始从单纯的金钱崇拜转向对提高自身素质的追求，从追求物质享受到注重生活质量，从一味地掠夺自然到追求人与自然和谐相处，这些都直接导致了设计观念和设计思想的重要变化。

20世纪80年代末，首先在美国掀起了"绿色消费"浪潮，继而席卷了全世界，并在20世纪90年代成为现代设计研究的重点和热点问题。现代设计的商业化、广告化、以市场消费为主导的现象受到冲击，绿色产品、绿色建筑、绿色服装、绿色包装、绿色食品等等不断涌现，绿色成为了最美丽、最观念化的颜色。未来的设计师必将更多地考虑设计对人类和世界的影响，而不同于早期设计专注于商业性和享乐主义的追求。

（二） 绿色设计的内涵

人们通常这样定义绿色设计：绿色设计（green design），也称生态设计（ecological design）、环境设计（design for environment）、环境意识设计（environment conscious design），指在产品整个生命周期内，着重考虑产品的环境属性（可拆卸性、可回收性、可维护性、可重复利用性等），并将其作为设计目标，在满足环境目标要求的同时，保证产品应有的功能、使用寿命、质量等要求。绿色设计的原则被公认为"3r"的原则，即reduce、reuse、recycle，意即减少环境污染、减小能源消耗，产品和零部件的回收再生循环或者重新利用。所以说，狭义的绿色设计主要是关注有形物环境性能的设计。

1. 绿色设计是整合系统设计

绿色设计一个非常重要的指导思想就是系统化的思想，即把整个地球、生物圈看做一个大系统，同时也把设计过程当做一个有机的大系统，把目光投向整个设计过程，投向更远的材料来源。人们生活中必需的各种日用品，来源绝不是仅仅是超市和商场，而是全球的森林、田园、矿产和河流。

用系统化的观点引导绿色设计，把绿色设计看做一个整合设计，即从原材料、产品加工到产品使用回收的整个生产消费过程来考虑，而不仅仅是简单意义上的设计过程中对"生态性和环保性"的考虑。它包含产品从创意构思到制造、使用以及废弃后回收、再生处理的各个过程，也就是包括产品的整个生命周期。

在绿色设计中，首先要考虑绿色材料的选择与管理。所谓绿色材料指可再生、易再生、可回收、易回收，在加工过程中对环境产生的污染较小，在产品使用中对环境破坏小、污染小（甚至无污染）的低能耗材料。因此，我们在设计中应首选环境兼容性好的材料及零部件，避免选用有毒、有害和辐射性的材料。所用材料应易于再利用、回收、再制造或易于降解，以提高资源利用率，实现可持续发展。还要考虑如何处理材料的种类与设计形态的关系，因为使用较少的材料种类能减少产品废弃后的回收成本。

现代设计师们对绿色材料的选取通常偏爱这几种方式：采用自然朴素的材料，采用高科技材料（通常有较好的回收性能），创造性地利用废弃材料。1994年法国艺术设计师菲利普·斯塔克设计了一台电视机，采用一种可回收的高密度纤维模压成形材料做机壳，改变了人们头脑中以往对"家电"的固有印象和概念，引发一种新的绿色时尚感觉。

其次，产品的可回收性是绿色设计中需要考虑的重要因素。设计不仅应便于零部件的拆卸和分离，而且应使可重复利用的零件和材料在所设计的产品中得到充分的重视。资源回收和再利用是回收设计的主要目标，其途径一般有两种，即原材料的再循环和零部件的再利用。但在目前的经济和科学技术条件下,较多使用和较为合理的资源回收方式是零部件的再利用。

绿色设计要求在满足功能要求和使用要求的前提下,尽可能采用简单的结构和外形,并使组成产品的零部件材料种类少一些,同时采用易于拆卸的连接方法。新加坡设计师杨经文所进行的探索性拆装建筑设计,思路较为独特,他设计的建筑,使用连接件进行结构连接,使建筑物75%以上部件可拆卸,拆卸后的零部件即可重复使用。

产品的绿色包装,也是人们谈论比较多的绿色设计因素。一般来讲,应遵循适度包装、自然包装的原则。绿色包装是指在满足保护、存贮、销售、提供信息的功能条件下,尽量减少包装材料,使用可回收、可重复使用和再循环使用、易于降解、对人体无毒害的绿色材料,尽量使用一些天然材料,让人们感觉熟悉、亲近,以获得来自自然、贴近自然、回归自然的感觉。

目前市场上的许多包装设计,由于受商业主义和消费主义的引导,过多地讲究豪华包装、过度包装,而随着人们价值观念的转变,如今许多高档商品也大力提倡简约包装,绿色包装,以求更加符合较高消费层次人群的生活观念和价值观念。高档的手机也可以采用简单、绿色环保的包装材料,而一反那种片面追求豪华、过度浪费材料、不健康的包装理念和包装方式。

2. 绿色设计是保护主义风格设计

生态观是绿色设计的核心思想,保护生态环境是绿色设计追求的最高理想。在这种观念下应运而生地形成了以保护主义(conservatism)风格为特征的绿色设计。

不同于消费主义观念的废弃制设计方式,也不同于商业主义观念的市场化设计方式,绿色理念下的设计应该是追求积极和进步的保护主义风格设计,即强调以保护主义的思想作为设计的出发点和立足点,在设计中倡导更富有风格化、更加优良的加工品质和更加具有耐久性的造型风格。正如北欧设计风格被人们称为"没有时间限制的风格"一样,许多设计历久弥新、简洁雅致,跨越了时间和令人眼花缭乱的潮流,成为永恒的经典之作。北欧著名设计大师阿尔瓦·阿尔托(Alvar Aalto)设计的帕米欧椅,设计简

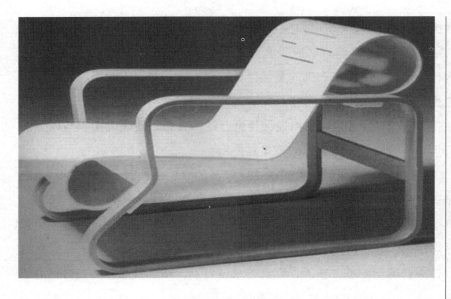

阿尔托：
帕米欧椅

洁典雅、自然大方，在今天看来依然非常时尚经典，丝毫没有过时的感觉，自然也不会因此而导致设计的商业性人为淘汰。

北欧设计是保护主义简约设计的代表。简洁是北欧设计给人的最深刻印象。设计从来没有琐碎的、无病呻吟似的繁缛装饰，而是在简约纯净的造型、朴素自然的色彩中蕴含深邃的思想和自然的美学。丹麦设计师布吉·莫根森（Borge Mogensen）的设计理念就是"越简单越好"[1]。他从传统家具中寻找灵感，反复提炼，以最简洁的造型面对使用者。他的设计多使用本地材料，仅靠材料本身的特性，以最少的用量，达到设计的效果。他设计的西班牙椅洗练典雅、工艺精湛，堪称简洁的完美之作。

保护主义设计强调适度设计、健康设计、耐久设计，崇尚简约、典雅、自然和真实。因为按照设计、制造1：10：100理论，如果在设计阶段改变设计的费用为1美元，则在产品原型阶段改变原型的费用为10美元，而在正式生产过程中的改变费用可高达100美元。因此，从设计阶段着手解决资源短缺和环境污染问题是最经济和最有效的方法。

---

[1] 曾坚、朱惠珊：《北欧现代家具》，中国轻工业出版社2002年版，第76页。

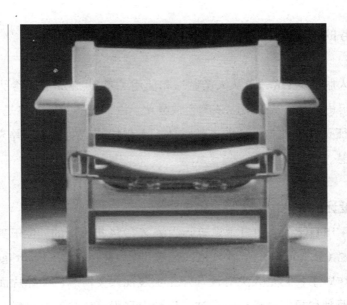

莫根森：
西班牙椅

　　保护主义强调地球和地球上所有生物是一个整体，需要全人类的共同爱护、呵护和保护。在设计中，必须以保护环境、保护人类共同的利益、保护地球和地球生物为宗旨。

　　新的理念呼唤人们新的生活方式和消费观念。以消费大国美国为例，它以占全世界6%的人口消费世界30%以上的资源，美国人的生活方式是物质第一的消费模式，并形成"能买就买"、"借钱购买"、"为地位而消费"、"高消费"的消费文化。"汽车文化"是美国消费模式的主要表现之一，美国人仅汽车消费一项，就是我国人均GDP的25倍。而保护主义的绿色设计倡导人们关爱和珍惜地球，追求简单生活态度下的简约设计，尽量避免奢侈设计、高设计。它提倡俭朴的生活理念，追求一种身心健康的生活方式，注重内心的充实和与自然的和谐，而不是一味的炫耀和过度的物质消费。

　　设计是文化，不仅设计生产有形物质，更能创造无形的"生活—时尚"理念。未来的设计师们有责任和义务引导人们和社会形成良好的消费风尚，推动新的健康生活方式，宣扬绿色环保理念，促进人类可持续发展。

二 设计服务的对象始终是人

设计是为人服务的,这一点从人类制造和使用工具(也就是我们今天所说的产品)的历史开始,从来不应该改变或异化。设计服务对象始终是人,设计的基本特征是技术性与人性的浑然一体、人与物的高度融合,并充分表现人类的智慧、情感和文化。

(一) 人性化设计的理念

1972年7月15日下午,由日本建筑师山崎实1954年设计的、位于美国中部城市圣路易(St. Louis)的低收入市民住宅"普鲁蒂·艾戈"(Pruitt Igoe)在一声巨响中炸毁了,它是人类对设计师完全蔑视人类情感、一味片面追求设计功能的讽刺和报复。设计师在这一设计中采用简单的工业材料,特别是混凝土、玻璃和钢材,整个设计表现出一种冷漠到极点的形式,建筑群落工整有致,毫无情感,就像监狱一样。从50年代到70年代,居住率始终不到三分之一,人们无法忍受这种非人情化的、毫无居住文化和居住氛围的环境,最终只能以炸毁这一方式来结束这件设计作品。

这个例子给我们一个重要的启示:设计本身并不是目的,它的目的是"为人服务",设计必须以"人性化"为核心与宗旨,设计的目的和道德标准始终是"为人"。

1. 人性化设计的思想

人性化设计不是设计潮流,不是设计运动,也不是某个设计团体提出的设计口号,它是人类从一开始在设计领域就不曾放弃的目标和梦想,因为人类不同于动物的地方就在于人是有情感的,设计承载人们的情感,需要带给人更多、更细致的深切关怀和满足人的情感需求。

我们今天欣赏人类早期的"设计"作品,如新石器时代仰韶文化的人面鱼纹彩陶盆,更多是为作品中最纯粹的人性表现所感染和打动,为那些人类心灵共同感受的自然、流畅、原始的样式表现而叹服。这些作品中并没有我们今天系统化和理论化意义上的"人性化设计"思想,设计者和制造者们也没有有意识地、有目的地以人性化作为设计的出发点，这表明人性化从来就不是一个所谓现代意义上的新观念、新理念，它伴随人类"设计"行为而产生，浸透在设计的血液和骨髓中。但是伴随着人类思想意识的觉醒和不断发展，并且在经历了设计发展的曲折历程后，人们对它进行了新的思考。生产力的极大发展，致使社会阶级差别逐步淡化和缩小。正如已故著名经济学家熊彼特（Joseph Schumpeter）说过的那样，技术的成就就是把丝袜的价格降低到每个女员工都能和皇后一样买得起了。"技术在消除着不平等"[1]，以往贵族化的设计已经完全不能适应新的需求、新的生活方式、新的审美观念。

2．人性化设计的内涵

人体工程学和功能主义是人性化设计的科学基石和基本思想。因为人性化设计首先必须满足对人们生理层次的关怀要求，而这一点必须建立在科学和系统的人体工程学研究基础之上，必须建立在对真实功能的本质追求之上；它要求设计必须关注产品使用者的需求动机、使用环境对人的影响等，使人和产品形成良好的互动关系。设计要求作品在造型、质地、色彩、结构、尺寸等方面符合环境和社会需求，尤其要符合使用者的生理和心理特点，符合人体工程学的各种要求（如有利于人的身心健康，易于减轻人的疲劳感，增强安全性能和危险状态中的示警能力等）。伴随着人体工程学的进一步研究和发展，人性化设计将在科学的指引和推动下越来越成熟和完善，为人们提供更加舒适、安全、健康的使用条件和使用环境。

芬兰著名家具设计大师约里奥·库卡波罗（Yrio Kokkapuro）就是一位擅长利用人体工程学科学理论来进行人性化设计的典范。在对现代技术，特别是人体工程学进行了深入透彻的研究后，库卡波罗设计了许多舒适、科学、人性化的作品，尤其是办公椅，极大缓解了现代办公环境下大强度工作对人的生理的压力和挑战。1975年他推出了"潘诺"（Paano）办

---

[1] 易杰雄：《科技文明》，华夏出版社2000年版，第66页。

公椅系列。之前进行了大量严谨、细致的人体工程学测量和研究，椅座的尺寸和形状是用可精确调节的人体工学模型经过实验而得出的，通过改变座位的高度和头枕的位置，不管个子高矮，使用者都能获得健康合理的坐姿。这件作品是一件典型的符合科学的人体工程学、为使用者带来舒适坐姿的人性化设计。

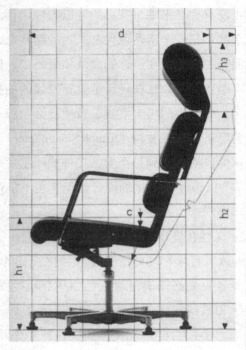

"潘诺"办公椅

人性化设计另外一个重要的核心思想就是科学的人本主义，在以科学的手段和方式满足人的生理需求之外，更需要关注人更高层次的心理需求，诸如安全需求、归属与爱的需求、尊重需求、自我实现需求。德国的高度理性设计虽然为人们提供了良好的人体工程学需求，但其过于理性和严谨的设计却使人们感到乏味、单调、毫无人情关怀。忽略人情感需求的设计是不人道的设计。意大利著名设计师马西姆·约萨·吉尼（Massimo Iosa Ghini）设计了一款沙发，将它命名为"妈妈"，意思是坐在这张沙发上，就像躺在妈妈温暖的怀抱里一样。设计充满温情脉脉的人性，为使用者提供了精神上的避难所和更富人情的关怀。

人性化设计的第三个重要思想是平等尊重的人文主义，即对特殊人群和各个特定社会群体的特殊关怀，全面尊重不同年龄、不同身份、不同文化、不同性别、不同生理条件使用者的人格和生理及心理需求。人性化设计必须有助于提高和改善人的人性和人格，促进人的社会化，有助于改善人与人之间的关系，形成良好的人际环境，促进社会的和谐发展。例如，专门为残疾人设计的切面包餐具，正常人也可以同样使用，对使用者心理给予了足够的尊重和关爱，充分体现了人性化设计的真谛。而一款为听力障碍者设计的助听器，小巧方便，戴上它不会带来任何生理上和心理上的不方便，全面关注使用者的生理和心理状态，充分尊重了使用者的感受。

人性化设计的第四个重要思想是对全人类命运具有责任和关怀的人文精神。因为人性化设计不仅是"为人"的设计，更是"为人类"的设计，必须关注人类共同的生活环境和生存危机，大力提倡绿色设计。人性化设计的思想应该给设计师们的设计行为重新定位，防止人们走上自我毁灭的道路，引领人类走向更美好的未来。在帮助人们实现人的社会化的同时，更应关注人的自然化，通过人性化设计使人们回归自然，唤起人的本性，提倡真实、自然的生活方式。

（二）人性化的不断丰富与发展

随着社会的进步，人性化理念不断得到丰富，人性化设计也得到发展和完善。

1. 人性化设计理念是历史的、辩证的

人性化是设计发展无法摆脱的永恒主题，因为设计是人有意识地主动改造世界的行为，而"人"又是设计中必须考虑的重要因素。我们今天提出的人性化设计理念是在人类漫长的设计发展过程中逐步完善和发展的。每个历史时期的设计都推动了人性化向更高层次和更广深度的发展。

原始人类在生产实践中逐渐发掘了物的精神功能，创造了令人惊叹的纹饰和造型设计文化，但是这一切都处在无意识的朦胧状态，人们还不可能进行主动的、有意识的人性化设计和相关理论研究。这一时期的人性化设计理念更多的是对生命力的赞美、表现，对纯粹人性的发掘和自由自在的表达。

16世纪西方的文艺复兴运动，使得人文主义思想成为西方资产阶级人道主义的核心。西方社会普遍接受和认同了人文主义思想，使得社会和民

众尊重并关怀人性、人伦、人道、人格、人的文化、人的历史、人的存在及其价值。特别是在文学和艺术领域，大力提倡人文主义、人道主义、人本主义。但是在设计领域，由于阶级差别的存在，极尽奢侈的"皇家产品"和简陋单一的"民间产品"泾渭分明，一个是忽略使用的本质而极端追求奢侈，另一个却是缺乏最基本的使用关怀。

工业革命在19世纪末到20世纪初彻底改变了这个世界，并促使莫里斯等人开始新的思考和探索，使产品的人性化设计有了更为深入的内容；到现代主义设计确立其历史地位，设计对产品的形式和功能的关系进行了全面综合的考虑，最重要的是对人机关系进行了科学系统的研究和应用，使产品的人性化设计真正建立在科学的坚实基础之上。

而成熟的工业社会掀开了更高层次的人性化设计的真实面目，在对人的自然生理性研究进一步深入和完善的同时，发展了对人的社会性的研究，尊重人的历史、文化、地域、民族、社会伦理、道德等，使人们在产品的使用过程中体验到温情和更多的关怀。

在人类步入信息社会、知识社会、后工业社会、非物质社会以后，人性化设计又必将迎来新的发展，其内涵和定义也会被时代赋予新的意义。

因此，设计的人性化是一个变化的因素，它的内涵和意义都是历史地、辩证地发展的。但是我们深信一点，那就是设计是人有意识地主动改造世界的行为，同时设计的目的和目标只有一个，那就是"为人"。

2. 未来发展中的人性化设计

伴随着后工业社会和数字化信息化社会的到来，在信息技术的推进下，21世纪的设计将从实物产品设计向虚拟产品设计转变。在这样的时代大背景下，未来社会所要求的人性化设计将更注重强调设计的交流性。设计将把交流视为重要的目的，要表达服务，并且诠释清晰的产品语意。

同时，在未来信息社会的工业设计中，还将改变过去按照人们的需求来进行设计的思路，而更多地研究人们的感情、感性、伦理等，更多地从"人的心理和人机学的途径进行努力，目的是探索信息社会的真正适合人类的生活方式，以及为这种方式服务的、并能引导人们进入新生活方式的'物'

的设计"[1]。人们可能会有这样的经验，不管设计多么合理、多么科学的椅子，一段时间以后，人们仍然会感到疲劳和某些部分肌肉的酸痛和僵硬，因为什么形态的椅子都强迫使用者采用某种坐姿，未来的人性化设计也许不仅仅是从坐的需求来进行"人性"的设计，而是进行更"人性"的研究，发现并设计人们坐的新的方式和姿态。

最后，在未来不断发展的非物质主义设计中，设计还将越来越多地摆脱物质层面的束缚，更多地表达出精神层面的人性化需求。

三　北欧设计——绿色的人性化设计

北欧国家的艺术设计堪称绿色的人性化设计典范。艺术设计师们善用自然材料、本土材料，设计强调有机形态和与环境的和谐统一，重视人文因素、人性关怀，设计的作品非常富有"人情味"。

北欧地区普遍经济富裕、社会民主、政治稳定，为大众服务的民主思想深入人心，设计师普遍具有强烈的社会和道德责任感，具有强烈的生态环境保护意识，对特殊人群、老人、妇女和儿童的关爱和照顾无微不至。举个简单的例子，北欧设计师为儿童设计的用具和玩具以安全、有益于儿童智力开发和充分考虑儿童心理而享誉世界，全世界的儿童都喜爱瑞典设计的"乐高"（Lego）组合玩具和"瑞博"（Rabo）儿童车。

（一）人性化设计的典范

对于北欧设计，人们使用频率最高的词语莫过于温馨、自然、典雅和富于人情味，这从一个侧面反映出北欧设计的人性化特点。北欧设计既强调功能、理性，又绝不牺牲美观、人性和传统。设计简洁、洗练，体现出对多元文化、政治、语言、传统的尊重和融合，强调人文因素、人性关怀，被

---

[1] 樊超然：《工业设计概论》，华中科技大学出版社2005年版，第111页。

称为人性化设计的典范。

1. 科学的人性化设计

　　北欧设计的人性化建立在坚实的科学基础之上。设计师们非常强调在设计中充分运用现代科学（包括人文科学和自然科学）、技术的成就去探索、表现事物内在的客观规律，充分利用人体工程学、环境心理学、生态学等各个方面的成就，创造出科学、合理、舒适、极具人性关怀和尊重的优秀设计。设计大到城市规划、建筑作品，小到家具、灯具、日用品，都成为人们真正意义上的"生活环境"，帮助人们克服技术异化和机器异化的危机，促使人们更加友爱和愉快。

　　北欧的人性化设计坚持以"真"为本，即人性化设计首先是能满足人们科学的生理和心理需求的人性化。"真"是"善"和"美"的基础。设计床就应该睡得安稳，椅子就应该坐得舒服，工具就应该用得方便，标志就应该看得清晰……北欧设计师在进行每一项设计之前，总是以对待科学研究的态度对待设计中的每一个细节，在精益求精方面，北欧的设计师为全世界的设计从业人员作出了榜样。所以说，北欧的人性化设计是科学的，追求设计真实本质的人性化，而只有做到了这一点，人性化才具备了它最本质的精神和意义。

　　挪威设计师彼德·奥布斯威克（Peter Opsvik）以科学的崭新的观念和角度重新分析和定义了人体坐的姿态，创造性地发挥了设计的新功能。他设计的"平衡"（balance）坐式系列，为身体和脊椎提供很好的平衡，帮助人们减轻背部的疲劳和肌肉酸痛，富有弹性的坐垫让人感到更自由和舒服。设计师认为，从社会学的角度分析，人们总是处于一种单纯的状态："工作着的人"、"休闲着的人"……而平衡系列椅让"工作着的人"也同时成为"休闲着的人"。"平衡"系列是从科学的社会学和生理学角度进行"人性化"设计的范例。

　　北欧设计的优良传统之一就是总能够孜孜不倦地以"人"为中心和主题展开设计研究和探索，不断开发和探索新的"设计的真实"。设计师们始终能坚持以人为本的设计宗旨，并将这一宗旨坚定地放在科学的基石之上。

2. 自然的人性化设计

北欧设计的人性化又是自然的、温馨的、充满了人情味的。设计师非常善于向大自然这个最高明和最完美的设计师学习设计的方法和美学。设计一改那种纯而又纯、与自然形态完全对立的现代主义设计形式和语汇，设计作品仿佛不是被做成的，而犹如植物那样从充满活力的根部自然生长而成。

北欧设计中充满自然生态情趣的有机形态设计由阿尔瓦·阿尔托开拓创造，以后布鲁诺·马森（Bruno Mathsson）进一步推动了它的发展，在几代设计师的努力下，成功创造了自然人性的设计典范。

1924年阿尔瓦·阿尔托与夫人结婚时，采用当时大胆而新奇的方式去度蜜月，乘飞机去意大利，从空中鸟瞰美丽的号称"千湖之国"的祖国芬兰时，大师产生了灵感。1935年他设计了玻璃花瓶，其不规则的造型仿似芬兰蜿蜒的湖岸线。这一作品成了芬兰设计史上的经典，芬兰美丽的大自然给了设计师以灵感，设计师用更美丽的作品来回报这片土地。

丹麦设计师阿诺·雅各布森（Arne Jacobsen）的有机主义极简设计，常从作品中产生出一种超现实梦幻的神奇力量。1951年他设计了三条腿的"蚂蚁椅"，椅子轻便、简洁、易叠落、多色彩。设计师因

雅各布森：
蚂蚁椅

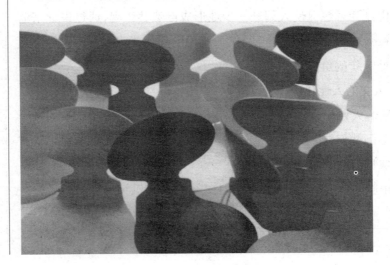

此一举成名。直至今日,在全世界的各个教室、会议室、报告厅、咖啡馆等场所,我们依然可以看见这些色彩斑斓、美轮美奂的"小蚂蚁"。50年代后期,雅各布森又从蛋和天鹅的形态中受到启发,设计了两件仿似雕塑艺术品的作品"蛋椅"和"天鹅椅"。这些作品一改现代主义设计刻板的几何形态,富含生趣和浪漫,弥漫着自然的人文气息,与人们熟悉的自然环境建立起某种精神上的联系,充满温情自然的人性关怀。

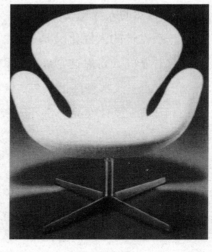
雅各布森:
天鹅椅

而杰出的女设计师娜娜·迪塞尔(Nanna Ditzel)则以女性特有的敏感,经过多年长期的观察,从蝴蝶飞舞的轻松感中受到启示,设计了特立尼达椅,仿似一只只轻盈起舞的彩蝶,美不胜收。

北欧设计师们尊重自然,与自然建立了亲密的关系,从大自然中吸取丰富的营养和灵感,建立了极具自然和谐特色的人性化设计体系,创造性地理解和表现了设计中的人性化理念和思想。这种自然化的人性化设计思想促使人们进一步地形成自然共生观,通过设计来消解现代社会中对"征服自然"的机器文明的盲目崇拜,表达人与自然和谐相处的新的价值体系和观念。

3. 人文的人性化设计

北欧的人性化设计是充满人文关怀的人性化设计。"斯堪的纳维亚设计师仍然保持了人道主义设计价值,正是这一价值正确理解了劳动学的实质:使机器工具适应人。"[1]

以丹麦为例,走在丹麦的大街上,不管是建筑物的标识还是公司

---

[1] 李乐山:《工业设计思想基础》,中国建筑工业出版社2001年版,第56页。

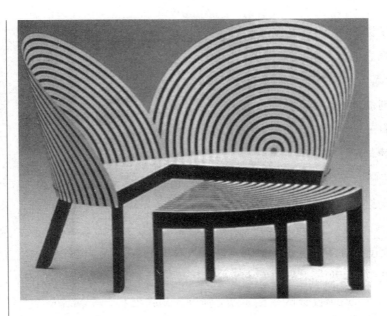

迪塞尔：
特立尼达椅

的名称，都设计得恰到好处。路牌、广告、海报柱、垃圾箱、休息椅、卖热狗的流动商亭等都在系统策划的前提下设计制作，自然而又和谐地和周围的建筑物融为一体，显示出设计的无穷魅力。乘坐交通工具，从站台、车体、船体到车票、船票都进行了一套完整的形象设计。坐在家中看电视，遥控器的选台和控制声音的按钮是倾斜的，且按钮的大小不一样，表面作了凸凹的区别处理，这是专门根据人手的感觉设计的方向，按键的大小使人们在光线暗淡的情况下也能自如地选择频道或调节声音的大小。上厕所，室外的公厕设计得像艺术品一样，与周围的环境相映成趣，内部的设施相当完善，残疾人也可以方便地使用……设计在这里得到了最大程度的尊重，每一个人都会去关注设计、谈论设计、享受设计，同时设计也得到了发展，形成了设计师与大众之间的良性循环，设计师可以在良好的氛围中轻松地进行设计。[1]

设计师史蒂夫·麦克古冈（Steve Mcgugan）运用科学的新技术于1991

[1] 吴文越：《丹麦人性化设计》，《装饰》2002年第5期。

年设计了诺和笔式注射器,为全球千百万糖尿病患者注射胰岛素提供了新的方法。管筒可以储存几天的剂量,只要找到确定的剂量刻度,按动按钮,就可注射。另外还有一个重新启动按钮,及时地纠正错按的剂量。产品使用方便、操作简单,并可随身携带,外表像普通的钢笔,在心理上给病人以一种被关怀和受尊重的感觉。

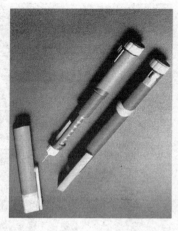
麦克古冈:诺和笔式注射器

北欧设计在对老人、儿童以及特殊人群的关怀方面,也是全世界公认的典范。这种充满人文关怀的设计思想折射了北欧以人为设计出发点和归宿,追求设计的生活本质,强调人与自然和谐生活、人与人和谐生活、人与物和谐生活的设计理念。不同于意大利视设计为艺术,也不同于美国视设计为商业手段,更不同于德国视设计为理性的工具、秩序的工具,北欧设计中充分表达了尊重人、关爱人、追求设计为人服务的本质特征。

(二) 绿色设计的典范

北欧的绿色设计建立在设计师们强烈的生态环境保护意识和对优良的设计传统的尊重、传承和发扬上,建立在北欧人民崇尚简单、健康的生活方式及与自然共生、和谐相处的生活观念和态度上。

1. 可持续发展的绿色设计理念

可持续发展的绿色设计理念是北欧设计的精髓。北欧国家普遍具有强烈的环境保护意识,人们热爱大自然,与大自然和谐相处,称自己为"自然之子"。这种悠久的传统和深厚的社会意识形态背景促使北欧设计在生态设计领域不遗余力地积极探索,不断取得新的成绩和收获。

北欧设计师们关注如何最合理而有效地使用原材料,尤其是循环使用的问题,特别关注对自然材料和传统材料、地域本土材料的使用和开发利用。通过使用北欧人民熟悉和喜爱的传统材料，设计师因地制宜，根据当地自然条件、地理环境、生活习惯创造出既满足工业化、标准化生产需要又极具地域特色和民族特色的作品。设计师同时重视如何充分利用自然能源，减少对环境的污染和不可再生能源的消耗，如何再次开发利用废弃材料等等生态设计问题。

芬兰青年设计师提姆·赛瑞（Timo Sairi）利用合成塑料设计制作的摇椅，采用废弃塑料合成的原料制作，并可循环使用。设计师戴波·瓦特瑞斯托（Teppo Vahteristo）设计的几何椅，用木材加工厂的边角料扎结而成，是生态设计的一种新尝试。正是这种强烈的自觉的环境保护和关爱意识，进一步形成为可持续发展的绿色设计理念，促使北欧设计一直在可持续发展的设计道路上不断前进和探索。

2．简约自然的绿色设计风格

在本章的前面部分我们已经提到绿色设计是保护主义风格设计，并以北欧设计的简洁、简约风格作为典型代表作了论述。因为绿色设计强调适度设计、健康设计、耐久设计，而这些特征正与北欧设计崇尚简约、典雅、自然和真实的设计特质与优良的设计传统不谋而合。

"北欧设计中精致之作的力量和迷人之处，在于通过现代技术复杂而有序的处理，极其美妙地捕捉到感觉世界转瞬即逝的和难以捉摸的印象，令观者赏心悦目，叹为观止。"[1]芬兰著名的"直觉主义"设计大师塔皮奥·维尔卡拉（Tapio Wirkkala）设计的花瓶和木盘，简洁自然，体现了设计师天才的自然主义和浪漫主义品质，被《美丽的家》杂志评为"1951年最美轮美奂的物品"。杂志评论道："这是古老手工艺传统与现代工业技术的最完美的联姻……它使我们很大程度认识到，设计者和生产者能够达成一致，而不是相互抵触，相互产生矛盾。"[2]

另一位芬兰设计大师阿尔瓦·阿尔托设计的如静静盛开在风中的花一样

>>>

[1] 易晓：《现世的生活观与直觉的艺术》，《装饰》2002年第5期。
[2] Marianne Aav, Nina Stritzler-levine. *Finnish Modern Design, Utopian Ideals and Everyday Realities,* 1930—1997, Yale University Press, 1998. p.245.

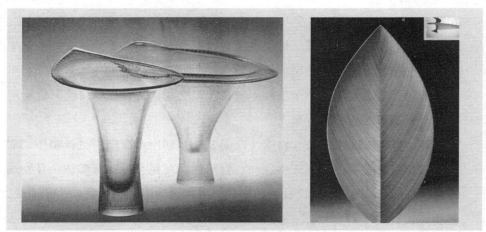

维尔卡拉:花瓶、木盘

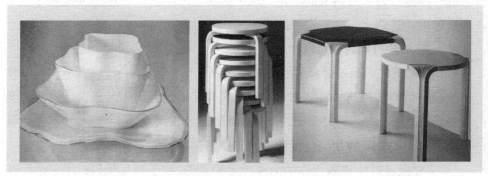

阿尔托:餐具、叠落式圆凳、扇足凳

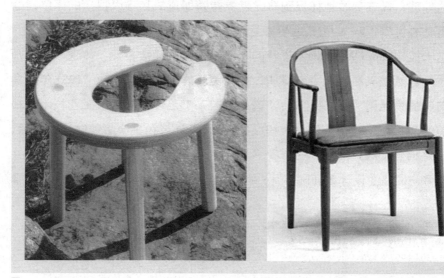

诺米斯耐米:柚木桑拿椅　　　　瓦格纳:中国椅

的餐具，洋溢着异域的神奇、浪漫和神秘的自然力量，在功能、造型、意蕴方面堪称完美之作。设计师的设计仿佛神来之笔，沟通了理性和直觉之间本似无以逾越的鸿沟。而他 1930 年为维堡（Viipuri）图书馆设计的一种叠落式圆凳，简洁自然、典雅大方，其面板与承足之间的连接被人们称为"阿尔托凳腿"。设计师用层压板条在顶部弯曲后用螺钉固定于座面板上，以简单实用的结构赋予了造型新的创造。1954 年他再次发明了"扇足凳"，简洁但是非常微妙精巧地创造出漂亮的扇形足，并直接与座面相连。这个发明和设计被公认为是他探索现代家具节点的最美成果。

同样也是芬兰设计师的昂蒂·诺米斯耐米（Antti Nurmesniemi）1952 年为皇宫酒店设计的一件柚木桑拿凳，集中体现了北欧设计中那种源于自然、纯净、不加装饰的原始动力和灵魂。丹麦的设计师瓦格纳设计的"中国椅"，看似极简，其实蕴含无限，达到极高的审美境界。瓦格纳常说"纯净结构"，就是设计中决不允许任何不必要的多余部件存在，每一个节点、每一条曲线都反复推敲。

这就是北欧设计师们崇尚的"简单就是美"的设计原则，他们在这一原则下不断创造着简约、自然和经典的传奇。

我们上面看到的仿佛不谋而合的只是表象，潜藏在现象背后的是绿色设计的思想在北欧设计中从自发的、不自觉的状态到有意识的、自觉的认识和实践。由于北欧人的自然本性、崇尚自然美的特点，北欧设计师一贯重视和推崇简单自然的设计风格，认为人为地雕琢和修饰是人性懦弱和自卑的表现，是无病呻吟，因而强调对设计的自然特性的完美表现和应用。

3．绿色设计引导绿色生活方式

绿色设计不是乌托邦式的理想，也不是某种时髦的设计潮流，它将引导人们建立更科学、更合理与更健康的绿色生活方式，帮助人们树立可持续发展的生活观。

可持续发展的绿色设计理念、简约自然的绿色设计风格引导人们追求简单、自然和健康的生活方式，不是单纯地崇拜金钱而是追求自身素质的提高，追求更加丰富的精神生活、健康的娱乐方式、稳定的家庭关系、有益的户外运动和体育运动、和睦友好的人际关系，向往和渴望大自然，对华贵奢侈的东西不感兴趣，更趋向朴素自然。通过绿色设计，人们学会了崇尚简单的幸福。这与许多国家在设计中屈从消费主义、商业主义和形式主义形成强烈的对比。

设计就是生活，设计引导人们的生活、设计人们的生活。北欧的绿色设计与北欧人的绿色生活相辅相成。设计师从生活的细微处展开设计，以生活为本展开设计，远离国际主义、商业主义、工具主义的烦扰，以健康简单的心态为健康简单的生活服务。当你坐在基于人体工程学研究而设计的舒适座椅中时，你能感受到设计师为生活服务的热诚；当你使用精致、优雅的餐具用餐时，你能体会到设计师把生活当做艺术享受的乐趣；当你在灯下工作时，你会发现设计师无微不至为人着想的心意……因为生活是真实的，生活的意义就是追求健康、简单的幸福。

生活方式的最高境界应该是艺术化地生活，摆脱一切物质和精神的枷锁，做简单、幸福而健康的人。绿色设计进一步帮助人们去实现他们心中的美好生活，构筑出现代质朴生活的复合体系，建造一个文化的、开放的、没有物质浪费的、引导人们走向可持续发展的社会，这是绿色设计最高的境界和理念，也是人们在绿色设计领域不断探索的动力和期望。

思考题

1. 在经济发展水平不同的国家，怎样把握绿色设计的现实可行性与实行的程度？
2. 人性化设计是历史地辩证发展的，它总是针对不同时代、历史时期的"人"，在未来发展中，随着"人"的变化，人性化设计会有怎样的新的内涵和意义？
3. 在越来越追求设计文化多元性的今天和未来，北欧设计在坚持绿色与人性的特点上有什么借鉴意义？

阅读书目

1. 〔日〕岸根卓郎著，何鉴译：《环境论——人类最终的选择》，南京大学出版社1999年版。
2. 刘光复、刘志峰、李钢编著：《绿色设计与绿色制造》，机械工业出版社1999年版。
3. 刘志峰、刘光复编著：《绿色设计》，机械工业出版社1999年版。

第十章
艺术设计的思维与方法

  我们有时也许会想：艺术设计，究竟容易还是困难？设计的灵感仿佛飘然而至，转瞬又从我们身边悄然消逝；设计的创意多了，思维却因此变得凌乱；想要表现的内容似乎满溢，然而又觉得空空如也；看着成功的设计作品觉得它的造型得来全不费功夫，而自己急切地想设计出让人刮目相看的作品，却又踏破铁鞋无觅处。
  我们一直学习设计，然而在亲手实践时，往往处在两难的境地：我们一边希望按照最完美的理想创造，一边却要时刻提醒自己，设计是"戴着锁链的舞蹈"；我们在简约的造型、完善的功能和时尚的外型之间，有时踟蹰徘徊，难以选择，而这种选择又将对设计的思维与方法起到主导性的作用；我们充分发挥自己的创意将设计作品艺术化时，却又不能过分迁就自己的艺术愿望而兴之所至，否则就走到了设计艺术的反面，而与设计的初衷——解决生活中的问题背道而驰。为了解决这些困惑，有必要了解艺术设计的思维和方法方面的知识。

一 艺术设计的思维

思维，是很奇妙的。它看不见，摸不着，却时刻如影随形地指挥着我们的思想和行动。它认识无边的宇宙，探寻一切未知的秘密，引导人类创造了今天的文明，是人所具有的最不可思议的东西。因此，安德烈耶夫说："在一切令人惊异和不可思议的事物之中，最令人惊异和不可思议的是人的思维……当人们望着高山上白雪皑皑的顶峰时，就会赞叹不已和感到不可思议。但要是它们认识了自己的话，他们会比山峰更伟大，比世上一切奇迹和美景还要伟大。他们会由于自己的思维能力感到吃惊。"

那么，什么是思维呢？彼得罗夫斯基在其1976年主编的《普通心理学》中对"思维"下了定义："思维是受社会所制约的，同语言紧密联系的，探索和发现崭新事物的心理过程，是对现实进行分析和综合中间接概括反映现实的过程。"[1] 设计的创意往往来源于创造性的思维。

（一）创造性思维与设计创意

创造性思维不同于普通的思维，它是思维的高级过程。创造性思维的特点是在思维基础上获得的产物具有高度新颖性。当人们有强烈的创新意识，比如艺术家或艺术设计师在创造作品时，用已有的知识、熟悉的方法、思维的定势无法创造有新意的事物，就需要突破传统的既有思维习惯，进行创造性的思维活动。因此，从广义上来说，一切突破常规的思维活动都可以称为创造性思维。

在过去的心理学研究中，创造性思维的研究对象往往局限于少数杰出的发明家和艺术家。从20世纪70年代开始，心理学家逐渐发现：创造性思维是一种连续的品质，并不能武断地认为某些人完全具有创造性思维而另一些人不具备。甚至有研究表明，儿童往往因为受到后天教育的局限少而比成年人更富创造性思维。我们从创造性思维的研究历史可以看出艺术设计

---
[1] 转引自杨仲明：《创造心理学入门》，湖北人民出版社1988年版，第33页。

与创造性思维之间的天然联系。

我们往往各自有着自己习惯性的思维方式。从小所受的教育、周围环境的耳濡目染的影响和约定俗成的所谓"规则",让我们习惯于沿着自己的思维定势行走。当然,这种规则在普遍情况下是必需的,它是有条不紊地处理事情的基础,有了它,我们的生活不会陷入混乱的局面。然而,对于艺术设计这样的创造活动来说,习惯性思维便成为"心智的枷锁"。优秀的艺术设计作品必定有独特的创意,这种创意是创造性思维的结果。通过创造性思维产生的创意表现在产品中,产品往往具有"独特的"、"创造性的"和"富有想象力的"等特点。正如著名雕塑家罗丹所说:"所谓大师,就是这样的人:他们用自己的眼睛去看别人见过的东西,在别人司空见惯的东西上能够发现出美来。"

我们举个例子说明创造性思维所产生的杰出创意。这是一个关于香水的电视广告短片:

> 一个年轻人在晚上外出之前,在身上喷了一点该品牌的香水,接下来引发了一连串戏剧性的事件。在酒吧间里他身上的香味立即吸引了一群漂亮女郎的环绕,无意中他被喜爱香味的蚊子咬了一口。在沼泽地该蚊子被公青蛙发现并吃掉,青蛙身上的香味使母青蛙爱上了它。不幸的是正当公青蛙与母青蛙纵情作乐之际,它们被一位老农抓获并做成了一道美味菜肴。老农吃了青蛙的肉,身上也有了香味,居然吸引了几位年轻貌美的女郎。由于极度的兴奋,老农一命呜呼。下葬之后,因为香水深入骨髓,老农尸骸的香气弥漫到土里的小虫身上。后来,当地人习惯用这种小虫泡酒。最后,故事开头的小伙子买了这种酒喝,他身上的独特香气吸引很多美丽的姑娘爱上他。
>
> 结束语是:品牌香水经久不息的作用。[1]

---

[1] 参见〔荷〕田崴编著:《思维设计——造型艺术与思维创意》,北京理工大学出版2005年版,第80页。

从设计与思维的角度看，这是一则相当成功的影视广告。广告一方面通过看似荒诞却又十分连贯的故事情节生动刻画了香水弥漫、神秘、诱惑的品质，一方面将自己的广告与通常香水广告普遍采用的女人、性、花朵等意向相关的画面区别开来。成功的原因在于它运用线性联想思维拓展策划的思路，从而使作品颇富创意，让人过目不忘。在思维心理学研究的领域中，线性联想思维"是指思维沿着逻辑思维调控——发散思维定向——联想思维提供材料——想象产生成果这一连串线性单向的方式进行心理加工"[1]。同时，很重要地，该广告运用联想贯穿始终，策划出意想不到的独特创意。这里，逻辑思维、发散思维是很多创造性思维中的两种，联想是创造性思维的主要方法之一。下面我们就创造性思维活动如何催生设计创意作些具体说明。

（二）设计创意的产生

艺术设计的创意是创造性思维活动的结果，创造性思维是抽象思维和形象思维、发散思维和聚合思维、顺向思维和逆向思维、横向思维和纵向思维等多种思维形式的协调统一。因此，艺术设计的创意往往是多种思维共同作用的结果。

逻辑思维，又称为抽象思维，是以抽象概念和推论为形式的思维活动。提起创造性思维，人们往往会忽视逻辑思维，认为它的"理性"与"创造"、"创意"格格不入。实际上，逻辑思维的分析、推论对设计的创意能否获得成功时常起到关键性的作用。通过逻辑思维中常用的归纳和演绎、分析和综合等方法，艺术设计可以得到理性的指导，从而使创意具有独特的视角，挖掘潜在的市场需求，引起受众的共鸣。

我们在这里援引一个例子说明逻辑思维对设计创意的产生所起的作用。[2]日本GK设计研究所的曾根真佐子曾经就"如何使厨房环境整齐"这一问题作过一次调查。调查报告显示，尽管各式各样的锅就其个体设计而言都是

>>>

[1] 参见〔荷〕田崴编著：《思维设计——造型艺术与思维创意》，北京理工大学出版社2005年版，第16页。

[2] 参见朱上上主编：《设计思维与方法》，湖南大学出版社2005年版，第31页。

十分杰出的，然而搭配在一起时却很不协调，因此，当各种不同类型式样的锅遍布灶上、桌上、冰箱上时，整个厨房显得十分混乱。此外，也有不少人认为一些锅不够实用。为了使人们拥有整齐的厨房环境和更加实用的锅，在这次调查以后，日本的锅子设计师在设计时注意到以下几点：

(1) 设计具有最经济体积的锅；

(2) 设计与烹调方式相一致的锅，尤其是用来蒸食物的锅不可缺少；

(3) 所设计的锅除了具备使用方便的特点外，还要考虑造型与厨房的风格相一致；

(4) 所设计的锅凹凸形状不宜过多，以便清洗。重视基本使用功能的锅将最受欢迎；

(5) 设计时必须选择与烹调要求、菜肴特性相适应的材料及其厚度与形状；

(6) 必须考虑设计具有足够牢度与正确构造的锅；

(7) 应有效地减少锅被闲置时所占的空间。

根据这样的调查分析结果，日本设计师纷纷设计出了不同于以往的锅，这些创意得以形成的前提是对用户的需求进行抽象思维的概括分析，得出结论。在这个案例中，采取的是逻辑思维里的常用方法：分析与综合。分析，是在思维中通过分解、离析以及考察各个要素的性质和相互关系来获得信息。比如，这里对用户调查所得资料按照不同的要素——人们对锅的体积、造型、风格、材料等的期望逐一进行分析。综合，是把分解出来的不同要素按照客观的次序、结构组成一个整体，达到对事物整体的认识，得出普遍性的结论。比如，这里综合得出的结论有锅的体积要求经济、锅的外型凹凸形状不宜过多、锅的造型要与厨房的风格相协调等。逻辑思维的常用方法除了分析和综合以外，还有归纳和演绎、抽象和具体。

与抽象思维相对的是形象思维。所谓形象思维，是指用具体的、感性的形象进行思维。具体地说，形象思维就是通过事物存在的感性形式——形象来把握客观世界、客观事物之间联系的思维形式。对于形象思维与抽象思维的区别，希腊哲学家亚里士多德有精辟的概括，他说："想象和判断是不同的思想方式。"[1]

想象在思维与创造中的作用举足轻重,在形象思维中尤其如此。丹·布朗的全球畅销书《达·芬奇密码》称达·芬奇喜欢将秘密隐藏在《最后的晚餐》之类的画中以及他的技术草图的一些细节中,根据该书改编的同名电影在全球掀起一股缅怀这位已逝天才的热潮。这位文艺复兴时期的巨匠不仅留下了艺术史上亘古不朽的杰作诸如《最后的晚餐》、《蒙娜·丽莎》,而且是集数学家、生物学家、天文学家、物理学家、解剖学家于一身的天才,同时也是富有想象力的设计师和发明家。达·芬奇曾经幻想人类能够像飞鸟一样在天空翱翔,在对鸟翼工作原理长期研究的基础上,他最早提出鸟类飞行依靠空气并引导出人类飞行的原理。他据此设计出飞机,机身装置将一个人固定,以人手为"舵",机翼非常轻巧。虽然这个设计没有发动机,是不能飞的,但其原理在后来的飞机发明中得到了广泛运用。想象在设计中具有重要作用,因此,波迪内奇(Baldinuecci)将设计定义为"事先在心中酝酿,在想象中已描绘出结果,并能通过实践使之成为现实的可视物"。

根据"形象思维"定义所提到的"通过形象把握客观世界、客观事物之间的联系"的原则可以看出,形象思维要运用联想的思维方法。联想,是由一事物想到另一事物的心理过程,它是联系记忆和想象的纽带。在很多情况下,联想与想象是同时进行的,联想不单纯是回忆,而是通过想象将万事万物之间的联系连接起来。苏联两位心理学家哥洛可斯和斯塔林茨曾用实验证明,任何两个概念词语都可以经过四五个阶段,建立起联想的关系。例如天空和茶,看似两个"风马牛不相及"的概念,但可借助联想为媒介,使它们发生联系:天空→土地→水→喝→茶。又如木头和足球之间的联想:木头→树林→田野→足球场→足球。

很多时候,创意来自于人们运用形象思维产生的联想。且不说在人类文明史的历程中,联想带来的丰硕成果:在远古时期就有"黄帝见风吹篷转而

---

[1]〔希腊〕亚里士多德:《心灵论》,载《外国理论家作家论形象思维》,中国社会科学出版社1979年版,第8页。

造车"的传说；一种齿状植物使鲁班产生了发明分解树木的锯子的灵感；19世纪初医学史上的重要发明——听诊器的出现来源于法国一位年轻医生勒内·雷奈克大夫由敲击木头而产生的联想……我们仅仅回顾一下艺术设计史就会发现，因为联想和想象得以运用，世界因此而变得艺术化。

值得一提的是，由联想而产生创意在很多时候是师法自然的结果。物有其形，是因为在长期的生存进化过程中，自然赋予它与其相适应的形。小鸟栖息在枝头，这样的画面我们司空见惯，在设计师的独特视角下，它成为一种新式衣夹的独特创意的来源。其中，小鸟的脚为夹子，可夹衣服并挂在绳子上。鸟嘴有小缝隙，可夹卡片、便签等。看见仙人掌我们第一个想到的是不要接近它以免刺痛自己，而设计师却根据它的独特造型设计出一款DIY（do it yourself）榨汁机。把半个橙子等水果倒扣在仙人掌上，拧一拧，果汁就会顺着花盆上的孔流入盆中，最后可以拿下仙人掌，从盆中倒出果汁，这不仅省去传统榨汁机通电的方式和榨汁过程中机器的剧烈震动，也迎合了新的时尚族DIY的健康生活理念。

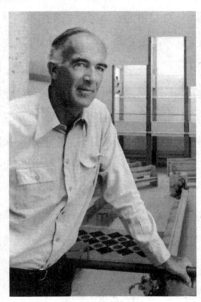

杰恩·乌特松

不过，设计中的师法自然也不是对自然原型的完全模仿，关键在于形态的凝练。有世界第八奇景之称的悉尼歌剧院由杰恩·乌特松（Jorn Utzon）设计，设计师因此在他80岁高龄之际获得2003年普利策建筑学奖（Pritzker Architecture Prize）。被誉为建筑学"诺贝尔奖"的普利策建筑学奖是专为在建筑学上独具想象力、非凡才干和杰出奉献的建筑设计大师设立的。尽管悉尼歌剧院从1960年乌特松设计出方案到

1973年全面竣工，这其中经历了恶意攻击、消极批评等坎坷波折，乌特松仍然坚持建造一座一改传统风格的建筑，并创造了一个超越时代、超越科技发展的建筑奇迹。悉尼歌剧院的造型"形若洁白蚌壳，宛如出海风帆"，实际上，据说它的设计灵感来自于掰开的桔瓣。这座世界公认的艺术杰作，用它的独特外型引领我们的想象驰骋飞翔，因此有人说它的存在是为现代城市带来新的梦想。

  与艺术一样，艺术设计中有时会迸发出灵感和直觉，在心理学的研究中被称为"直觉思维"或"灵感思维"，指无须经过分析、凭借直觉而突然悟的思维活动。直觉思维实际上是形象思维的特例。钱学森先生说："如果把逻辑思维视为抽象思维，把非逻辑思维视为形象思维或直感，那么灵感思维就是顿悟。它实际上是形象（直感）思维的特例。灵感的出现常常给人们渴求已久的智慧之光。"不过，灵感并非随时随地随机性地垂青任何人，灵感的出现与其说是偶然的昙花一现，不如说是对苦苦探寻者的一种眷顾。"产生直觉最典型的条件是：对问题进行了一段时间专注的研究，伴之以对解决方法的渴求；放下工作或转而考虑其他；然后，一个想法戏剧性地突然到来……"[1] 一位设计师曾经这样描述他的设计灵感凸现的过程。1972年为纪念中日邦交正常化，中国政府赠送日本两只熊猫，取名为"兰兰"和"康康"，日本立刻兴起了一股熊猫热。此后，熊猫一直受到日本人的喜爱。90年代初，日本一家公司委托这位设计师设计宾馆里的掌上无线遥控器，以代替占用空间又显笨重的床头柜。设计的要求是简洁、时尚，遥控器的外观能使人联想到熊猫的形象特征。这位设计师苦思冥想，在小小的掌上遥控器上体现出熊猫的外观，不是一件容易的事情。经过对熊猫的几天观察、琢磨和绘制草图，不断地远观近看，将草图几乎看成了三维图像，终于在某一时刻，熊猫的形象跃然纸上：熊猫面部的黑白花纹一般反映在两个"黑眼圈"上，此外，熊猫的耳朵和四肢都呈黑色，这正好构成了其代表性的"八个黑点"。他迅速捕捉到这个灵感，画出脑中抽象出的形象，但总觉有所欠缺，最后，

---

[1] 杨仲明：《创造心理学入门》，湖北人民出版社1988年版，第135页。

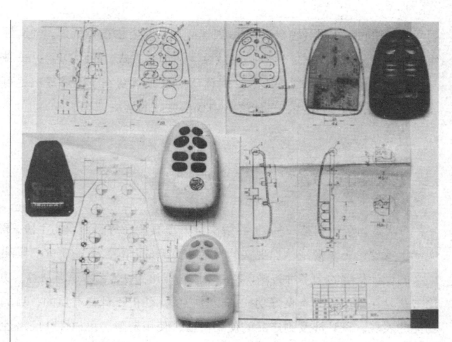

熊猫形状
的遥控器

在四个黑点的中央安排一个小的指示灯,成为点睛之笔,这一点代表熊猫的鼻子,熊猫的形象一下子变得完整了。设计最终以白色底板、八个黑色按钮、水滴形的圆润轮廓的方案得以确立。

　　逆向思维,顾名思义,是与顺向思维相对的。它指人们沿着事物的相反方向,用反向探求的方式对解决问题的方案进行逆向思考。服装设计史上无跟袜的诞生是逆向思维的结果。因为袜跟容易破,一破就毁了一双袜子,设计者运用逆向思维,设计了无跟袜,在当时市场上非常风靡。索尼公司的产品也有来自逆向思维的创意。有一次,日本索尼公司名誉董事长井深大去理发,边理发边看电视,但从理发镜里折射出来的图像是反的。他于是有了新的设想:制造可以在镜子里看到正画面的电视机。这种电视机上市后,不仅受到理发店的欢迎,也受到乒乓球训练员的欢迎,因为可以借鉴左手握拍运动员的发球、接球和击球动作。这种电视还被用于长期卧床者通过天花板安的镜子观看电视。

　　按照思维的认知加工方式,创造性思维也可以分为发散思维(辐射思维）和收敛思维（辐合思维）。美国心理学家吉尔福特认为，创造性思维有两种认知加工方式：一种是发散性认知加工方式，简称DP；另一种是与它相反的收敛性认知加工方式，简称CP。DP的优势在于能够提出尽可能多的新设想，CP的优势在于能够从中找出最好的解决方案。

二　艺术设计的方法

方法是为了达到某一种目的、解决某一项具体任务而采取的手段，是从实际上或理论上掌握或认识现实的方式或步骤的总和。有的研究者阐述了广义的设计科学的十多种方法，其中包括功能论方法、艺术论方法等。功能论方法是保障产品具有良好功能的设计方法。任何设计都有目的，目的是功能的表现。设计涉及到产品的使用价值、使用期限、可靠性、经济性等诸多方面，优秀的设计是充分保障产品功能的各种价值的设计。艺术论方法是以艺术和审美为向度的设计方法，主要表现在产品及系统的形态设计方面。艺术设计的审美方面随着人们生活水平的提高，其需要日益加强。[1]除了功能论方法和艺术论方法外，我们还将介绍人体工程学方法和市场学方法。

（一）功能论方法

艺术设计和艺术的最大区别在于，艺术设计具有实用目的，而艺术是"无用之用"。当然，艺术设计师也往往具有艺术家的气质。1940年，美国国家烟草局总裁预先支付5万美金，问著名艺术设计师罗维什么时候能够帮他设计香烟盒，罗维漫不经心地回答道："噢，哪天春暖花开，我兴趣来了，你就能得到你想要的设计了。"另一位设计师斯塔克把自己吊在挂衣钩上照相，好像在搞行为艺术。1991年荷兰设计师泰殴·雷米设计了名为"储梦"

---

[1] 咸昌滋：《现代广义设计科学方法学》，中国建筑工业出版社1996年版，第118—125页。

的床头柜:用一根绳子随意绑了一堆抽屉,并解释说:"每一个抽屉都装载着一段记忆,而且这些记忆在你的头脑中是混乱的,因此这个橱柜也只能是混乱的。"这个著名的设计作品与其说是设计不如说是艺术。

不过,艺术设计师毕竟不同于艺术家。艺术家只是创作作品,设计师设计的是产品,从日用小百货到化妆品盒,从家用电器到交通工具,从厨房设备到军工产品,从室内风格到环境景观;艺术家的创作可以是嬉戏,是表达,设计师的创作是一种工作;纯粹的艺术创作过程可以充斥梦幻、迷狂、冲动,艺术设计却必须有功能、结构、技术、生产、销售这些因素的理性考虑;艺术家可以孤芳自赏,设计师却必须考虑公众的喜好。

艺术设计的基本目标是产品的功能(我们是就实用功能而言),它是人的功能的一种强化、延伸或替代。产品的功能与形式有特别密切的关系,因此艺术设计师在设计产品的形式时,要与功能的实现相结合。

首先是产品结构的设计。任何产品都由不同材料的部件组成,如汽车,有发动机、车身、底盘、操纵装置等,发动机又有缸体、缸盖、活塞、连杆等组件。产品造型设计关乎各个部分的组合,因此要考虑结构的稳定性。

其次,物品的成型有赖于材料。世界上存在着几十万种不同的材料,现代工业产品常用的材料大致有金属、塑料、玻璃、陶瓷、木材、织物、皮革等。艺术设计师在设计产品造型时不得不考虑材料的性能,因为材料的性能与产品结构是否稳定、造型能否实现具有直接的关系。如陶瓷玻璃耐磨、耐蚀性好,但通常情况下很脆,加工性能极差,因此不能用来制造坚固的工具和家具。

在现代化大批量生产的条件下,艺术设计师还要了解材料在成型工艺上的制约。当材料的性能、加工技术无法实现既有的设计形式时,艺术设计师不得不改变设计方案。以金属为例,"金属制品有液态和固态成型方法,液态成型要发生一系列物理、化学变化,对铸品的质量和性能产生很大影响,因此作为液态合金必须具有合适的性能,需有充型能力、流动性、收缩性、偏析和吸气性等。缺少充型能力的合金材料,易产生浇不足和冷隔的缺陷。液态成型的器物造型变化自由,有一定的厚度,如果设计金属薄片装饰,则要考虑选择固态金属,通过非灌注的技术来达到"[1]。

艺术设计不同于工艺美术和实用美术设计。它所设计的产品,首先满足消费者的物质需要,以使用功能为最终目的。它对产品的外形、图案、装饰、色彩的关注,必须以产品特定的功能和内部结构为基础。它的对象主要不是手工艺品,而是批量生产的工业产品。

当艺术设计不仅仅局限于普通生活用品,而涉及大型民用设备、军用设备时,艺术设计师与工程师的作用会紧密结合在一起。在现代艺术设计史上,有过不少艺术设计师主持设计大型民用设备、军用设备的例子。我们在第五章中提到的盖茨曾经设计了汽车、高速列车和海轮,他在20世纪20年代还和德国著名航空设计师奥托·科勒尔一起,设计了有四百多个座位的巨型客机。德雷福斯也设计过很多东西,从日用品小百货、化妆品容器到计算机、直角形电冰箱、轮胎甚至军工产品。

世界上第一架喷气式客机是英国的"彗星号",它的设计者是英国著名的航空设计大师哈维兰。彗星号客机翼展为35米多,机高3米,机翼略向后掠,装有4台涡轮喷气发动机,可以以时速约800千米在高空飞行,避免低层大气中恶劣天气的干扰。第一架飞机于1949年在哈特菲尔德机场进行处女航,飞行中机身平稳,被认为在载客人数、飞行速度、舒适性等方面都代表了最先进水平。1952年5月,英国海外航空公司的9架"彗星号"飞机投入航线开始运营。"彗星1号"从英国伦敦起飞,只用2小时就飞到了意大利罗马。伦敦人高兴地说:"乘坐'彗星号',可以在伦敦吃早餐,罗马吃午餐,晚上回家吃晚餐。"不幸的是,在1953年5月至1954年4月期间,9架"彗星号"客机中的3架在载客飞行中爆炸坠毁。在进行了大量的研究工作后,人们终于确认罪魁祸首是座舱的疲劳裂纹。裂纹的产生有两个原因:第一是飞机上的金属构件产生疲劳,随着飞机的起降和飞行高度的变化,大气压也在不断改变,机身所受到的大气压力也随着改变。飞机上的金属构件经过这种反复变化荷载的长期作用,产生疲劳失效。第二是

---

[1] 李立新:《设计概论》,重庆大学出版社2004年版,第64页。

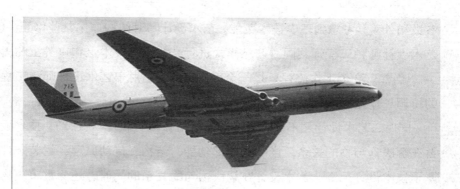

哈维兰：
彗星号

飞机的外观设计使材料疲劳的后果得以实现。它的方型窗户和方型孔在高压密封机身中是一个失败的形式，因为方型使座舱的疲劳裂纹得以产生。后来，为了减少机舱窗框拐角处的应力集中而产生疲劳裂纹的可能性，外观设计的改造中窗框都由方形改成圆形，并研制出了新的飞机材料。可见，作为一个成功的设计师，除了有外观设计的技能，还要兼具材料学、工程学、力学等多方面广博的知识。

　　艺术设计是以工程技术与美学艺术相结合为基础的设计体系。在产品设计的过程中，技术设计和艺术设计常常是相辅相成、相互协调的。尽管艺术设计师从一开始就和从事设计的工程师一起工作，然而他不替代、不重复工程师的工作。他和工程师的作用不同。工程师的工作程序是从技术可能性走向所要制作的产品，而艺术设计师则相反，他从整个产品的雏形走向实现这种雏形的技术条件。艺术设计师和工程师仿佛相向而行，一个人的起点是另一个人的终点。在艺术设计中，知识和幻想、直觉和核算、科学和艺术、天才和工艺结合在一起。一般说来，艺术设计要经历若干阶段：（1）产品观念的产生：艺术设计师敏锐地捕捉到社会消费需求，按照这种需求寻找产品形象，同时考虑到现存的设计观念、技术、工艺和生产成本，以及建筑、绘画和雕塑等艺术领域所取得的成就。接着，想象未来产品的雏形，画出草图，制作模型，初步确定外观特征和使用方法。（2）工程师检验产品构思的技术可能性，从一般技术观念向该产品的结构过渡。（3）结构方案形成以后，可能需要改变艺术设计师原初构思中产品的功能参数和外观。考虑到现实技术可能，艺术设计师对结构作出某些修正。（4）艺术设计师和工程师共同对产品模式进行结构上、技术上和审美上的再加工。[1]当然，这个工作流程只是一个略图，然而它对于艺术设计师和工程师的协调工作是必不可少的。

同时，艺术设计又不同于技术设计（机械设计和电气设计）。技术设计旨在解决物与物的关系，产品的内部功能、结构、传动原理、组装条件等属于技术设计范围。艺术设计在解决物与物关系的同时，还侧重解决物与人的关系，产品的外观造型、形体布局、操纵安排、面饰效果、色彩调配等属于艺术设计的范围。

（二）艺术论方法

外观的美是设计的重要内容，甚至对艺术设计不甚了解的公众常认为艺术设计师就是搞产品的外观设计——所谓的"外包装"。这是在我国艺术设计发展之初普遍存在的一种偏见，不过也恰恰从侧面说明了外观设计在艺术设计师工作内容中的重要地位。

外观的美实际上是就设计形式而言的。设计形式是材料和结构的外在表现，是各种造型要素的外观如形态、色彩、肌理等的总和。

材料能够产生一种特殊的魅力和感染力。设计的美感可以从材料的特性上去捕捉。比如，服装上运用天然棉、麻并配以传统蜡染、扎染而制成的蓝印花布或扎染麻布等作为布料，代表的是一种民族的、地方的、传统的设计风格；银质餐具象征高贵，而木制、陶制的餐具体现出古拙质朴；很多新潮的电子产品以金属作为其外观材料，显示的是产品的高科技感；北欧的家具用材往往偏爱自然的色彩与质感，因此显得具有亲和力。

形态是造型设计中的第一要素。点、线、面是纯粹的形态，在造型学上称为原理性的基本形态。造型设计中的点，可能是机床的按钮、指示灯，汽车的车灯、衣服上的纽扣等。设计中点的运用有一些基本原则："大面积上

---

[1] 参见〔俄〕坎托尔：《艺术设计的真理》，莫斯科1996年版，第160页。

的点，应避免置于中心位置，靠近角落或一个边反而显得生动。当有多个点时，应避免等间隔排列，以免单调；一般按功能分组，既便于操作，又富有节奏感。点作为信息传递的符号，应与面之间在色彩和质地上形成对比，以引人注目。"[1] 不同的线具有不同的特征和情感意蕴，例如直线简洁明快，曲线活泼优美，水平线有宁静感，垂直线有高耸感，斜线有飞越感，射线有方向感，粗线古朴阳刚，细线秀美柔弱。设计中的流线型风格就是将自然形态的流畅曲线应用到设计作品中所形成的独特造型。面是立体的组成部分，面的应用也有一些规律可循，如静态产品以平面组成为主，运动体则以曲面为主，弧面给人亲切柔和的感受。

  色彩是造型设计中的第二要素。色彩在造型艺术中具有重要地位，对此，日本设计师中村吉郎在他的《造型》一书中写道："一般人们刚看到物体时，色彩给人感觉的分量是80%，形体感觉的分量是20%，这种状态持续20秒钟，到2分钟以后，色彩占60%，形体占40%，到5分钟以后，形体和色彩才各占50%。"[2]

  造型设计中的第三个因素是肌理。肌理指材料表面的纹理，它可以增强产品的质感美。很多材料本身的特点赋予其独特的质感美，如皮革柔软舒适、棉木质朴、金属冷峻、稀有金属的亚光表面尤其具有价值感、玻璃透明等等。因此在设计中根据设计产品的不同选择与之相符的、具有独特肌理质感美的材料，能够产生意想不到的设计效果。

（三）人体工程学方法

  艺术设计是为人的设计。设计师设计出的物品是供人使用的，因此设计必须考虑三方面的问题，即使用时的舒适、方便和安全。

  人体工程学，又叫人机工程学、人类工程学，是与设计中人的安全、舒适直接相关的学科。国际人机工程学会（International Ergonomics Association）

---

[1] 凌继尧、徐恒醇：《艺术设计学》，上海人民出版社2000年版，第259页。
[2] 转引自刘国余：《产品设计》，上海交通大学出版社2000年版，第39页。

对该学科的定义是"关于人类能力、人类局限性和人类特点等一系列设计时要考虑的知识"。美国艺术设计师德雷福斯是人体工程学的积极倡导者。德雷福斯1955年出版了《为人的设计》一书，几年后又出版了《人体测量学——设计中人的因素》。他和助手们分析研究了操作者的工作区域和工作时的各种姿势，制定出类似达·芬奇提出的人体标准的参数，这对设计供身材不同的人使用的设备具有重要的参考价值。人体工程学在设计中的应用主要包括：人体测量与数据应用、人体感知、工作台椅与手握工具设计、作业空间设计、显示装置设计、控制装置设计、人机系统设计、作业环境分析等。德雷福斯曾经说过："要是产品阻滞了人的活动，设计便告失败；要是产品使人感到更安全、更舒适、更有效、更快乐，设计便成功了。"

人体工程学上被援引最多的例子之一是"O"系列剪刀的设计，这是将人体工程学应用在手握工具设计中的例子。20世纪50年代，斯丹纳克·科维尔（Zdenek Kovar, 1917— ）——捷克斯洛伐克一位毕业于Zenek Nejedly工业艺术学校的雕塑家和工业设计师，致力于人体工程学的手动工具的研究。他注意到当时工厂工人的手上有很多疤痂、水泡和伤口，认为这是手握工具设计不合理造成的，于是开始进行人体工程学手动工具设计的实验研究。他把软石膏缠绕在工具上面，用工人们正在使用的现有工具（锤子、风钻以及类似工具）做实验，通过测查他们的手所留下来的印记，开发了新的把手和握柄，这些工具不仅看起来有强烈的雕塑感，最重要的是非常适合人体的特点，使用起来很舒适。

科维尔1952年设计的手持工具在艺术设计史上被认为是运用人体工程学方法进行设计的先驱作品。受他的启发，芬兰设计师欧拉福·贝克斯托马斯（Olaf Backstroms）1960年设计出精美绝伦的"O"型剪刀，并于1967年由著名的费斯卡公司（Fiskars）投入生产。该公司后来以此独一无二的桔黄色塑料手柄剪刀建立起全球形象。直到今天，当人们来到芬兰的艺术设计之乡——已有三百五十多年历史的费斯卡公司所在的赫尔辛基以西85公里的小村庄时，仍然要买一把"O"型剪刀带回家作为到艺术设计之乡游览

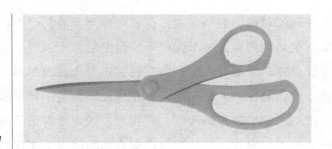
"O"型剪刀

归来的见证。

　　安全和健康的设计同符合人体工程学的设计一样,被认为是道德的、人性化的设计。从事文案工作的脑力劳动者因为长期坐在桌前,难免因疲劳而坐姿不正,加上工作桌椅的设计还没有充分考虑到身材、坐姿的不同而呈现多样性特点,久而久之就导致了颈椎、腰椎病的发生。有些儿童因为桌椅尺寸不和谐导致过早近视。1992年斯杜姆夫和查德维克德设计"太空"扶手椅,能够根据工作条件的不同而改变椅子高度、扶手及椅背的角度,各种体型和重量的使用者都能在它身上找到合适的位置和角度,坐上去能够得到充分的放松,从而减少了椅子设计不合理给人体带来的健康隐患。这款椅子因其人性化设计而成为设计史上的经典作品。

　　汽车设计也涉及安全问题。在传统的观念里,人们通常认为不会变形的汽车才是最安全的,因而汽车钢板越厚越安全。2006年清华大学汽车安全与节能国家重点实验室的专家经研究提出,汽车安全性的好坏与钢板厚薄没有直接的关系,关键要看设计水平。

　　首先,车辆的安全设计主要集中在发生碰撞的瞬间,通过车身的前部溃缩来吸收碰撞产生的能量,同时通过安全带、空气囊等缓冲装置将乘员所受到的伤害降低到最小值,这样的车身构造被称为车体吸撞结构。因此,对车厢结构进行强化,确保车内生存空间是安全设计的一个关键点。

　　其次,汽车的主动安全性有赖于设计的合理化。汽车的主动安全性决定了乘员紧急情况下能否及时躲避灾祸。大量调查结果表明,在紧急情况下能紧紧踩住制动踏板的驾车者，仅占全体驾车者的一半，而是否能够果断地踩下制动踏板直接关系到能否躲避危险。所以汽车的主动安全性的相关设计显得非常重要，设计内容包括：每个仪表和显示屏上的信息清晰易读，具备细致、人性化的人体工程设计，便于驾车者的操作等等。以第一汽车厂的丰田车型为例，在皇冠、锐志等丰田品牌的轿车上，为了便于驾车者的操作，将频繁使用或在紧急情况下使用的设备和按钮，配置在驾车者伸手可及的位置，这需要直接运用人体工程学的原理进行设计。

再次，车门的设计在车辆安全性能方面同样重要，一旦发生事故，必须保证乘员能顺利逃生并便于救援。在丰田公司进行的碰撞试验上，锐志车在碰撞后，车门能够被顺利地打开，因为它采用了便于乘员逃生和救援的防夹保护门。

如我们前面所说，艺术设计师不同于艺术家的重要方面还在于艺术家可以特立独行、我行我素地表达自己的艺术意愿而不必顾及作品是否被理解和接受，很多伟大的艺术家其艺术作品的珍贵价值也是在他们去世以后很多年才被发现和解读。艺术设计师不同，无论如何，艺术设计师设计的作品如果不能被使用，或者不知怎样使用，那就是设计的失败。针对设计出的东西要让使用者轻松地学会使用方法，产品语义学应运而生。我们曾经见过一些可笑事例，比如家庭妇女将茶杯搁在电脑弹出的光驱上，沾沾自喜道："这个茶托真不错"；高级餐厅里新引进的马桶抽水系统，因为普通的小蝌蚪状的旋钮被椭圆形地镶嵌在墙壁中的按盖所代替，而常见的水箱也不见了，很多人完全不能识别出旋钮的用途从而无从抽水，以致造成尴尬的场面。设计面对的群体是各种各样不同类型的人，每个人都有各自的知识局限和想象力。因此，让产品能被大多数人理解并容易地加以使用，是艺术设计师责无旁贷的任务。

产品造型发挥语言或符号作用，使产品的外形通过隐喻或象征手法表现功能，这在设计上被称为"产品语义学"。我们在第十三章中将谈到这个问题。设计史上产品语义学得以运用的经典作品之一是一款电话簿式的电话

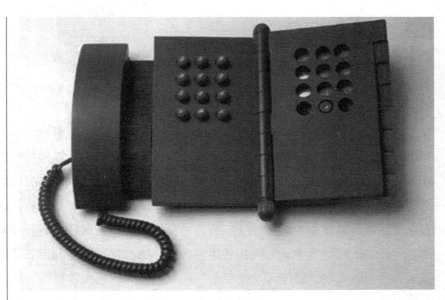

克诺、维美斯特：电话答录机

答录机。日常生活中常见的多功能电子产品，比如传真电话机，是通过不同的按钮和按钮组合来实现它的功能的，这要求人们花很多时间和精力去弄懂使用方法，而且因为有许多不同的功能可以利用，所以手指的轻轻滑动就会使机器的运行发生错误。美国设计师丽萨·克诺（Lisa Krohn）和图克尔·维美斯特（Tucher Viemeister）1987年设计的电话答录机运用电话簿的外型设计，将录制、重放或印刷信息等功能按钮以彼此分别的塑料书页来表示。按键通过页的标准孔穿插而通用。克诺谈到她的设计时说："这是一个把听筒和应答合二为一的机器。电话簿运用了比喻，既是一个具体的表面形象又是一种操作指南。……在某种程度上可以说，我们可以把这种电话簿视为技术药片上的一层糖衣。"[1] 产品语义学的目的是以新颖独特的具有比喻含义的产品外形表达产品的功能，告别单纯的基于技术和理性的设计，让产品使用容易且为公众所接受，在产品和使用者之间构建"友好关系"。

[1] 转引自〔英〕彼得·多默著，梁艳译：《1945年以来的设计》，四川人民出版社1998年版，第110页。

（四）市场学方法

设计原来主要为了满足顾客对产品的使用需求，后来转为刺激消费、废弃旧商品，这时候起，它就不可避免地与商业直接联系起来，艺术设计师因此对市场采取迎合的态度。

2003年春天，日本艺术家村上隆在设计师马克·积可斯（Marc Jacobs）的邀请下，把世界顶级奢侈品牌路易威登（Louis Vuitton）年逾百年的经典Monogram商标变换出33种颜色，一个关于流行、时尚、消费文化与现代艺术的新神话被全新触动，引起全球设计界的震动。村上隆在接受采访时大方地说，艺术对我来说就是商业。当艺术设计与消费、市场、商业有着千丝万缕的联系时，艺术设计师与其他职业的区别也就日渐明显：工程师可以本着严谨的态度、根据"功能至上"的原则工作，艺术家可以不理会大众的评判始终保持"卓尔不群"的姿态，艺术设计师却不可以。无论如何，艺术设计师必须采取一种适应市场的谦逊态度，即使不是全部，也至少要适应某一阶层的审美趣味。

尽管如此，回顾艺术设计的历史，我们发现卓有成就的艺术设计师往往是那些对设计有独到见解的人。著名设计师艾伦·弗莱彻（Alan Fletcher）始终不放弃自己的设计理念，他说："作为一名设计师，你必须要有自己的思想和个性。如果不是这样的话，你只是每天坐在那些急功近利的委托客户面前，这些人往往不理解也不希望分享你的热情与创造。倘若真是如此的话，那将是一件多么可怕和愚蠢的事啊。"[1]他表示即使是到了七八十岁，再没有客户找他设计，他还是要继续从事设计，为自己设计。这也许是艾伦虽已年过花甲，却仍然具有天才的想象力和大胆的创造力，被世界设计界称为"微笑大师"的原因。他将设计看做自己的生命追求，而绝不仅仅是对委托客户的一味迎合。

有人说过，艺术设计师必须是有综合创造素质的人，他应当是30%的

---

[1] 陈放：《世界大师设计意念》，转引自丁朝红：《这不是一只烟斗》，厦门大学出版社2002年版，第101页。

科学家、30%的艺术家、10%的诗人、10%的商人、10%的推销员。的确，做好一名艺术设计师不是一件容易的事，艺术设计是"戴着锁链的舞蹈"。那么作为这样一名"舞者"，要把握一种尺度，在美学艺术与工程技术之间、在迎合市场与坚守艺术理想之间、在喧嚣的时尚与永恒的艺术价值之间找到一个平衡点。这种平衡，体现了设计师在把握艺术设计时的一种能力。

不过，归根结底，抛却一切方法论上的繁文缛节，对艺术设计的热爱和由此带来的无时无刻的专注，乃是把握艺术设计的根本之所在。正如诗人聂鲁达所言："当华美的叶片落尽，生命的脉络才历历可见。"

思考题

1．艺术设计的思维有哪几种类型？
2．艺术设计的方法有哪些？在设计中怎样加以运用？

阅读书目

1．刘国余：《产品设计》，上海交通大学出版社2000年版。
2．简召全：《工业设计方法学》，北京理工大学出版社1995年版。

第十一章
艺术设计的心理学研究

在德国法兰克福大街上,有一块艳红的霓虹灯广告,它没有任何文字与图画,只有醒目的四个巨大的数字"4711"。第一次看见这块广告的人都不免感到好奇,会禁不住打听,探究这些数字背后的意义。原来,这是某种名牌香水在试制过程中失败的次数。当人们知道原委以后,对这种香水的生产厂家精益求精的态度立即肃然起敬,并对香水的质量产生由衷的信赖感,"4711"高级香水在当地销路大开。这是典型的悬念广告,广告根本没有做自己产品的宣传,而只是提供了一个"不知所云"的、令消费者疑窦丛生的内容,从而吸引了消费者的注意力。在一定时期之后,广告揭开谜底,推出广告内容,疑惑的观众才恍然大悟,这自然提高了对广告内容的记忆力,造成一次心理冲击。

在车水马龙的北京王府井大街上有人做过试验,请过往行人免费品尝啤酒。把普通啤酒放在美国百威啤酒的瓶子里,而把百威啤酒放在普通酒瓶里。结果,大家都说第一种酒好喝,味道正,有人说刚喝过百威啤酒,和它的味道一样；而都说第二种酒不好喝，有人还当场吐了出来，说太难喝了。百威啤酒世界销量第一，受到啤酒爱好者的青睐，然而装在普通瓶子里却身价大跌。这说明品牌能够给人以巨大的心理暗示，而心理暗示改变人们的行为和决策。这两则例子说的都是与艺术设计有关的心理活动。这一章我们谈艺术设计的心理学研究，下面先看一下科学心理学。

一 科学心理学

谈起心理学，我们不禁想起墨菲说过的一段话："在冯特创立他的实验室之前，心理学像个流浪儿，一会儿敲敲生理学的门，一会儿敲敲伦理学的门，一会儿敲敲认识论的门。1879年，它才成为一门实验科学，有了一个安身之处和一个名字。"心理学的英文名称是psychology，由希腊文psyche和logos组成，前者是"灵魂"的意思，

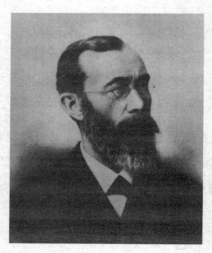
冯特

后者是"讲述"的意思。心理学原来一直是哲学的一个领域，19世纪末期，由于生物学的影响，它才成为一门独立的科学。科学心理学的创始人是德国心理学家和生理学家冯特（Wilhelm Wundt，1832—1920）。科学心理学认为，心理学是研究心理活动的科学。

即使没有学过心理学的人也知道奥地利著名心理学家弗洛伊德（Sigmund Freud，1856—1939）的名字，很多人是通过他接触心理学的。弗洛伊德说过："任何五官健全的人必定知道他不能保存秘密。如果他的嘴唇紧闭，他的指尖会说话；甚至他身上的每一个毛孔都会背

叛他。"这表明，即使你沉默不语，你的心理活动也会在你的肢体和神态中流露出来。这种说法给心理学蒙上了一层神秘的面纱。

在心理学的发展历程中，它的定义不断变化。我们认为，心理学是关于人们的心理活动和意识的产生、表现和发展的规律性的科学。每一门科学都有自己研究的具体对象，心理学研究的对象又是什么呢？很久以前人类就发现，除了实物的、物质的世界，即对象和现象（人们、自然界、各种对象）的世界外，还存在着人的内部世界，通常把它叫做人的精神世界。人的内部世界，即他的心理生活——映象、思想、感情、志向、需要等等，是人对现实和周围世界的心理反映的总和，是心理学研究的对象。

心理学作为一门科学，把研究和科学地解释心理现象作为自己的任务。而心理现象，也正如现实的其他现象一样，服从于一定的规律，虽然从表面上看来可能觉得心理具有不稳定的、不确定的特征，完全依赖于人的"自由意志"，但心理学力求揭示作为心理现象的表现、形成和发展基础的规律性。

（一）人的心理活动

我们每个人自己都有种种心理活动。通过眼睛、耳朵、鼻子、皮肤可以体验、感知、认识周围世界，这也是人的心理现象——感觉。感觉就是人通过感官和大脑，对直接作用于我们感觉器官的事物的个别属性的反映。当你漫步在江边、湖畔或海边，阳光照到你的身上，你会觉得温暖，如果是在盛夏，你会觉得骄阳似火，这时你会很自然地找个树荫乘乘凉；当海风徐徐吹来时，你会觉得凉爽宜人而精神倍增；如你身处于茂密的林间或繁盛的花丛之中，你会听到鸟语虫鸣，会闻到花香袭人。这一切——温暖、凉爽、鸣声、芳香等等，就是通过人的触觉器官（体肤）、听觉器官（耳）、嗅觉器官（鼻）和视觉器官（眼）所获得的感觉。感觉是人们直接了解认识周围环境的出发点。

感觉是对现实反映的最简单形式，它反映作用于感觉器官的对象和现象的个别特性（颜色，气味、温度等）。认识的较高级阶段是知觉，它是整个对象和现象及其全部特性和品质的反映。没有感觉不会产生知觉，知觉是在感觉基础上的深化。

"人对事物的认识，并不是停留在对事物的具体形象上，还要在感知事物外部具体形象的基础上，对它进行分析、综合、抽象、概括、判断、推理，也就是说，要进行大脑的加工、思考活动，以求得对事物的本质的、规律性的认识。这种心理活动叫做思维。思维是对客观事物的概括的、间接的反映。一切科学的概念、定义、法则、规律，都是经过思维活动所产生的结果。"[1]思维是借助于言语表现出来的。言语作为思想的进行形式，是人们之间交往的最重要的手段。

人不仅对现实事物具有感觉、知觉能力，而且具有对过去感觉、知觉过的事物的记忆能力。一个人常常对少年时代的经历久久不忘，如牢记某位启蒙老师的教诲，甚至连老师的音容笑貌，都还能清楚地记得。我们感知过的事物、思考过的问题，往往会在我们的头脑中留下一定的痕迹，不会完全消失。在一定条件下，尽管这些事物不在眼前，问题也已经解决，但我们仍能回忆起来，作出反映。记忆是对过去经验过的事物的反映。记忆很奇妙，斯帕尔丁说："记忆可能是天堂，我们不担心会被驱逐；记忆也可能是地狱，我们想逃也逃不掉。"

人们头脑中不仅可以保留、回忆经验过的事物形象，而且还能在原有的经验基础上，通过要素的组合形成新事物的形象。这种人以前没有感知过的新映像的积极创造过程，即新的形象、观念的创造叫做想象。例如，澳大利亚悉尼歌剧院以洁白、巨大的造型，给人以神奇的想象，有人把它想象成巨大的贝壳，也有人把它想象成扬起的白帆。想象对艺术设计有着非常重要的作用。艺术设计师有时候被称做"职业想象家"。市场上的胜利者往往不是新技术的发明者和新材料的制造者，而是能够想出千百种方法使用这种新技术和新材料的"想象家"。

以上所说的感觉、知觉、记忆、思维、想象都是人们认识事物过程中所

---

[1] 汪安圣：《心理学及其在工业中的应用》，机械工业出版社1987年版，第2页。

产生的心理活动，是人们在日常生活、学习、工作、生产以及其他实践中经常发生的认识活动，所以都属于认识过程。如果说感觉、知觉是一种简单的、初级的认识过程，那么，思维、想象则是人的复杂的、高级的认识过程。

人在认识事物的过程中，并不是无动于衷的，往往要对它采取一定的态度，满意或者不满意、喜爱或者厌恶等等。这就是一种情绪、情感过程。情绪、情感是客观事物与人的需要之间关系的反映，是一种主观体验。它也是人的一种重要的心理现象。

（二）心理学在艺术设计中的应用

艺术设计心理学包括两方面的内容：一是艺术设计师在创作过程中自身的心理活动；二是艺术设计师通过产品满足、引导消费者的心理需要。相比之下，第一方面的研究还非常薄弱。

由于研究薄弱，我们还无法解释艺术设计师在创作过程中所发生的心理活动。例如，美国早期艺术设计师德雷福斯偏爱平稳的、静态的结构；而意大利艺术设计师索托萨斯设计的鲜红色塑料打字机则充满热烈、奔放的情调。他们对设计风格的不同爱好与他们的创作心理有什么关系呢？准确的解读有助于加深我们对他们的作品的理解。

达·芬奇在回忆自己的童年时写道："看来我是注定了与秃鹫有着如此深的关系；因为我想起了一件很久以前的往事，那时我还在摇篮里，一只秃鹫向我飞了下来，它用翘起的尾巴撞开我的嘴，还用它的尾巴一次次地撞我的嘴唇。"[1]弗洛伊德根据这段回忆来解释达·芬奇的创作。达·芬奇作为一个私生子，没有父爱，因而过分依赖母爱。秃鹫都是雌的，它的形象象征母亲，使达·芬奇回忆起自己童年时母亲把无数热烈的吻印在他嘴上的情景。依恋母亲的温情成为达·芬奇创作的最隐秘的精神冲动。他一

---

[1] 转引自〔奥〕弗洛伊德著，张唤民等译：《弗洛伊德美学文选》，知识出版社1987年版，第57页。

生创作了一系列以微笑的女性为模特的画,其中最著名的是他50岁时遇到的蒙娜·丽莎。这些女性迷人的微笑体现了他对母亲的微笑的回忆。我们虽然不能完全认同弗洛伊德的解释,然而,这种解释的价值和意义在于,它是心理学的。艺术设计师的创作也需要得到心理学的解释。

明代画家王履在谈他的创作经验时说:"吾师心,心师目,目师华山。""师心"是艺术创作过程中的心理活动,是艺术创作的一个重要环节。艺术家在以物质形式体现艺术形象之前,在内心世界有一个对形象进行酝酿、加工、选择、修改、完善的过程。艺术创作的很多奥秘就隐匿在艺术家的心理活动中。

我们在第七章中谈到,意大利孟菲斯组织命名的来源之一,是美国西部一座城市的名称,这座以摇滚乐著称的城市就叫孟菲斯。可见,孟菲斯设计师深受美国大众文化、特别是摇滚乐的影响。摇滚乐和艺术设计是两个不同的领域,摇滚乐怎样影响艺术设计呢?这在心理学中叫表象转化。在解释表象转化时,我们先看一下表象。

我们看一朵花时,是对花的知觉,我们头脑中留下花的形象,包括花的形状、结构、色彩等,这就是花的表象。表象的一系列特征使它对艺术创作和艺术设计创作具有重要的意义。花从我们的视线中消失了,我们对花的知觉就终止了,然而花的表象仍然保留在我们的头脑中。表象具有变异性,它可以进一步深化和分化,在原初的表象的基础上产生出新的表象。表象也具有综合性。我们不仅看过一朵花,而且看过很多花,各种各样的花,玫瑰花、牡丹花、梅花等等,我们头脑中花的表象就综合了所有这些花的特征。

表象转化是一种活动中产生的表象转移、渗透到另一种活动中的心理现象。摇滚乐的表象当然无法直接进入孟菲斯艺术设计师的创作中,然而这些表象经过转化,它们的动势、节律、奔放、热烈却可以影响到艺术设计师的创作。

在我国古代艺术创作中,也有很多表象转化的例子。例如,东晋王羲之的书法相传是从鹅掌拨水悟得的,王羲之也常常和鹅的形象联系在一起。鹅掌拨水的表象不能直接进入书法创作中,然而鹅掌拨水的轻松自如、从容闲适却可以使书法家得到一种特殊的筋肉感觉,从而对书法创作有所帮助。

下面我们主要讲讲与艺术设计心理学的第二个方面有关的问题,即消费心理问题。

二 影响消费的一般心理活动

艺术设计是为人(消费者)服务的。艺术设计心理学研究消费者的心理动态,主要目的是沟通设计者与消费者,使设计者了解消费者的心理规律,从而使设计、生产、销售最大限度地与消费者的需求匹配,满足各层次消费者的需要,达到适销对路的市场效益。艺术设计应当力求创新,以新材料、新形式、新图案给消费者耳目一新的感觉。

有一个奔驰车的创意广告,整个画面是美国好莱坞著名影星玛丽莲·梦露的一幅巨型艺术照片,梦露小姐的脸上有一颗黑痣,仔细看去,这颗黑痣却是奔驰车的标志。玛丽莲·梦露享誉全球,脸上那个黑痣也和她本人一样耀眼和出名,如今竟画成了奔驰车的"圆形方向盘"标志,对观众来讲,怎能不让他们"大开眼界"？小小的篡改技巧,却蕴涵着大胆的想象创意。

消费者的心理现象,既包括消费者的一般心理活动过程,也涉及消费者作为个别人的心理特征的差异性即个性。消费者在消费过程中的心理现象,表现为对产品、生活环境等的知觉、记忆、思维和想象以及好恶态度,从而引发肯定和否定的情感。由于消费者对产品的情感程度不同,最后会反映在购买决策和购买行为上。这些消费者的心理现象,有共性的规律性的东西,组成消费者心理的一般性内容。但是,消费者心理也有差异性,表现他们对商品的兴趣、需要、动机、态度、价值观的不同,因而必然产生不同的购买行为。

（一）感觉与知觉

我国古代文献《列子·汤问》篇记载着一个《两小儿辩日》的故事。两个小孩为一个问题争论得面红耳赤：为什么同样一个太阳，早晨看起来显得大而中午看起来显得小？一个孩子说：这是因为早晨的太阳离我们近，而中午的太阳离我们远，根据远小近大的道理，早晨的太阳就显得大，中午的太阳就显得小。另一个小孩反驳说：如果早晨的太阳离我们近，那么我们早晨就会感到更热些，而中午的太阳离我们远，那么我们中午就会感到更凉快些；可是，事实恰恰相反，怎能说早晨的太阳离我们近，而中午的太阳离我们远呢？两个小孩谁也说服不了谁，他们气呼呼地去向孔子请教。孔子听后，沉吟半天，竟无言以对。同一个太阳被我们知觉为大小不一样，这种知觉反应在心理学中叫错觉。

根据研究，错觉现象多为视错觉。视错觉指人们凭视力对客观事物的一种失真的、变形的、不符合事物原貌的知觉反应。我们看一组图，它包括两幅对比的图，两幅图居中的圆形同样大小。可是看上去左边的大，右边的小。因为左边的圆形被8个比它小的圆形围着，而右边的圆形被6个比它大的圆形围着。根据视知觉原理，同某个对象相邻的物体的尺寸越小，该对象的质量就显得越大。而同它相邻的对象尺寸变大了，该对象的质量在视觉上就变小了。我们再看一组图，图中有一个正方形和两个长方形。这三个几何图形的实际面积都相等，但是正方形的视觉质量显得最大。这里表现出质量知觉随着几何

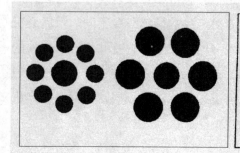
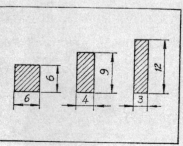

左图：居中圆形相等的图形
右图：面积相等的几何图形

形状而改变的一条规律。接近于立方体和球体的形式，以及长、宽、高三种坐标上的测量彼此相等或者接近相等的形式，具有最大的视觉质量；而接近于线形的形式则具有最小的视觉质量。视错觉对形式质量的感觉是虚幻的、不实际的，然而它常常在艺术设计中得到运用。

感觉与知觉是两种既相同又相异的紧密联系的心理活动过程。其共同点在于都是人脑对当前客观事物的反映，一旦客观事物在人的感觉器官所及的范围内消失，感觉和知觉也就停止了。所不同的是，感觉是对物体个别属性的反映，是介于心理与生理之间的活动。知觉是对物体整体的反映，是以生理机制为基础的纯粹的心理活动，表现出主观因素的参与。但是，如果没有对物体个别属性反映的感觉，就不可能有反映事物整体的知觉。对某个物体感觉到的个别属性越丰富、越精确，对该事物的知觉就越完整、越清晰。现实生活中，人们一般都是以知觉的形式直接反映客观事物，感觉只是作为知觉的组成成分存在于其中，心理学为了研究的需要，才把感觉从知觉中区分出来加以讨论。感觉与知觉统称为感知，平常所说的感觉往往也泛指感知。

人生活在世界上，每天都要与周围环境发生感性的、自然的和直接的关系，如观看、倾听、品尝和触摸外物，而由这种种渠道得到的感觉，就构成了他们进行理解、想象和情感活动的基础。人的各种感官，能使他们得到有关周围环境和自身内部活动的种种信息，而这些信息又为他们的生存和心理结构向更高水平发展提供了保证。

在建筑中，色彩就必须与建筑自身的实用功能和一定的氛围相吻合，使其视觉美不仅升华建筑的造型美、氛围美，而且也升华自身的审美价值。例如，医院、图书馆是以"静"为特点的，涂饰于这些建筑环境的色彩，就应以白色、绿色等冷色调的色彩为主，冷色的淡雅朴素而又亲切宁静的情调，既能有效地吻合这些建筑环境的实用功能，又能充分发挥冷色的审美功能。而一般的娱乐性建筑，如舞厅、娱乐中心等，是以"动"为特点的，就应以红、黄等暖色为主调装饰这些建筑环境。暖色的明朗、热烈而又生机盎然的格调，正适合这些建筑环境的实用功能，同时也能有效地显示这些建筑环境的个性特点。建筑环境色彩通常更多地考虑心理因素，如在餐厅使用暖色调、暖光源，可使美味佳肴更加诱人，增强人的食欲。

在心理学初创时期，学者们误认为人所知觉到的整体，是各感觉要素拼凑起来的或加在一起而形成的一种结构，就像房屋是由砖、水泥、木料、钢筋造成的结构一样。随着心理学的发展，人们越来越认识到，知觉活动远比这种简单的相加复杂得多，它并不是被动地将各种感觉要素加在一起，而是以一种主动的态度去解释它和理解它，即使眼前的刺激物相同，具有不同期望的人也不会从中看到相同的物象。如中国国画中画荷花叶子用的墨色，用在别处只不过是单纯的墨色，而用在国画中你就会联想到绿色。由此而知，人的知觉绝不是像照相机那样，仅仅是一种被动的复制活动，而是一种积极主动的反映，过去的经验会在心中积淀成种种"图式"；而某些由环境和目的性行为造成的特定期望，又会决定究竟去选择哪些图式。

当我们看见一幢建筑时，并不是先把色彩、线条、门窗、形状、材料等感觉到的局部加起来达到知觉，而是以一种完整的组织形式迅速构成某种完整的知觉形象，从而感受和理解对象的结构形态、情感基调和直接意蕴。这是一种知觉"完形"、一种"格式塔"。

"格式塔"是德语 gestalt 的音译，它相当于英文 configuration，含有"完形"、"整体"的意义，所以，格式塔心理学又称完形心理学。这派心理学于20世纪初期发源于德国。格式塔心理学派以许多实验证明了人的知觉向往良好的完形趋向。完形心理学家曾对"图—底"关系进行研究，一般情况下，某种图形都处在一种背景中，图形和背景的关系就是"图—底"关系。从他们的研究中我们可以看到，完形心理学不仅注意到了形从背景中分离出来的诸多条件限制，而且还注意到"底"本身在艺术中的举足轻重的作用。设计师在进行建筑环境设计时也从经验中得知，一幢好的建筑，仅仅推敲其实在的形体组合是不够的，他们还必须考虑到由这些形体切割出来的"虚"的形体的形状及与周围建筑的关系，所谓"计白当黑"也意在强调"底"的作用。同时，设计师还常常考虑到光影的效果及不同材料之间的呼应关系。假如阴影的组合和材料的呼应形式都形成了良好的完形，

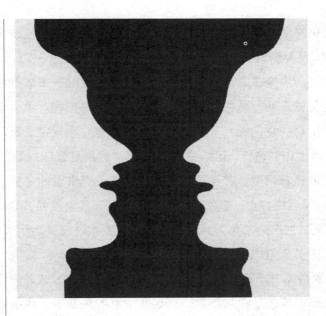

"图—底"杯

那么整幢建筑给人的印象将会大为改进。设计师在构思时常常随手勾勒一些各个角度的透视草图，正是努力使设计成为一个良好的完形。

（二）思维与想象

思维活动是人们所熟知的头脑中经常进行着的一种心理过程。思维和感知不同，感知是对直接作用于我们感觉器官的事物的个别属性或个别事物的反映；而思维则是人脑对客观事物的一般特性和规律性的联系的反映，是一种概括的和间接的反映过程。

根据思维活动的性质和方式，一般把思维分为形象思维和抽象思维。它们在人们实际的思维过程中是彼此沟通、紧密联系的，很少出现单独工作的情况，只不过依思维内容和方式的不同有所偏重而已：有时人们以形象思维为主，辅以抽象思维；有时又以抽象思维为主，辅以形象思维。当然，不同个体之间，由于种种原因，在思维上是存在着个别差异的，有的人善于抽象思维，有的人则善于形象思维。

按照思维的新颖性和独创性，可以把思维分为常规性思维和创造性思维。在创造性思维中，想象起着重要的作用。

对想象心理的研究卓有贡献的萨特认为:"想象是一种注定要创造出人的理想对象的妖术,是要造就出人所渴求的东西,正是以这样一种方式,人才可能得到这种东西。"[1]换言之,想象性的活动就是要让对于主体有意义的东西成为显而易见的东西,从主体需要的特殊意义上来把握对象、把握境况。这正是想象活动的意向性。想象活动受意向的驱动和规定,表现出高度的主体性、主动性和创造性。正如黑格尔说的,"想象是创造性的",它可以不顾逻辑,可以违背常情,甚至可以否定现实。人们常说的"异想天开",就是指想象的非理性特点。想象活动的概念性弱,具象性强。与其说它是运用概念、判断、推理的抽象方式组织起来的,不如说它是运用表象、意象、形象、图像等具象方式组织起来的。

有时候某些主观情感并不容易找到已有的形象去与它对应,这就会产生出某些用线条和色彩组成的抽象的形象。在这些抽象的形象中,线条和色彩的选择同样也不是随意的。如转折突然和生硬的线条总是与某种愤怒的感情相对应,曲折多变和柔和的线条总是同某种温存的情绪相对应,方向向上或向前的线条总是与某种积极、活跃的情绪联系在一起,方向向后和向下的线条总是与某种消沉、低落的情绪联系在一起。总之,只要线条、色彩、质地、形状相适应、相协调,即使是抽象的形状,也不会影响主观感情的表达,有时甚至会使这种表达变得更为顺手和自由一些。

艺术的想象是针对自然事物或富有感染力的艺术品而展开的。当人的全部心理功能都活跃起来去拥抱自然或感受艺术品时,当人们的心境、情感与大自然或艺术品合拍时,人的想象活动便被激发起来了。比如中国传统建筑的厅堂的中轴对称、序列关系以及色彩和造型特点,使人一看到就产生一种庄严肃穆的感觉;一看到黄色和故宫的太师椅,便会想到至上的皇权;一看到传统的大红灯笼,就联想到喜庆的节日气氛。再如中国画运用抽象的"以形写神、神寓于形"及"知白守黑、虚实相间",无画处皆成妙境,意在空间。空白、省笔正是为欣赏者留下的空阔、茫无边际的美的想

---

[1]〔法〕萨特著,褚朔维译:《想象心理学》,光明日报出版社1988年版,第192页。

象。而在建筑环境空间中"少就是多",以少胜多,以极简的表现力,取得炉火纯青的艺术和实用相统一的效果:空间组合元素综合形成一种无声的语言环境,表达出特有的意境和情调,使人们在环境中产生联想,思索个中内涵,体味其中的艺术魅力,得到精神上的享受。

此外,当消费者在消费时,常富于想象。他们买还是不买某种商品,常取决于购买对象与想象中的追求是否相吻合。如购买家具时,消费者往往伴随着家具对居室环境美化效果的想象,从而对家具进行评价。因此在对产品进行设计时,必须切实注意消费者的这种心态,使消费品无论在功能设计和艺术设计上都能引发消费者的某种联想,使之对消费品形成良好的印象,从而采取相应的消费行为。

在汽车王国里,再没有一个名字能像法拉利一样让人疯狂,它是激情与完美的组合,是速度与浪漫的象征。拥有一辆法拉利跑车已成为当今世界许多年轻人心中的梦幻。法拉利带给人神奇的想象,也因为对于绝大多数的车迷来说,除了其无可挑剔的品质与技术外,还有一个重要的原因是它在世界汽车大赛上的出色表现。法拉利车队一直是世界一级方程式赛车中的佼佼者,共获得一百多项胜利,至今还没有哪一种赛车能够打破这种记录。法拉利的速度倾倒了几乎所有的F1车迷,它是当之无愧的F1英雄。

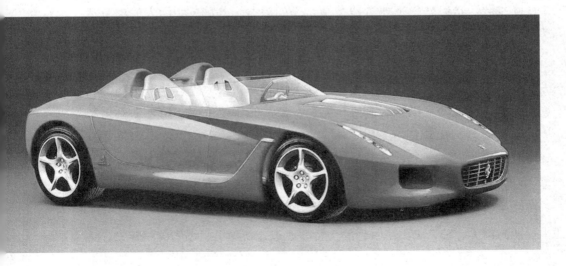

法拉利跑车

黄永玉设计的酒鬼酒紫砂陶瓶古拙别致，大土大雅。酒鬼也是他取的名。酒鬼酒使消费者想起湘西的奇诡和不拘一格的鬼才。在往日湘西刀枪、山歌、烈酒的三维世界里，"无酒匪不勇，无酒歌不飞"，酒是湘西人的根基和灵魂。我们可以从沈从文20世纪30年代的小说中读到湘西民性强悍的描绘。所以，黄永玉设计的不仅是酒瓶和酒名，更是酒文化，是湘西文化。酒鬼酒给我们带来了奇妙的想象。

（三）情绪与情感

前面所说的感觉、知觉、记忆、思维、想象都属于认识过程。人们在认识事物的过程中并不是无动于衷的,总是自觉或不自觉地抱有一定的态度。人们对现实生活中的种种事物或现象，有的感到喜悦，有的感到悲哀，有的感到愤怒，有的感到恐惧等，这种喜悦、悲哀、愤怒、恐惧就是人们对事物或现象产生的不同的情绪、情感。

消费者消费时的心理活动是一个很复杂的过程,很难说消费者的消费行为都是思维的结果和理性的体现。实际上，消费者的消费心理活动过程既是一个认识过程，也是一个非常复杂的情绪活动过程。在许多情况下，消费者的消费行为是情绪在起主要作用。

消费者的情绪是他在消费活动中对特定消费品所持的态度、体验与反映形式，是以特定消费品能否满足人的需要为基础的，而人的消费活动总是指向于满足某种机体的、社会的、物质的和精神的需要。长期的社会实践和生活条件使人们形成了各种不同的需要，并产生了各种不同的态度和体验。如那些能够满足需要的消费品，会引起各种肯定的态度和体验，使人产生满意、高兴、喜悦、爱慕的情绪反应；反之则会引起否定的态度和体验，使人产生痛苦、忧愁、厌恶、恐惧、憎恨的情绪反应。

美国Lee牌牛仔服装广告的创意焦点是"最贴身的牛仔"，这种产品一改传统的直条型生产服装的方法，将产品裁成曲线型。曲线的牛仔迎合了女性的审美心理，突出了女性的身材和线条，增加了女性的美和魅力。这一巧夺天工的产品创意可以说是服装业的一次革命,为Lee的成功奠定了基础。而广告创意焦点定于"最贴身的牛仔",是针对研究中所发现的妇女与牛仔之间的感情联系,广告诉求也就不能再用纯理性手法,要真正走入女性的生活,去叩响女性的心弦。"最贴身的牛仔"这句话是迷人的、聪颖的,它表达了与妇女生活息息相关的亲近感情。

人对客观对象的感受,因不同的情绪和心境而变异。这也是人的高级心理活动的反映。建筑环境心理学研究建筑环境对人的影响,即所谓"情随景迁"。哥特式教堂的室内空间,其形状、尺度、光线、色彩等,给人的感受是神的伟大和人的渺小。迪斯尼乐园五光十色的环境、活泼多样的形象、激烈明快的节奏,给人的感受是愉悦、欢快和畅神。这些都是人在特定的建筑环境中产生的心理活动。

三 消费者个性认知心理活动

美国作家马克·吐温说:"我们是胆小怕事的绵羊,总是要先看看畜群正在朝什么方向移动,然后才跟过去。"消费者具有从众、趋同的心理,然而消费者的个性心理仍然在消费中起着重要的作用。

(一)个性的心理结构

个性的心理结构是复杂的、多侧面、多层次的系统,由个性倾向性和个性心理特征组成。个性倾向性体现为个性对现实的态度,它是人们进行活动的基本动力,是个性结构中最活跃的因素,包括相互作用的需要、动机、兴趣、信念、理想等方面。个性心理特征体现为一个人稳定的类型特征,它是人们在积极、主动反映客观现实中形成的稳定的构成物,主要包括能力、气质、性格等因素。[1]

---

[1] 喻国华、何同善等主编:《消费心理学》,中国科学技术出版社1995年版,第143页。

每个人都有一个具体的个性，对周围的人们、现象、对象有着这样或那样的态度，在不同的生活情境中有着特定的行为。个性是人的个体特性。个体的倾向性、性格、能力、气质以及认识过程和感情进程的特点，构成个性的心理结构。

心理现象在每个人身上都带有个人的特点：有的人思想敏捷，有的人思维迟缓；有的人喜好文艺，有的人酷爱科学；有的人善于运算，有的人善于文辞；有的人性格开朗，有的人沉静内向。这些表现在个人身上的比较稳定的心理特点，就构成了一个人的个性。一个人的个性是受到一定的社会物质生活条件制约的，是在他所经历过的社会实践活动中形成和发展起来的。

科学的心理学研究的必要条件，是在同其他心理现象、心理过程不可分割的联系中研究某个心理过程、心理现象。这一条件来源于以下的事实，即人的一切心理活动都是统一的整体，是由统一的脑来实现的，而心理的过程、状态、特性的多种多样的表现表征着特定的个性。由此可见，要是把个性的个别方面、个性的心理特点与其他方面孤立起来加以研究，那是得不到所期望的结果的，是不能深刻地和全面地揭示所研究的心理现象的。因而必须经常考虑到心理现象、心理过程的相互联系和相互制约性。例如，设计师的视觉记忆对他的设计能力形成的影响，观察力对审美感情的影响，审美感情对思维的情绪方面的影响，等等。

心理学的任务在于研究人的心理活动的规律，以便在组织各种学习、劳动、创造性设计活动时应用它们，并正确地建立人们的相互关系系统，以最佳的方式组织个性的形成过程。

（二）消费者消费行为的个性心理

消费者购买行为的心理现象，是消费者群体中的个体作为一个"人"的心理表现，必然会被消费者个性心理特征所左右。消费者在购买行为中产生的感觉、知觉、记忆、注意、想象、情绪、思维等心理活动过程，表现出人的心理活动的一般规律。而作为一个人，不论其每次具体购买行为是怎样的，消费者总是他自己，并以独特的结合保持那些稳定的、本质的心理品质，即消费者个性。这种个性在市场营销活动中，表现出各类消费者群体在能力、性格、气质诸方面的差异，并由此构成消费者购买动机与购买行为的基础。

消费者在生活中表现的各种消费心理现象，是由社会因素和个人因素复合而成的。消费的不同心理既受到个人心理活动内在因素的影响，又受到客观环境的外在的影响，还受到时间、年龄等动态的影响。所以，通过对消费者的心理过程的分析研究，可以发现消费者一致性的心理现象；通过对消费者个性心理特征的分析研究，可以发现消费者差异性的心理现象；通过对消费者心理现象的两方面结合起来研究，则可以发现消费者购买行为心理的一般规律。因而，设计者要从多方位、多角度研究人们的生活消费心理，为设计活动提供依据。

在市场消费活动中，客观事物如何引起消费者的心理活动，如感觉、知觉、记忆、想象以及思维，然后产生情感反应；这个活动的过程如何，一般有什么共性即规律，又有什么不同的个性心理特征；这些心理现象的产生与经营者的市场经营活动诸环节、手段、方法及策略有多大的关联，等等，这些就是消费心理学研究的任务。[1]消费者具有不同的个性，这在他们购物行为中表现出来。

对于周围客观事物的认识过程、情感过程和意志过程，是人们共有的心理活动过程。但作用在每一个人的身上，反应和结果是不一样的：因为每个人的能力、气质等内在因素，或者说生活环境是不一样的，有的消费者分析归纳能力强，感受体验敏感，有的认识肤浅片面；有的比较开朗、果断，有的犹疑不决、优柔寡断；有的轻信，有的怀疑一切；有的爱贪便宜货，有的向往名牌，这些都反映了不同的个性心理特征。

消费者的个性，对商品的不同评价、不同认识能力等，是在现实生活中反复感知商品的基础上逐步形成和发展的，而一旦形成自己的个性特征，

---

[1] 喻国华、何同善等主编：《消费心理学》，中国科学技术出版社1995年版，第15页。

又直接影响了消费者对商品感知的效率和深度。因而，消费者的个性对购买行为的影响极大，是形成各种不同购买行为的原因和基础。我们研究并掌握了这些不同的个性心理特征，就可以预见消费者的购买行为，准确推算出市场销售的潜量，进而指导企业的生产和经销决策，为产品的设计打下良好的基础。

设计除了要考虑时尚商品与消费者个性心理特征的相互关系外，还要考虑适应消费者的生活环境。生活环境既包括家庭内的生活环境，也包括家庭外的生活环境。消费者所处的生活环境不同，其认识事物的方式、行为准则和价值观念以及对商品的需求也不同。消费者生活环境的变化也往往会刺激着心理需求的变化，例如，新的居住环境可以引起室内用品购买动机。而肯德基和麦当劳那种优雅、温馨的就餐环境，以柔和的灯光、清丽的色彩、悠扬的轻音乐，给人以怡然自得的轻松感，引发顾客的消费欲。因此，设计不仅要考虑商品的特性，还要求商品与环境、与消费者所处的生活环境相协调、相配合。

总之，艺术设计是广义的全方位的设计，不仅包括产品的定位设计、功能和外观设计，而且包括作为商品的促销设计。艺术设计除了注重产品自身的完美以外，还需要注重产品的营销设计，注重产品的自我推销能力。现代市场经济带来激烈的市场竞争，以至艺术设计产品离不开广告设计和传播设计。

随着市场经济的发达，对广告设计的要求越来越高，突出表现在广告的策划和创意设计上。广告策划和创意，说到底就是一个研究消费者市场和消费者心理的问题。研究消费者市场的全部过程就是广告策划的全过程。现代市场是以消费者为导向的，消费者的人口特征包括年龄、性别、职业、文化程度和家庭状况等，对企业的产品定位和广告定位都具有重要的影响。所以，广告策划的重点在于对消费者的市场研究，而广告的创意也是如此，所不同的是创意重在消费者的心理研究。比如，在广告的设计中，要运用消费者的感知规律、注意规律和记忆思维规律，使广告易于感知，引人注意，便于记忆，富于联想，达到促销目的；在产品的造型设计中，要运用工程心理学的原理，根据消费者的心理、生理活动特点来考虑设计，满足消费者求美、求新、求异的购买动机，使产品具有时代性，达到结构合理、操作方便轻松、使用安全舒适的目的。

产品的艺术设计是否适销对路，是否有很好的市场效应，评定的唯一标准是广大消费者，是市场。因此，根据消费者心理进行设计，就成为当今艺术设计界有识之士的关注点。研究消费者的需要、动机、态度乃至购买行为和消费规律，掌握消费者的心理活动，是艺术设计师的基本功之一。

思考题

1．请谈谈艺术设计心理学研究的理论意义和实践意义。
2．在艺术设计中应考虑哪些心理因素和心理学规律？
3．怎样理解消费者的消费行为特点和心理特征？

阅读书目

1．〔美〕唐纳德·A．诺曼著，梅琼译：《设计心理学》，中信出版社2003年版。
2．〔美〕鲁道夫·阿恩海姆著，滕守尧译：《艺术与视知觉》，四川人民出版社1998年版。
3．滕守尧：《审美心理描述》，四川人民出版社1998年版。
4．朱祖祥：《工业心理学》，浙江教育出版社2001年版。

第十二章
艺术设计管理

宋真宗时期皇城失火,宏伟的昭应宫被烧毁了,宋真宗下令丁渭进行修复。丁渭经过系统分析后提出:先把皇宫前的大街挖成一条沟河,利用挖出来的土做原材料烧砖;把京城附近的汴河水引进沟河,使大批建筑材料可直接运到宫前;新宫建成,用废墟杂土填平沟河,就地处理碎砖烂瓦,修复原来大街。挖河一举解决就地取土、方便运输、清理废墟三个问题,这成为中国古代管理思想著名的实践范例。[1]

尽管设计实践中早已有管理活动的影子,但设计管理(design management)的概念被正式提出则是20世纪60年代后的事情。1966年,英国皇家艺术协会(Royal Society of Arts)正式设立了设计管理的奖项。1976年,美国也成立了设计管理协会(Design Management Institute,简称DMI)。40年来,美国设计管理协会一直致力于研究企业如何有效地使用设计资源,推广设计管理活动。

>>>
---

[1] 李文泽、吴洪泽:《梦溪笔谈全译》,巴蜀书社1996年版,第411页。

一 设计管理概述

在科学技术相对落后的时期,设计的大部分工作设计师个人就能完成,如设计一张椅子或一把茶壶。但随着科学技术的发展,设计所涉及的材料、机械、结构和生产技术等方面的内容也越来越复杂,多数设计必须依靠集体的力量才能得以实现。由此,对设计管理的要求也日益显得迫切。

(一) 设计和管理

设计管理这个术语由"设计"和"管理"两个词组成。先说管理,乃是管辖、处理的意思,作为科学概念是指在一定环境下,对所拥有的资源进行计划、组织、指挥、协调、控制、监督,从而有效地达到预期目标。管理的内容主要包括:管理目标(管理活动预期进行的内容和达到的结果);管理手段(为达到一定目标所采取的行之有效的方法);管理对象(包括人、财、物、时间和信息,其中人是管理对象的核心)。有效的管理应该是人尽其才、物尽其用、时尽其效。

而设计是伴随"制造工具"的概念而产生的。它是通过科学、技术、艺术等手段所进行的有目的的造物活动。设计关注的是人和他所使用的产品的关系。其目的在于人与物、人与社会、人与环境相互协调。设计的这一特点,使它成了用户了解产品和生产这一产品的企业的中介。因此,设计是评价产品质量和企业传播质量的最佳概念。事实上,在产品和传播中,没有设计的概念是不可能确定质量的。这就使设计成了一种以实际形象化的方式确定和传达企业目标的工具。

设计管理的第一个定义由英国设计师迈克尔·法瑞(Michael Farry)于1966年首先提出,他在《设计管理》一书中认为"设计管理的功能是界定设计问题,寻找合适设计师,且尽可能地使设计师在既定的预算内及时解决设计问题"。其后特纳(Turner)于1968年提出的观点认为:设计管理与其他管理形态并无不同,它涉及到一般管理的基本原则,与其他管理理论之间存在紧密的内在关系。伦敦商学院彼得·戈伦勃(Peter Grob)1976年指出:"从管理的角度而言,我把设计看做是完成公司产品目标包括为达到目标所需信息的一种计划,因此可以说,设计管理是通过组织运作的计划过程。"[1]而按照国内的一般认识,设计管理即界定设计问题,寻找合适设计师,整合、协调或沟通设计所需的资源,运用计划、组织、监督及控制,寻求最合适的解决方法,并通过对设计战略、策略与设计活动的管理,在既定的预算内及时有效地解决问题,实现预定目标。

应该说,经过30年的实践演化,设计管理已越来越受到重视。但到目前为止,对它的概念的理解可谓众说纷纭,有时指制造商的设计工程管理,有时指团体设计组织的管理,有时指设计在上层的管理。这正如英国设计管理专家马克·奥克利(Mark Oakley)在他编著的《设计管理》一书的前言中强调的那样:"设计管理与其说是一门科学,还不如说是一门艺术,因为在管理设计中始终充满着弹性与判断。"[2]

(二)设计管理的观念和发展历程

自从有了人类就有了管理,人类的历史就是管理的历史。虽然设计管理的概念提出很晚,但有关设计管理的探索活动却已有很长的历史。

我们在第一章中提到《考工记》,它记载了六大门类、三十个工种的手工艺技术,这些工种几乎涵盖了古代手工业设计的所有门类,不仅有了细致分工,还有了技术协作。此外,对选材标准、评估考核等设计项目管理方面的内容,《考工记》也有论述。

现代设计早期在设计管理实践中有重要影响的人物是我们在第五章中提到的德国著名建筑师和设计师贝伦斯。贝伦斯是现代设计先驱者,他从事设计管理实践的企业是当时的德国通用电力公司(AEG)。20世纪初,德国通用电力公司已经成为世界上最大的电器制造厂商之一,专业生产发电机、变压器、电缆、电机、灯泡等产品。1907年,德国通用电力公司聘

---

[1] 刘国余:《设计管理》,上海交通大学出版社2003年版,第25—26页。
[2] 同上书,第25页。

请贝伦斯担任设计艺术顾问,全面负责企业产品和视觉形象方面的设计管理工作。贝伦斯不但为公司设计了厂房、住宅和大量的产品,还负责广告和环境等方面的设计。他为公司所设计的名称标志,即"AEG"三个字母经十多年反复修改,数易其稿,成了公司的永久性标志。可以说他的这些工作是早期现代企业形象设计管理的典范。贝伦斯通过在设计上的一系列有效管理,使通用电力公司这样一个庞大而繁杂的企业体现出一个完整的形象。

二战之后,设计管理有了进一步的发展,一些大型的企业完善了自己的设计政策,在企业的设计体系和管理上取得了很大的成就。其中较为突出的是美国商用机器公司(IBM)和德国生产家用电器的布劳恩公司(BRAUN)。

20世纪70年代以前的设计管理还主要是实务性的,并未上升到系统的理论层次和学术研究水平。70年代后,随着设计理论的系统化,设计越来越与企业管理联系起来,设计管理的研究也日益系统化。各种从事设计管理咨询的事务所也应运而生,为企业提供设计管理方面的指导。

目前,把设计上升到战略管理层次是设计发展的一个重要趋势。1988年的第一届欧洲设计奖就把设计管理与设计本身并列,作为衡量企业成就的两个标准,强调设计作为一项管理的重要性,而不是仅仅根据企业的一两件产品来评价设计。

(三)设计管理的范围及内容

与设计管理的定义一样,设计管理的范围与内容也是极具弹性的。陶帕利安(Topalian)在1984年将设计管理的范围分成两个基本层次。一为较低层次的"设计项目管理"(Design Project Management),另一为较高层次的"企业设计管理"(Corporate Design Management)。崇(Chung)在1989年提出了三个层次的管理观念,把设计管理的内容与范围划分成:(1)操作层次的设计项目管理;(2)战术层次的设计组织管理,包括企业内部设计组织与外部设计公司;(3)策略层次的创新管理,如企业形象识别、设计政策与策略制订等。

随着企业对设计越来越重视,以及设计活动内容的不断扩展,设计管理的内容与范围也在不断地充实与发展。为论述方便,我们根据崇三个层次的管理观念,将设计管理的范围分成战略层面的创新策略管理、战术层面的设计事务管理、操作层面的设计项目管理三个不同的层次,以便不同的管理参与人员在应有的职责范围内充分发挥对设计的管理作用。

战略层面的创新策略管理,包括企业形象设计战略、产品品牌形象设计战略、产品创新设计战略等。它为实现企业经营目标,对外部环境和内部条件进行评估与分析,从企业发展的全局出发而作出较长期的总体性谋划和活动纲领。

战术层面的设计事务管理,包括设计组织管理、设计师管理、设计信息资源管理等。它是设计管理的重要一环。设计组织和设计师管理主要负责设计师的选择和确定设计师的组织形式,如确定是选用企业以外的顾问设计师或设计事务所进行委托设计,还是建立自己的设计部门,或者是两者兼有。为了保证企业设计的连续性,有必要保持设计人员的相对稳定,同时又必须为新一代的设计师创造机会,为设计注入新的活力,设计管理必须对此作出长远的安排。[1]

操作层面的设计项目管理,主要指对具体设计项目的程序与方法、设计品质、设计评估等方面的管理。它通常由被提升为设计经理的设计师来负责,因为设计项目管理需要有工业设计方面的专业知识。为了做好设计项目管理工作,设计经理必须参与其他的设计管理活动。其主要任务是:确定设计任务书、安排设计进度、控制时间及成本等。

根据上述层次划分,我们的论述按照设计战略管理、设计事务管理、设计项目管理展开。

---

[1] 何人可:《工业设计与设计管理》(在 TCL 授课的文稿),2000 年 6 月。

二 设计战略管理

在这一节我们主要讲两个问题：企业设计战略的范围和产品创新设计的策略方式。

（一）企业设计战略的范围

企业设计战略可分为企业形象设计战略、产品品牌形象设计战略、产品创新设计战略三部分。

1. 企业形象设计战略

企业形象译自英文 Corporate Identity，简称 CI。它是将企业经营理念与企业文化整合为明确而统一的概念，并利用视觉设计的技巧将这些概念视觉化、规范化、系统化，进而通过传播媒介传达给外界，以期使之对企业产生认同感。

CI 的概念，最早由美国企业界于 20 世纪 50 年代提出，并很快作为一种全新的竞争策略而兴起。当时美国的一些大企业，如 IBM、西屋电器等，率先导入 CI，这是企业视觉识别系统规划与传播的开始。到了 60 年代，美国和欧洲一些国家的金融行业、航空工业、汽车工业、电子工业、石油化工、食品工业等，都相继进入了建立和普及企业识别系统时期。

由于企业导入 CI 后，以整体形象进入市场，效益提高了几倍乃至十几倍，所以美国人把 CI 誉为"战斗力的倍增"；西欧的专家认为"CI 是绝对不可或缺的管理进阶"，是"促进企业提高业绩的识别战略"；日本人把 CI 视为"企业硬件结构完善之后的软件系统工程"。

80 年代末，中国的市场经济迅速崛起，企业的竞争从以产品为中心的竞争，转向以企业整体实力和整体形象为中心的竞争。在这种形式下，中国内地的企业决策者们也逐步认识到树立企业形象和导入 CI 的重要意义，并开始了行动。

80 年代末，东莞市一家名为黄江保健品厂的小乡镇企业，为一种名叫"生物健"的保健口服液产品注册了"万事达"商标，经过一次成功的 CI 策略和形象设计,实施以"太阳神"命名的"企业—产品—品牌"三位一体的CI策略,在全国瞬息间掀起"太阳神旋风",创造销售收入增加200倍的"经济奇迹"。由此在中国企业引爆了一场"CI革命"。"太阳神"导入CI成功的划时代意义,标志着中国企业无形象时代的结束,并由此引发了中华大地CI设计的热潮。目前CI设计已从早期的保健品、化妆品、服装、烟草、电信、电力等行业渗透至社会生活的各个层面,产生了广泛而深远的影响。

企业形象(CI)分理念识别(mind identity)、行为识别(behavior identity)、视觉识别(visual identity)三部分。

理念识别(MI)是得到社会普遍认同的,体现企业自身个性特征,为促使企业正常运作并永续发展而构建的反映整个企业经营意识的价值体系。它包括企业精神、企业宗旨、企业使命、企业哲学、企业道德、企业性格等。

行为识别(BI)是指企业在实际经营过程中所具有的执行行为与操作中的规范化、协调化以及经营管理的统一化,分为企业对内和对外的行为识别。企业对内的行为识别包括一般行为规范(说话、动作、态度、着装、仪表)和特定部门员工行为规范。企业对外的行为识别(展示规范)是指企业作为一个行为组织的整体向外有计划地举行CI系统化的公关活动,分室内展示规范和户外展示规范。行为识别是在MI指导下逐渐培育起来的全体员工的自觉的行为方式和工作方式,也可以说是行为活动的动态形式,可直接显示MI的内涵。

视觉识别(VI)将企业理念与价值观通过静态的具体化的视觉传播模式,有组织有计划地传达给社会,树立企业统一性的识别形象。视觉识别系统由基本设计要素与应用设计要素两部分构成,是企业形象最直接也最直观的表现。基本要素系统包括标志、标准字、标准色、吉祥物、象征图形等。应用要素系统包括企业办公用品、事务用品、环境标牌、车辆、员工制服、户外招牌等。

MI、BI、VI之间是一种金字塔式的层级关系。MI位于金字塔的塔尖,VI位于金字塔的塔底,它们共同构筑了企业的整体形象。

2．产品品牌形象设计战略

人们接触一种商品，首先是通过视觉看到它的形状、外观、颜色、结构等，进而才获取商品信息。值得注意的是，经视觉器官所搜集到的信息，在人的大脑记忆库中具有较高的回忆值。因此，利用蓬勃发展的视觉传播媒体，开发视觉符号设计系统以传达和展示企业产品品牌与经营理念，在设计中体现企业设计风格，是产品品牌形象设计的重要环节。

产品品牌形象的确立除了企业产品设计风格的独特统一外，产品优质形象的建立尤为重要。如长期以来，上海产的"英雄牌"金笔无论从哪个角度审视，都不失为中国金笔中的佼佼者，但在国外，它的身价却只是中低档金笔的价格，几十年一贯制，标价仅为9美元。该企业导入相应的设计策略后，设计人员根据不同国家、不同消费层次的需求特点，在结构、材质、样式、色彩方面大胆创新，使其内在质量大大提高，外观更庄重典雅，富有艺术性。新笔投入市场后，在欧美市场上争奇斗艳，行情一路看涨，一支卖价猛增到72美元，可与传统钢笔之王"派克"一争高低。

此外，产品品牌定位与命名也要合理。如"商务通"1998年12月进入市场，1999年就获得了60％的市场份额，被誉为该年度中国最大的商业奇迹之一。商务通的成功，首先是品牌定位与命名的成功。早期PDA（个人数字处理）产品定位在电子词典之类，以学生为目标市场，命名为"快译通"、"好译通"之类，价格成为目标消费群的大障碍，以至市场难以做大。而商务通以"商务人士"、"老板"为目标市场，以"商务通"命名品牌，出色地完成了这一定位转换，并产生了很好的心理效果。其实，商务通更像是一类产品的名字，而不是一个产品的名字，所以当品牌树立起来时，几乎让用户接受了商务通就是整个PDA产品的代名词的观念。

宝洁（P&G）公司是另一运用产品品牌形象设计战略较为成功的范例，提及宝洁很多人不见得知道，但提及潘婷、沙宣、飘柔、海飞丝，却几乎无人不晓，宝洁成功运用产品品牌形象设计战略为其产品树立了良好的品牌形象。

3. 产品创新设计战略

产品创新设计的目标是创造一种既能完美地实现本身目的，又能合理地进行生产，符合经济性原则的产品形式。它主要包括以下几个方面：一是企业运用新原理、新技术、新结构、新材料研制并生产、销售市场全新产品；二是企业在原有产品的基础上部分采用新技术、新材料而制成性能有显著提高的换代新产品；三是企业在原有产品基础上为了改进其性能而生产出改进新产品。

一种产品的生产和销售，就像人的生命周期一样，要经历出生、成长、成熟、老化和死亡等阶段。在一种新产品的开发过程中，产品生命周期（product life cycle）对设计有不同的要求和影响。产品的生命周期可分为六个主要阶段，即引入期、成长期、成熟期、饱和期、衰退期、放弃期。它对创新与否、创新类型、创新时机、技术方向等一系列重要抉择都有影响。如在主导设计之前，应将重点放在产品设计的创新上；若处于主导设计之后，应把重点放在渐进式的创新设计方面，特别是工艺方面的创新上；而在产品技术寿命的末期，应该等待时机或者是在新的技术方向上寻求机会。

（二）产品创新设计的策略方式

设计战略管理的核心是产品设计创新。中国产品在国际市场缺乏竞争力，原因之一在于设计观念滞后，产品设计跟不上消费者的需求步伐。这就要求企业界注重设计策略创新。

在产品更新和开发过程中，采用什么样的产品创新设计策略是企业成功的关键。以下是几种较为典型的产品创新设计策略。

1. 率先进入市场策略

采用率先进入市场策略的企业一般要有强大的研发能力。因新产品进入市场后无竞争对手，如果市场目标正确，产品开发得当，企业将迅速占领该行业的市场制高点。

全球顶尖的用户界面产品生产商——日本Wacom公司就是采用这类策略而成为数位板行业内最高技术与最新潮流的引领者。1983年，Wacom公司率先研制并将数位板和无线压感笔投入市场，初期主要用于电脑辅助CAD设计，取得了很大的成功。不少企业看到Wacom潜在的市场利益纷纷进行模仿。但Wacom密切跟踪电脑技术与电脑软件技术发展的最新成果，不断地创造着新的电子绘图的高效与完美。虽然Wacom产品的价格高出同类产品好多倍，但由于它依靠率先进入市场策略，不断向市场推出新产品，使得企业在激烈的市场中获得了丰厚的利润。

2．提高设计品质策略

设计始终要致力于提高产品的品质。设计对产品的细部处理、人性化的结构设置，都有利于提高产品的品质，从而增强产品在市场上的竞争力。1985年，海尔从德国引进了世界一流的冰箱生产线。一年后，有用户反映海尔冰箱存在质量问题。海尔公司在给用户换货后，对全厂冰箱进行了检查，发现库存的76台冰箱虽然不影响制冷功能，但外观有划痕。公司决定将这些冰箱当众砸毁，并提出"有缺陷的产品就是不合格产品"的观点，在社会上引起极大的震动。

作为一种企业行为，海尔砸冰箱事件不仅改变了海尔员工的质量观念，为企业赢得了美誉，而且引发了中国企业质量竞争的局面，反映出中国企业质量意识的觉醒，对中国企业及全社会质量意识的提高产生了深远的影响。

3．仿制策略

仿制策略指企业在开发和设计新产品时抓住市场的有利时机，整合资源迅速仿制竞争对手已成功上市的新产品的一种设计策略。这一策略特别适用于资金、科研和开发实力较弱的中小企业。通过模仿市场上较为成功的产品，企业大大节省了产品开发前期的科研费用，规避了开发新市场的风险，同时修正了原产品的缺点，较快地从目标市场中获得利润回报。

浙江台州是以民营企业占绝对主导地位的缝纫机生产基地。快速地仿制使它迅速占领中国缝纫机市场的半壁江山。在通过仿制打开市场后，越来越多的企业认识到在仿制中创新对企业进一步的发展起着决定性作用。在台州地区，几家大企业如飞跃、中捷、宝石、杰克等公司都拥有省级研发中心，它们在技术创新方面的投入越来越大，在人才引进、设备更新、与高等院校合作等方面更是不吝财力。随着国际竞争的加剧，越来越多的中国企业将从仿制逐步走向创新。

4．集中策略

企业要发展就必须能够抓住某些领域，而放弃某些领域，集中自己的资源，争得优势。集中策略是指企业为获得竞争优势，集中企业某一优势技术和人力资源开发某一产品，以创造在关键领域中的相对优势。

在这方面，英特尔公司可以称得上是运用集中策略取得成功的一个范例。1985年，当时的首席执行官安德鲁·葛罗夫毅然放弃了早期的存储器业务，使企业从制造多种芯片改变为只生产用于个人电脑的微处理器。这一集中策略使英特尔能集中资源进行新产品研发、维持创新优势，并在短短几年内成为全球最大的微处理器供应商。

在国际分工日趋细化的今天，企业要善于剥离一些利润较低的项目，以集中资金技术专注于优势产品的研发设计和市场销售。这也就是为什么国际知名品牌的化妆品生产商没有一家会自己去生产化妆瓶的原因。生产啤酒的企业也没有必要自己去生产啤酒盖，因为利润太低，专业化的公司会做得更好。

5．差异化策略

产品差异化是新产品上市的主要策略，也是形成企业核心竞争力的重要途径。企业在产品开发时要从创新入手，在了解了市场需求、客户需求之后，在现有加工设备基础上，对市场上基本相同的产品进行改进，满足客户需求，而不是大张旗鼓简单而盲从地跟进。这种开发是立足于现实的客观需要，那么就意味着技术人员不仅要懂产品生产工艺，还要了解市场需求现状。

对于生产产品的企业来说，产品差异化策略的实施主要体现在设计上，设计是实现产品差异化策略的重要途径。如美国人喜欢在家里存酒，但市场上的酒柜往往只是把小冰箱内部略作改装，款式笨重、色调暗淡。海尔抓住这一潜在市场需求，设计的一系列客厅酒柜不但为葡萄酒储存提供了最适合的温度，保持最佳口感，而且特制的酒架、适宜的湿度以及时尚的外观，每一个细微的设计无不体现了酒柜对葡萄酒的精心呵护。这种独具创新特征的新产品一上市就打动了美国消费者，迅速占领了美国同类产品的大部分市场，被美国营销大师科特勒称为"没有对手的产品"。现在，海尔透明酒柜占美国同类产品市场份额的55%。不仅美国如此，在韩国、意大利和欧洲其他国家的高端市场，海尔酒柜也迅速走红。

6．一致化策略

一致化是使对象的形式、功能、技术特征、程序和方法等具有一致性，并将这种一致性规范下来。在产品设计管理中，要做到产品设计形象的统一，确立企业的设计风格。

美国苹果公司就通过精心的设计管理来建立以人为本的设计风格。尽管公司的产品种类繁多，并且出于不同设计师之手，但都具有苹果的风格，这就是它的设计管理的成功之处。如著名的苹果II型机、Mac系列机、PowerBook笔记本电脑等产品都致力于将计算机变成一种非常人性化的工具，使日常工作变得更加友善，从而形成一致化的设计风格。由于苹果一开始就密切关注每个产品的细节，并在后来的一系列产品中始终如一地关注产品的人性化，从而确保了设计在软件与硬件上的一致性、外观上的连续性，最终形成了时尚、亲切的苹果风格。

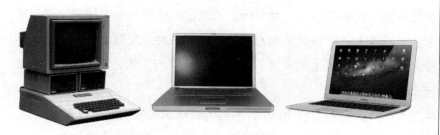

左图：1977年的苹果II型机
中图：苹果PowerBook G4笔记本电脑
右图：苹果MacBook Air笔记本电脑

7．多元化、通用化及简化策略

多元化策略是指通过开发和设计各种不同类型的产品或在同类产

品中开发系列产品，使企业的产品形成多品种、多规格的格局。采用多元化的产品设计策略能迅速扩大企业在市场上的占有率。如针对洗发液市场，宝洁公司就推出了潘婷、沙宣、飘柔、海飞丝等多个品牌，来扩大市场份额。再如美的从生产电风扇发展到目前生产电风扇、电饭煲、空调、冰箱、微波炉、饮水机、洗衣机、电暖器、洗碗机、电磁炉、热水器、灶具、消毒柜、电火锅、电烤箱、吸尘器等多个产品门类，同时在每个产品类型的开发和设计上，同样采用了多元化的设计策略，不断向市场推出诸如空调、微波炉、小家电、厨房用具等系列产品。通过这些系列产品，不仅满足了消费者的不同需求，扩大了企业市场经营层面，同时也加深和强化了企业在消费者中间的形象。

产品多元化策略一般会导致两个现象发生：一是消费者可见的产品外部多样化；二是在产品制造和销售过程中可以感受到的产品内部多样化。

对于产品内部多样化，应该通过零部件通用化，将其减至最少。通用化是把同类事物两种以上的表现形态归并为一种或限定在一个范围内的标准化形式。产品设计中采用通用化的目的是：消除由于不必要的多样化而造成的混乱，最大限度地减少零部件在设计和制造过程中的重复劳动。通过最大限度的利用可重复使用的设计和通用模块，提高产品组件的互换性，可以使设计更加快速有效地进行。掌握了通用化与多元化策略间的辩证关系，就可以在产品创新中开发出各种不同的新产品。如我国钟表在通用化前，机芯结构混杂，零件不能互换，仅上海一地生产的机芯就近100种。这种状况不仅影响专业化生产，也影响产品创新的发展。机芯统一后，创新产品琳琅满目。上海钟厂从生产单一的马蹄表，一下子开发出盾型、月牙型、方型、六边型、长方型等几十个花色品种。全国市场上也出现了秒钟、音乐闹钟等两百多个花色品种。

简化是指对一定范围内的产品种类进行缩减。这种简化是对产品多样化的一种有益的补充。因为根据著名的"帕雷托法则"，80%的结果来自20%的原因，这对产品种类和市场占有之间的关系也是适用的。如一种尼桑中型轿车有87种可供选择的方向盘。95%的尼桑汽车上安装的是其中17种，而另外70种分别安装在只占总数5%的车上。上述尼桑汽车出现的这种情况非常普遍，可以解释为80%的销售额来自20%的产品。可见，对一定范围内的产品种类进行缩减，既可降低成本、提高价值，又是对产品多样化的一种有益补充。

8. 知识产权策略

产权即财产所有权，知识产权即把人的精神创作成果用法律确认为一种财产，其产权归发明者或作者所有，和有形资产一样对待。知识产权的范围如下：

```
                   ┌ 商标权
         ┌ 工业产权 ┤           ┌ 发明专利
知识产权 ┤         └ 专利权 ────┤ 实用新型专利
         │                     └ 外观设计专利
         └ 著作权（版权）
```

就工业设计而言，产品外观造型极易被模仿。所以工业设计的成果特别需要知识产权的保护。但工业设计不仅仅是产品外观的设计，对工业设计成果知识产权的保护也不应仅仅是对产品外观的保护。针对产品设计的具体情况，从不同的侧重点在"发明"、"实用新型"和"外观设计"几个领域，对设计成果进行全方位知识产权申请，可保证本企业的设计成果不被人侵权使用。

9. 标准化策略

运用标准化策略可分两种情况：一是产品研发设计中遵守相关标准，并争取获得国际标准化认证机构的认证；二是争取将自己产品的规范收进国际、国内标准。

国际标准化组织（International Organization for Standardization，简称ISO）是由各国标准化团体组成的世界性联合会。其成立的目的主要是为制订世界通用的国际标准，以促进标准国际化、减少和避免国际间的贸易障碍。了解国内外相关标准，并在产品研发设计中采用和严格遵守，产品才能受到普遍认可；相反则不但不会得到普遍认可，严重的还会被勒令停产和查封，严重影响企业效益。

在已有共同标准的领域进行产品设计开发，要遵循标准；在尚没有共同标准的领域研发设计新产品，则要争取将自己的产品规范收进国际、国内标准，以保证在该领域的主导地位。

以近年来出现的大屏幕液晶电视、数字化电视为例，因为刚研发出来时是新的产品类型，尚无国际标准可遵循，为了争取国际竞争中的主动权，日、美这两个技术发达国家就都想抢先使自己的产品标准成为世界该类产品的主导。结果为了保证自己不被排斥在外，两个国家达成合作，共同研制标准。这样在这个领域日、美就有了主导权，其他国家再进行这一领域的研发设计时就要向日、美制订的标准靠拢，处于被动的地位。

三 设计事务管理

设计事务管理主要包括设计组织管理和设计师管理。

（一）设计组织管理

设计组织可分为两种基本类型：一类是企业体内的设计组织，另一类是独立的设计组织。企业体内的设计组织多依附于工程部、技术部的设计部门或经营决策层的设计部门。其优点在于目的明确，针对性强，与产销结合密切；缺点则是人员稳定，风格更新缓慢，易停滞不前。而独立的设计组织则基本上是从个体设计师逐步发展而来的设计工作室或设计公司。其组织结构较为简单，设计人员少而精，配备大量市场学、心理学、工程技术、人体工程学人员适应服务的拓展。优点在于更新余地广、后备力量足，能形成独立的风格。

1．设计组织的结构形式

为了使组织能高效率运行，管理者必须根据企业自身的基本情况，设计出切实有效的组织结构形式。合理的组织结构可大幅提高管理人员的成功机会。常见的组织结构形态有：垂直式组织和矩阵式组织。

垂直式组织是指设计组织管理从结构上层层向上，逐渐缩小，权力逐级扩大，有严格的等级制度，形成一种纵向体系。这一结构的优势在于结构严谨、等级森严、分工明确、便于监控等。但弊端也是显而易见的：各职能部门之间缺乏快速统一的沟通协调机制；森严的等级制度极大地压低了员工的主创精神；信息沟通渠道过长，容易造成信息失真以及由不相容目标所导致的代理成本的增加，决策者也无法对顾客的需求和市场的变化作出快速反应。

矩阵式组织是为了改进垂直式组织横向联系差、缺乏弹性的缺点而形成的一种组织形式。它的特点表现在围绕某项专门任务成立跨职能部门的专门机构，例如组成一个专门的产品（项目）小组去从事新产品开发工作，在研究、设计、试验、制造各个不同阶段，由有关部门派人参加，力图做到条块结合，以协调有关部门的活动，保证任务的完成。这种组织结构形式是固定的，人员却是变动的，需要谁谁就来，任务完成后就可以离开。项目小组和负责人也是临时组织和委任的。任务完成后就解散，有关人员回原单位工作。

2．设计组织的结构层次

设计组织的结构层次，从企业老总、设计总监到基层设计人员，包括其他配套部门，都要统一作好计划。在这个过程中设计师是其中的主体，通常可以分为以下四个层次：

第一层是总设计师，通常同时负责一个或几个设计项目，主持或组织制订每一设计项目的总方案，确定设计的总目标、总计划、总基调，界定设计的总体要求和限制。

第二层是主管设计师，或称主任设计师，是指负责某一具体设计项目的设计师。例如一套企业CI设计、一种新车型的设计或宾馆的室内设计。设计师对总设计师负责，理解和贯彻总设计师的策略意图，组织制订该项目的总方案并安排分部实施。

第三层是设计师，负责设计项目中某一部分的设计工作，如企业CI中的VI设计、一种车型的内体设计或宾馆首层的大堂设计等。设计师对主管设计师负责，协助主管设计师制订该项目的整体方案、策略，负责组织实施其中某一部分的设计制作。

第四层是助理设计师，主要是协助设计师完成其负责部分的设计制作。

四个层次的设计师虽然工作内容不同，但在地位上是平等的，是团结协作的关系。不同层次的设计师在教育与经验、知识与能力诸方面，既有相同点，也有不同之处。相同点在于都有设计的相关知识与能力，不同点在于第一、第二层次的设计师更有经验，更有广博的知识面，更能处理各类问题和关系，更有总体把握、局部控制的能力。第三、第四层次的设计师也有自己的长处，例如独特的创意、熟练的技巧、精到的制作能力等。

在规模不同的设计机构，设计师层次划分情况也不相同，规模大则划分清楚，规模小则划分模糊、简化。在不同类型的设计结构里，设计师的层次划分情况也不尽一致。工业设计公司上层的设计师比下层的设计师更多地参与完成实际的设计工作。[1]

（二）设计师管理

企业设计活动最终是通过设计师来实现的，对设计师的管理是设计管理最重要的工作之一。为充分有效地发挥设计人员的作用，设计师管理中要注意设计人员与工程技术人员的不同之处，要尊重设计人员的特点，给设计人员创造相对宽松的工作环境，并对其工作提供各项可能的支持和帮助。

1．设计师的选拔、培训、激励

设计师的质量是现代企业及其产品创新设计活动效率高低的决定性因素。对于设计管理者来说，要善于发现人才、团结人才、使用人才，创造出使拔尖人才脱颖而出的条件。因此，选择适合从事设计活动的人才，是设计管理者的重要职责。

设计师的培训首先应让员工了解公司经营的基本情况，如公司的发展战略、目标、设计战略、经营方针、经营状况、规章制度等，便于员工参与

---

[1] 尹定邦：《设计学概论》，湖南科学技术出版社2003年版，第206—207页。

公司活动，建立起公司与员工之间的信任，培养员工对公司的忠诚，增强员工主人翁精神。

其次是通过培训，使员工掌握完成本职工作所必备的技能，如设计能力、谈判技能、操作技能、处理人际关系的技能等。以荷兰飞利浦公司为例，其外形设计中心就给它所有设计人员创造了这样的培养条件：向他们提供最新的信息与情报，通过各种方式传达有关新技术、新的市场动态的信息，并把所有信息存入中心的计算机资料库；对设计人员常常进行再训练，组织设计人员定期参观各种展览与博物馆，还邀请专家到本中心为设计人员举办讲座、举办学术讨论会，以使所有设计人员都能对新的发展与变化了如指掌。这种对人员的精心培养使飞利浦公司保持世界一流的设计水平。

为了鼓励员工的灵活性和创造性，惠普公司的创始人之一比尔·休利特（Bill Hewlett）用积极和尊重的态度来处理员工的新想法和新建议。当员工第一次找他提建议时，他总是表示惊喜和赞同，并和员工约好下次讨论的时间、地点；第二次讨论时则主要询问和讨论该建议，并约好第三次会谈的时间、地点；当第三次讨论时，比尔就对员工提出尖锐的问题，然后宣布公司对该建议的决定。

这种鼓励参与，可培养下属的自信。参与的气氛可使一个人朝着自我实现的方向而努力。让下属自己去观察、判断形势，如果他们看清形势，并提出了解决办法，那么承诺就很容易得到保证。

2．设计师的组织

设计师主要以两种组织形式来开展工作：工业设计公司和企业内的设计部门。下面将分别讨论这两种情形。

工业设计公司对于设计师的管理，一方面要保证设计师设计的产品都与客户的目标相一致，不能各自为战，造成混乱；另一方面又要打破僵化，无拘无束，保持宽松开放、生气勃勃的创新环境。

IDEO公司被称做"世界上最负盛名的设计公司"。公司办事处分布于旧金山、伦敦、东京，而工作人员只有250名。其创始人托马斯·凯利直言：

"IDEO是一个活生生的工作实验室,永远处在实验状态中。在我们的项目、我们的工作环境甚至我们的文化中,公司不断尝试新的想法。"他进一步说:"我从大企业中所认识到的最重要的事情,就是当每人都遵循规则时,创造力便会窒息。"在IDEO,既没有"老板",也没有"头衔"。所有的工作都是由临时的项目小组(从几周到几个月不等)完成的。在这里,没有永久性的工作,设计师们只要能在当地找到一位愿意和他们对调的同事,就可以自由前往芝加哥或东京。他们平均每年要开发90种新产品,其中一些产品已经成为我们生活中不可或缺的部分:如Levolor百叶窗、佳洁士保洁牙膏、AT&T公司的电话等。另一些产品则堪称数字化时代的象征:先进的膝上型电脑、虚拟头饰、自动柜员机。

  目前许多国际性的大公司都有自己的设计部门(如索尼、苹果、宜家等),国内一些大型企业(如海尔、美的、海信等)也设立了各自的工业设计机构。企业内的设计师一般对特定产品的生产工艺、材料和结构特征非常熟悉,设计出来的产品可行性较高,但往往也会不由自主地形成思维上的条条框框而使设计陷入模式化的困境。因此,许多大型企业将其设计部门独立出来,鼓励其为其他企业提供设计服务,以增强自身的创造活力。同时,也邀请企业外的设计师参与特定设计项目的开发,以引进新鲜的设计创意。

四 设计项目管理

  设计项目管理是为完成一个预定的目标,而对任务和资源进行计划、组织和管理的过程,通常需要满足时间、资源或成本方面的限制。项目的计划可以很简单,也可以很复杂。每一个设计活动都可以被认为是一个项目运作。成功的项目管理应该能及时有效地为客户提供服务。所有项目都包括创建计划、跟踪和管理计划、结束计划三个主要阶段。设计项目管理包括设计程序与方法、设计品质管理、设计评估等。由于设计方法已在第十章中谈到，设计评估（设计批评）将在第十三章中谈到，我们在这里谈一下设计品质管理问题。

（一）设计品质管理

　　统计资料表明，产品质量的好坏，约60%—70%是由产品设计的品质所决定的。产品设计阶段的设计品质管理是关乎企业产品开发成败的关键。很多在产品生产阶段发现的品质问题，其实是产品设计所造成的隐患的爆发，是设计的问题。

　　设计品质管理不同于"产品检验"，也不是"生产质量管理"。设计品质问题单靠产品质量管理和产品检验阶段的工作是不能解决的。从设计阶段把握产品质量，将设计品质管理贯穿于设计过程的每一阶段，对存在的问题及早发现和及早解决，可以将后继工作中进行修改和反复的需要降至最低，既可保证设计品质，又可保证任务进度，同时也能有效降低成本，使产品物美价廉。因为成本是由设计决定的，尤其是由早期的概念设计决定的，据统计，产品寿命期内累计成本中的80%是由产品的设计决定的。设计决定生产，再决定销售，在产品的设计完成之后，很难再通过"降低成本"的措施来削减成本。

　　而为了保障产品的设计品质，需从以下方面做起：（1）根据市场调研结果，掌握用户质量要求，做好技术经济分析，确定适宜的质量水平；（2）严格按产品质量设计所规定的程序和要求开展工作，对设计质量进行控制；（3）做好前期检查，包括设计评审、故障分析、实验室试验、现场试验、小批试验等，把设计造成的先天性缺陷消灭在形成过程之中；（4）做好质量特征重要程度的分级和传递，使其他环节的质量职能按设计要求进行重点控制，确保符合质量。

（二）设计品质的衡量

　　产品设计品质可以分为物理层面和心理层面两大类。物理层面的品质，如功能是否完备、制造是否精良等等，可以用量化的方式来加以描述和比较；心理层面的品质，如外形是否美观、使用方式是否优雅、产品是否能衬托出使用者的身份和品位等，是很难以量化的方式来说明或比较的。

由于这种区别的存在，在设计品质管理中，对这两个层面的产品设计品质构成要素的评价和控制方法也会有不同。

对物理层面品质的控制可以采取量化的方式进行，如产品抗冲击性能（机械性能）、表面光滑度（加工工艺）。对于有规定的，质量控制要按照相关规定严格执行：产品面向国内市场的要遵守国家标准（GB）；面向国外的，要符合该国的标准；涉及行业内法规的，按照行业内标准进行要求和检验。要保证涉及的所有法规都得到遵守，避免所设计的产品与相应的法令法规相冲突。

由于心理层面的品质很难以量化的方式来说明或比较，所以在品质管理中，对心理层面的要素侧重于定性的衡量，如：产品外观是否有独创性？产品形态能否产生美感？产品是否具有时代感？产品造型是否清楚地表达产品的功能？产品是否和它的使用环境协调一致？产品能否产生明显的社会影响力？产品是否表达出整体价值？产品能否传达企业的形象与精神？

另外，不同类型的产品，设计品质衡量和评价有不同的侧重点。因此对于不同类型的产品的设计品质管理，要从不同的侧重点进行。概括来说，对于开发型产品，以产品功能方面的、物理层面的要素为衡量和评估设计成败好坏的主要考虑因素，同时兼顾外观的、心理层面的要素；对于改进型产品，产品功能方面的、物理层面的要素和外观的、心理层面的要素都是考虑的重点，根据具体的设计任务选择不同的侧重点；对于单纯的式样改变型产品，则要重点考虑外观的、心理层面的品质要素，同时也要满足产品整体对功能的、物理层面要素的最低要求。

设计品质管理应贯穿于设计的全过程。从不同的侧重点考虑不同类型产品设计，不但是在设计任务完成后的审查阶段衡量和评价设计品质时要做的，更是在设计过程中一直要注意的。

思考题

1. 设计管理包括哪些方面的内容？
2. 简述企业设计战略的三个层面。
3. 剖析常见设计组织的结构形式及其特点。
4. 为确保设计品质应把握哪些因素？

阅读书目

1. 刘国余：《设计管理》，上海交通大学出版社2003年版。
2. 陈汗青、尹定邦、邵宏：《设计的营销与管理》，湖南科学技术出版社2002年版。
3. 邓成连：《设计管理》，台湾亚太图书出版社2001年版。
4. 黄蔚等：《设计管理欧美经典案例》，北京理工大学出版社2004年版。

第十三章
艺术设计的欣赏与批评

在第七章中,我们谈到深受意大利孟菲斯影响的法国著名艺术设计师斯塔克。他在艺术设计中很注重色彩的运用,有的产品用灰色,有的用黑色,有的用银条色,有的用金色。如果我们不了解他赋予色彩的象征意义的话,只能把这些色彩当做一般色彩来欣赏。而我们一旦知道了他所运用的色彩的象征表达力,那么对他的作品的欣赏就能获得更高的审美享受。

原来,斯塔克把色彩的运用直接和社会情况结合起来。当法国社会冷漠时,他用灰色加以表达;法国社会发生经济危机时,他转为应用黑色;法国社会进入充满希望的转变期,他的作品中出现了银条色的表达方式;法国社会繁荣时,他透过金色来表达。当然,我们并不是纯理性地"破译"斯塔克的"色彩之谜",而是掌握了他的色彩使用方法以后,我们就能够自然地、甚至不假思索地理解他所使用的形象符号的意义。

美国的产品语义学观念在短时间之内发展成美国的造型观,并成为一项新的外销利器。产品除了它的实用功能外,还有语义功能。有的研究者把产品的实用功能和语义功能称为产品的第一功能和第二功能，也有研究者把这两种功能称为产品的双重对象性。产品的语义功能由产品的符号系统来表示。符号的结构包括两种因素：能指和所指。例如鸽子作为符号是能指，所指是"和平"。能指和所指构成产品语义学的核心内容，艺术设计师应当善于设计能指，构造所指。

艺术设计活动作为一个系统，包括艺术设计创作、艺术设计作品和艺术设计欣赏三个部分。艺术设计作品兼有使用价值和审美价值，它的使用价值在消费中实现，它的审美价值只有在欣赏过程中才能够实现。艺术设计欣赏作为一种纯精神行为，有其自身的规律。

艺术设计师创造出特殊的语言，并把它凝定在作品中。产品语言就是产品的符号系统，它传达社会的结构、传统、历史和文脉。欣赏者只有解读这种语言，才能获得审美享受。批评者是成熟和专业的欣赏者，艺术设计批评成为艺术设计创作和艺术设计欣赏之间的中间环节，沟通二者。

在当前我国的艺术设计实践中，艺术设计批评对提高艺术设计质量、规范艺术设计行为具有特别重要的现实意义。

一 艺术设计欣赏

我们在使用艺术设计产品时，能够看到它的外貌。"看到"会使我们感到悦目或者不悦目，但这还不是欣赏。悦目与否是一种心理生理反应，而欣赏能够使我们产生高度的精神享受。有人曾举例说明这两者的区别：我们在音乐厅里听音乐和在饭馆里吃晚餐时听音乐，情况完全不同。后一种情况下，我们虽然在听音乐，但是由于受到进餐和交谈的干扰，并没有真正听进去。我们只产生悦耳或者不悦耳的心理生理反应，而没有能把注意力集中到音响的精神含义上。大部分消费者对艺术设计产品仅仅处在"看"的状态，还没有进入欣赏的境界。艺术设计欣赏就是要实现从"看"到欣赏的转变。艺术设计欣赏必须同时有客体和主体。我们先谈艺术设计欣赏的客体。

（一）艺术设计欣赏的客体

艺术设计作品只有成为欣赏的客体或对象时，它的审美价值才能够实现。我们欣赏艺术设计作品时，欣赏它的什么呢？欣赏由造型、形式、结构、色彩、材质、肌理、线条、装饰等组成的视觉符号系统，或者说，欣赏艺术设计语言。我们只有理解艺术设计作品用来和我们"说话"的特殊语言，才能欣赏这种语言所表达的艺术信息。

每一种艺术都有特殊的语言，交响乐有交响乐的语言，舞蹈有舞蹈的语言，电影有电影的语言。不理解它们的语言，我们就不能够欣赏这些艺术。意大利电影导演费里尼的影片《八又二分之一》中有这样的镜头：空旷的放映室里，导演和批评家正在心平气静地谈论艺术，突然，蒙面的刽子手向批评家扔去一个绳圈，把他吊死。不懂电影语言的观众还以为发生了恐怖主义事件。实际上，这是导演心中一闪念的形象显现。导演对批评家的枯燥说教厌恶之极，仿佛觉得："恨不得把你吊死才好！"内行的观众会从这些画面寻找语言，看到画面后面的含义。这种电影手法取消了语言的刻板性，而实现了某种比喻。同样，如果我们不知道艺术设计的语言，也不能理解作为特殊符号系统的艺术设计作品。

乌尔姆高等造型学校校长马尔多纳多在1959年就发表了研究艺术设计和符号学关系的论文，孟菲斯创始人索托萨斯在1981年也说过，艺术设计师最主要的目的不在于创作某些新物品，而是要使每件物品"可见"并"可读"。一位西方学者形象地说："不只是口语会向我们说话，物品也会和那些知道应用自身知觉能力的人交谈。世界充满了造型、充满了表情、充满了面貌；形式、色彩和氛围的暗示，由四面八方向我们的感官传来。"

有人把法国学者鲍德里亚称为艺术设计的符号学理论的真正创立者。他研究"物品的语言"，即生活用品、汽车、科技产品等的语言。他认为，这些物品会"说话",它们谈论人,谈论人们的价值、愿望和希望。艺术设计师应该让产品"说话",他们把产品的不同功能转化成符号,我们在消费过程中则应该破译这种符号,和产品"交谈"。那么,我们怎样和作为视觉符号系统的艺术设计作品交谈呢?怎样回应物品向我们述说的话语呢?

捷克美学家和艺术学家穆卡尔若夫斯基(Jan Mukalovsky,1891—1975)运用结构主义和符号学研究艺术时,把艺术作品看做一种符号。我们根据他对产品功能的研究,把产品的符号系统分为三个层次:指示符号、象征符号和形式美学符号。这三种符号形成整体,而指示符号和象征符号也具有形式美学的特征。掌握这三个层次的符号系统,我们才可能和艺术设计产品交谈。当然,艺术设计师不能只使用他个人的符号,他所使用的符号应该被消费者所理解。这在符号学理论中,叫做符号的共享性。符号制作者和符号接受者应该有相近的符号贮备,他们才能实现相互理解。我们看一下符号传播的模式,它表明艺术设计师和使用者必须具有某些共同的符号贮备,符号的传播才有可能。

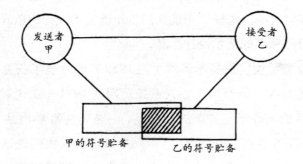

符号传播的模式

1. 指示符号

指示符号表示媒介物和指称对象之间有某种联系或因果关系。"雨过地皮湿","地皮湿"作为指示符号,表示刚下过雨。"月晕而风",月亮出现晕圈,表示会刮风。"叶落知秋",飘落的黄叶表示秋天到了。

看见袈裟，想起和尚，因为和尚与袈裟之间有空间联系。

在艺术设计产品中，指示符号帮助消费者解读产品的制作、材料、结构和使用。例如，台灯的开关按钮与灯的明灭有因果联系，所以成为灯的工作状态的指示符号。一位西方学者这样说明产品中指示符号的作用："一件产品始终是一个符号；产品表示出它是什么，这属于产品品质的一部分。产品造型除了技术品质之外，还创造沟通品质。也就是单方面地使产品呈现出并让人了解与之相关的起源、制作、材料、结构及使用，一件真正好的产品也会显示它自己的样子。"[1]指示符号在产品和消费者之间起到沟通作用，消费者通过对指示符号的阐释了解产品在技术和实用功能方面的意义。

西方对产品的指示功能作系统研究是从20世纪70年代开始的。德国学者费肖尔（Richard Fischer）1978年发表了《论指示功能》的论文，1984年他又和米柯什（Gerda Mikosch）出版了合著的《指示功能》一书，详尽论述了产品的指示符号问题，包括区隔、对比、表面的质地、组群、色彩对比、坚固性、调节性、操作、准确、和人体的关联等。我们论述指示符号的例子主要引自他们的论著（亦见布尔德克《工业设计》一书）。

产品的指示符号不仅使产品的操作视觉化，而且要说明产品的材质、结构、操作技术和功能之间的相互关系。我们看一些例子。操作元件是指示符号之一，它在产品的造型中只是细部问题，然而在许多情况下却是唯一涉及人—机关系的元件。操作元件应该便于识别，能够告诉使用者如何便捷地操作产品：是按揿，还是旋转；是用指尖，还是用整只手；是轻轻发力，还是用力较大。为了便于识别，操作元件可以轻微突起或凹陷，也可以用区隔表示。一件产品的操作区可以凹陷下去，从而和周围区分开来，起到明显的指示作用。通过对比同样可以形成指示作用，收音机上的按键就和周围的部件形成明显的对比。除了结构能够形成对比外，色彩也能够形

---

[1] 转引自〔德〕B.E.布尔德克著，胡佑宗译：《工业设计》，台湾亚太图书出版社2001年版，第220页。

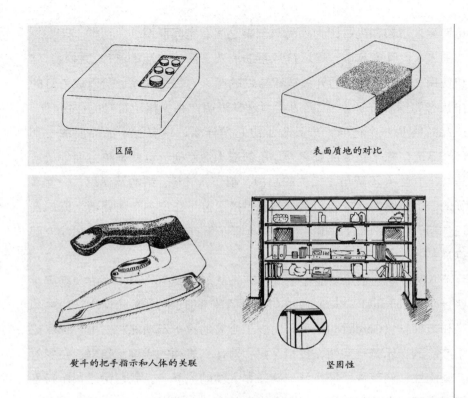

区隔　　　　　　　　　表面质地的对比

熨斗的把手指示和人体的关联　　　坚固性

成对比。台灯红色底座上的开关按钮不仅突起，而且采用白色，就更加醒目。若干操作元件可以分成两组，从而形成组群。这样，可以简化操作，并且界面显得丰富。

　　消费者必须在产品上解读出它的使用方法，高技术的产品自己不会说明它的品质，而是要设计出指示符号。人们在使用熨斗时，手和熨斗的把手有长时间的接触，为了使用舒适，从人体工程学的角度对把手进行了处理。把手指示使用者对人体工程学的联想，指示熨斗和人体的关联。同样，把产品表面的某一部分作粗糙处理，使用者就会知道那是持握的地方。

　　坚固性涉及产品的技术方面，它的指示符号应用在起重机、桥梁、机器、家具、工具、运动器材上。精确的指示符号把产品的实用功能视觉化。它们通常有精致的细节、清晰的线条、锐利的边缘、完美的表面质感，表示产品可以调整的精确程度。

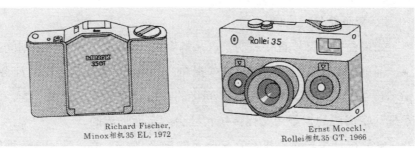

Richard Fischer, Minox相机35 EL, 1972　　Ernst Moeckl, Rollei相机35 GT, 1966

Ⅶ 缺乏必要信息的环境与信息过量的环境

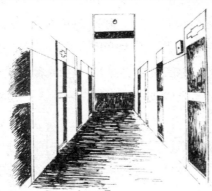
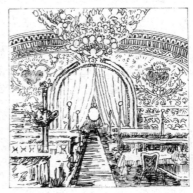

  产品的某些元件具有指示功能，产品的整个造型也有指示功能。我们看一下两款相机。Minox 相机就是 R. 费肖尔设计的，他想以相机的整个造型作为符号，指示相机的便携性的特点——可以装在口袋里。而相机的"准确性"和"高效能"的特点，他在设计中只是顺便考虑一下。Rollei 相机与此不同，它的造型指示"准确性"和"高效能"的特点是最重要的。

  产品的指示符号应注意避免信息冗余度过高或不足。"各种产品和环境不仅要利用符号增加可识别性，而且符号的信息量必须超出一般认知所需的数量，以便在各种情况下或在不同的接收者中，都能保证足够的信息量。这一信息量的富余程度，称为信息冗余度。信息传播中，应保证一定的信息冗余度。冗余度如果过高，则给人眼花缭乱的感觉；而冗余度不足，则在信息损失或被干扰时使人难以认知。"[1]

---

[1] 凌继尧、徐恒醇：《艺术设计学》，上海人民出版社 2000 年版，第 302—303 页。

2. 象征符号

如果说指示符号直接表明了产品的实用功能，那么象征符号则间接表明了产品的社会文化意义。指示符号指向产品本身，象征符号指向社会文脉；指示符号是直接的，象征符号是间接的；指示符号是天然赋予的，象征符号是约定俗成的，是由文化传统和社会约定而形成的。

象征符号是与对象没有直接联系的符号。例如，语言符号是一种象征符号，中国人管水叫做"水"，英国人偏偏管它叫"窝头"（water），法国人偏偏管它叫"滴漏"（del'eau）。这表明"水"作为符号，在不同语言中它的能指（文字和语音）和所指（语义）之间没有必然的内在联系，能指和所指之间的关系是人为规定的。这种约定俗成一旦形成，就对人们起着制约的作用。

在中世纪的艺术创作中，象征性是首要的原则。例如，法国圣丹尼斯教堂环绕着歌坛的12根圆柱象征着十二使徒，后堂回廊的圆柱象征着十二位主要先知。一般教堂都有的三座塔楼象征圣父、圣子、圣灵的"三位一体"。壁画和镶嵌画中的牧羊人象征救世主基督，叶子象征获救的灵魂，其他如十字架、鸽子、羔羊、鱼都有象征意义。可以说，中世纪艺术整体就是象征：它的艺术形象的感性形式象征神的精神性。

德国学者罗伦泽尔（Alfred Lorenzer）的著作《心理分析象征释义批评》（法兰克福－慕尼黑1970年版）和《心理分析认识的真相》（法兰克福－慕尼黑1974年版）出版后，象征符号在艺术设计中的作用广为人知，被当成艺术设计工具加以使用，而且成效显著。

产品世界处处有象征。我们在第五章中提到长期主持美国通用汽车公司艺术设计部门的埃尔，正是他促使轿车从交通工具变成车主社会地位的象征。艺术设计中的象征符号给产品带来高附加值，因为它能使成本低的批量产品以高价出售，这种价值不仅取决于经济价值，而且取决于社会价值和审美价值。消费者不仅支付商品基本的使用价值即商品的直接功能（具有相应使用价值的其他商品也有这种功能），而且支付商品证实使用者身份和社会地位的符号意义。

在不同的国家、地区和文化背景中，象征符号的设计有不同的编码方式，对象征符号的解码也取决于各种社会的文脉条件。奥迪轿车的品牌作为一种符号，在不同的国家具有不同的意义。在德国，它的使用者主要是性格保守的中年人；在美国，它的购买者却是居住在都市核心地区的年轻人；而在墨西哥，它被视为高科技发展的象征，受到企业界的喜爱。德国的阿迪达斯运动服和运动鞋是伴随着激烈的运动发展起来的，这种品牌作为符号象征高效率的运动。美国的耐克运动服和运动鞋则改变了产品的象征意义，耐克作为符号象征轻松、自在和舒适。结果，它使德国的阿迪达斯的销售受到重创。

产品的象征符号设计的出发点是差异化和生活方式这两种重要概念。产品是否受欢迎，很大程度上看它是否符合目标群的标准和价值观，或者能否以一项产品成功地塑造一个新的目标群。"对识别形式及认同渴望的掌握、阐释及将之转化为造型，无疑比起在'好的造型'口号下，将精英层的品位标准直接投射出来，要难上数倍。当美学的标准是以不同的社会文化因素为基础，那设计师的任务就是以有差别的特征，将这些标准呈现出来。设计的定位就比较是文化导向，而非技术导向了。"[1]

我们对这段话作些解释。以前我们在谈差异化时，主要根据人口统计的特征，如年龄、性别、教育程度、收入、居住地等。这样的市场研究已经很难为艺术设计提供有效信息了。而生活方式的概念不再标示出传统意义下各个阶层的人口统计学属性，而是标示出共同活动（activities）、兴趣（interests）和见解（opinions）的归属性，这三项资料被称为 AIO 资料。也就是说，在具有相同的人口统计学特征的阶层中，仍然存在着生活方式的差异。具有共同的生活方式的人群具有共同的行为模式和特征。一些新鲜的人群名称就体现了这种生活方式，例如飘一族、炫一族、丁克族等。飘一族喜欢跳槽和流动，经常迁徙，他们的这种生活方式对产品就有独特的要

---

[1]〔德〕B.E.布尔德克著，胡佑宗译：《工业设计》，台湾亚太图书出版社2001年版，第239页。

求。所以，AIO资料应该成为产品差异化的象征符号设计的出发点。

符号的象征作用说明，消费者购买新产品的动机之一，是为了获得周围社会环境的认同，以免丧失自己的身份和地位。艺术设计的这种作用，可以称作"个性社会化的作用"。在社会化的过程中，个性掌握和吸收某种社会环境所共同接受的知识、规范和价值。美国著名社会学家米尔斯（Charles Wright Mills, 1916—1962）把美国艺术设计说成是工业发达的消费社会的大众文化现象。买卖不仅是经济行为，而且是社会行为和审美行为。

3. 形式美学符号

形式美学符号是表现比例、节奏、对称、整一、和谐等形式美的符号。它与指示符号和象征符号的区别，是产品符号学中语构学和语义学的区别。语构学是产品造型的语法，与意义无关。语义学则涉及意义，如指示符号涉及产品的实用功能，象征符号涉及产品的文脉。"语构学着重于处理造型语言语汇之间的结构关系，它体现了造型要素在结构上的有序性；语义学着重处理造型语汇与它所指涉对象之间的关系，即如何给人以直接的内容体验和潜在的隐性象征。"[1]

语构学的基本规范[2]为：第一，从数学性质上把握造型的形式要素，例如节奏，比例，韵律，景深，位置关系，图形的伸缩和扭曲，造型的多样性、立体感和富有形式秩序的结构。

第二，完形规则的运用。完形规则要求产品作为图形从背景环境中凸现出来。造型的形式应该构成一个良好的图形，它的组合关系应该具有一定的对称性和趋合倾向，以便使各部分之间形成一个更紧密和完整的整体。各种造型要素应该具有同调性和相关性。同调性指各部分的风格要保持一致，相关性指各部分之间要有密切联系，功能要相互配合。"整体大于各部分之和"是完形心理学的一条原理。

第三，处理好秩序和复杂性的关系。奥地利心理学家迈农（Alexius von

---

[1] 凌继尧、徐恒醇：《艺术设计学》，上海人民出版社2000年版，第309页。
[2] 同上书，第310—313页。

Meinong, 1853—1920) 是完形心理学的开拓者之一。他的学生艾伦菲尔斯 (Christian von Ehrenfels, 1859—1932) 在 1916 年发表了《形式的高度和纯度》的论文。不久之后，这篇论文对艺术设计产生了重要作用。他认为，形式的高度和纯度是由秩序 (order) 和复杂性 (complexity) 所形成的产物。美国数学家柏克霍夫 (Georg David Birkhoff, 1884—1944) 根据艾伦菲尔德的观点，提出了审美度 (M) 的概念。审美度与秩序成正比，与复杂性成反比，即 M = O/C。这个公式表明，产品的秩序容易引起审美感愉悦，而过于复杂的事物不易引起审美愉悦。

第四，处理好造型与环境的关系。产品作为整个环境的构成因素，会对周围环境产生影响，应该注意产品和周围环境的协调。

（二）艺术设计欣赏的主体

艺术设计欣赏的主体不是一般的消费者，而是能够理解艺术设计作品用来和我们交谈的语言、即艺术设计作品的符号系统的人。艺术设计欣赏的主体应该是有艺术设计修养的人，具有"能感受形式美的眼睛"，他依靠对艺术设计语言的掌握，揭示这些语言所表达的诗意的信息。艺术设计欣赏的主体有两个基本条件：一是对艺术设计作品的阐释能力，二是对艺术设计作品的联想能力。

1. 阐释能力

如果不懂得艺术设计作品所使用的符号，我们就无法理解它的含义，因而就谈不上对它的欣赏。我们在前面说过，耐克作为符号，象征轻松和自在。我们都见过耐克的标志，如果我们知道它是设计师根据希腊神话中胜利女神的翅膀设计的，那么对它的理解就会深入得多。萨莫色雷斯岛的胜利女神雕像（作于公元前 200 年，现存法国卢浮宫）表达了胜利的气概，女神挺立于船首，衣服在劲风的吹动中飘然掠向后方。

同一部艺术设计作品，不同的欣赏者由于掌握艺术设计语言的程度不同，对它理解的深浅就不一样，从而得出不同的阐释。就像不同的钢琴家在演奏同一首乐曲时，由于他们的理解不一样，对乐曲的阐释也就不同。这

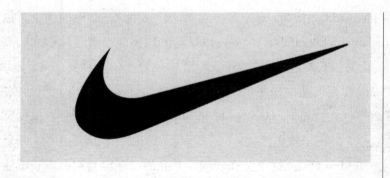

大卫森：
耐克标志
(1971)

是阐释中的主观性、相对性和可变性。在艺术设计欣赏中，这是允许存在的，对一部艺术设计作品不可能只有一种阐释。但是，阐释中的主观性、相对性和可变性却有一定的界限。

为了培养阐释能力，需要加强艺术理论、艺术史和文化知识的学习，逐渐了解各种艺术设计的语言、创作手法和审美特征，做艺术设计鉴赏实践的有心人。

2. 联想能力

欣赏艺术设计作品，除了需要具有阐释能力外，还需要具有联想能力。欣赏者从艺术设计作品那里获得的形象，不是对原型的复制，而是这件作品和欣赏者的生活经验、艺术经验、性格、兴趣、文化修养等相结合的产物。每一位欣赏者都以自己的方式解释艺术作品。所以，在艺术欣赏中"有一千个读者就有一千个哈姆雷特"。欣赏者的这种能力在艺术理论中叫做"共同创作的能力"。

艺术设计欣赏之所以需要联想能力有两个原因：第一，根据接受美学的观点，艺术作品的结构具有召唤性。艺术作品中存在的意义空白和不确定性，成为激发、召唤欣赏者进行创造性想象的基本驱动力。艺术作品的召唤结构需要欣赏者的共同创作。

同时，艺术作品具有客观性，这种客观性在于，作品的结构、形式、色彩和线条等，向所有欣赏者指出一种方向，以便他们的欣赏活动能够在一定的界限和框架内进行，欣赏者的想象、审美评价等沿着艺术作品的客观组织和结构得到调整。艺术作品的这种客观性为欣赏

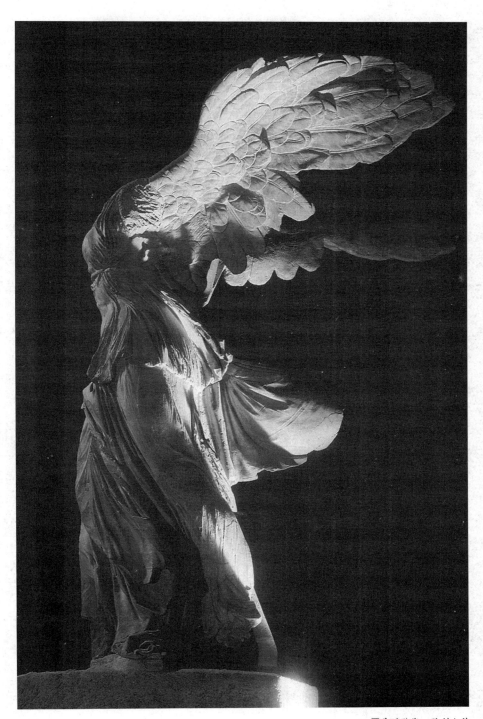

希腊雕塑：胜利女神

的主观性规定了极限。聆听贝多芬英雄交响乐送葬曲的两个人，可能非常不同地、独特地理解所聆听的音乐，但是，他们中任何一个人大概都不会想到、也不可能想到要把这段交响乐当做结婚舞曲或者战争进行曲。

然而，艺术作品的结构所标明的途径无论多么严格，欣赏者在自己的知觉中不是同作者的路线不爽毫厘地，而是按照自己的路线、最重要地是带着某些其他结果的可能性重新经历这条途径。艺术作品的信息不能像从一个水罐倒进另一个水罐的水一样，从作品转移到欣赏者的头脑中。它得由读者本人再现和再造，这种再现和再造根据作品本身所给予的方向进行，但是最终结果取决于欣赏者智力的、心灵的、精神的运动。这种活动就是共同创作。欣赏结果的差异性、包括同一个人两次欣赏同一部作品的差异性说明，不仅往往有取之不竭的作品，而且往往有在再现和理解上创造力量绵绵不绝的欣赏者。

艺术欣赏中的共同创作行为是由艺术欣赏的本质所决定的。艺术欣赏按其特殊的本质而言，是对话性的。艺术欣赏者把从艺术作品中吸取的信息，同他从自己的精神世界、从自己的"联想储存"中吸取的信息结合起来。

第二，艺术设计所使用的符号是艺术符号，它不同于自然语言所使用的符号。自然语言是推论式符号，艺术符号则是表象式符号。美国美学家苏珊·朗格（S. K. Langer，1895—1985）指出了这两种符号的区别。[1] 推论式符号具有固定的语汇系统，它的每一个语汇可以由另一个词加以解释，因此可以有词典供人查阅；语词是按照明确的语法规则组织起来的，每个语词的意义是确定的，但同时又有一定的可塑性，其具体意义由它在语句中的地位即语境确定。而表象式符号具有不可翻译的特性，不可能编辑出艺术符号的词典；艺术表现具有独一无二的性质，它的意义和它所具有的独特形式不可分割；表象式符号具有不可定义的性质，它的意义来自整个艺术作品的结构，因此具有整体性的特点。为了欣赏表象式符号，必须充分发挥联想的作用。

---

[1] 凌继尧、徐恒醇：《艺术设计学》，上海人民出版社2000年版，第299—301页。

二　艺术设计批评

和绘画批评、音乐批评、电影批评、戏剧批评等一样，艺术设计批评是艺术批评中的一种。为了更好地理解艺术设计批评，我们先谈一下艺术批评。

（一）艺术批评

普希金给艺术批评下个定义："批评是揭示文学艺术作品的美和缺点的科学。它是以充分地理解艺术家或作家在自己的作品中所遵循的规则、深刻研究典范的作用和积极观察当代突出的现象为基础的。"[1]

"艺术批评"中的"批评"，是英语 critique 的翻译，这个单词还有"评论"、"鉴定"的意思。"艺术批评"的实际含义是"艺术评论"，它不仅批评艺术作品的缺点和弊端，而且赞扬艺术作品的优点和成绩。对艺术作品的欣赏始终是通过艺术批评来实现的。我们观看一幅绘画或者一场演出时，总会以某种方式表示自己的满足或失望，例如，出声地或者在心中默默地说一声"好极了"或者"真差劲"，也可能会用掌声或者嘘声来表示自己的态度，从而实现了受众和艺术家之间的反馈联系。这就是最原始的艺术批评。原始的艺术批评的影响范围很有限，为了扩大影响范围，在原始的、业余的艺术批评的基础上，出现了专业的艺术批评家。他们的职业就是从事具体艺术作品的分析，把自己的评价写成文章在报刊上发表，不仅对艺术家、而且对广大的受众产生影响，这就是现代含义的艺术批评。具有审美修养、感觉敏锐、内行的欣赏者成为职业批评家。与欣赏者相比，批评者更加成熟和专业。

艺术批评作为一门学科，在西方产生于 18 世纪。这是当时艺术发展的要求，同时，印刷和新闻业比较广泛的发展，使得评论文章的发表和传播成为可能，因为职业的艺术批评的出现有赖于印刷术和新闻业的发展。在

>>>............
[1] 伍蠡甫主编：《西方文论选》，上海译文出版社 1979 年版，第 373 页。

艺术家和受众的联系方面，评论文章的影响要比受众的直接评价大得多。受众的直接评价只有小范围的人知道，而评论文章通过一定传播渠道很多人都可以读到。

法国启蒙运动美学家狄德罗（Denis Diderot，1713—1748）是现代含义上的第一位艺术批评家。他精通绘画的鉴赏，关心绘画艺术的发展，其绘画理论曾经受到17世纪英国画家和美学家荷迦兹（William Hogarth，1697—1647）的影响。荷迦兹关于绘画的著作《美的分析》是艺术理论著作，而狄德罗关于绘画的著作《沙龙随笔》是艺术批评著作，因为它是对当时的具体绘画作品的评价，并且狄德罗把这种评价与艺术家的个性和美学理论结合起来了。那时候法国艺术界每两年在巴黎举办一次画展，称之为"沙龙"。应德国文学批评家格里姆（F. M. Grimm）之约，狄德罗为1759—1781年的九届画展撰写画评，刊于《文学通讯》，这就是《沙龙随笔》，它成为艺术批评的范例。

18世纪德国启蒙运动美学家莱辛（Gotthold Ephraim Lessing，1729—1781）有两本重要著作：《拉奥孔》和《汉堡剧评》。《拉奥孔》通过具体分析古代艺术作品以阐述美学思想，是一部美学著作。《汉堡剧评》则是艺术批评著作。莱辛自1767年担任汉堡民族剧院的艺术顾问，他根据该剧院第一年的52场演出撰写了104篇评论，1769年集成上、下卷出版，每卷52篇，取名《汉堡剧评》。

从感性上知道了什么是艺术批评后，我们从理论上对艺术批评与艺术史、艺术理论和美学的区别作一个界定。

首先，艺术史、艺术理论和美学作为人文科学知识领域，研究艺术的客观规律，而艺术批评是一种主观评价活动，批评家力图通过有感染力的语言，使读者对他的评论产生兴趣。也就是说，艺术批评与艺术理论和美学最根本的区别在于，后者属于认识活动，前者属于评价活动。认识活动和评价活动都是人类活动的基本形式。在认识活动中，主体获得关于客体存在的客观规律的知识。而评价活动提供的不是纯客观的信息，而是客体对于主体的意义的信息。认识活动提供关于本质的信息，评价活动提供关于价值的信息。

其次,艺术批评主要评价同时代的艺术作品,而不是过去时代的艺术作品,它起作用的时间是"现在时",而不是"过去时"。艺术史和艺术理论研究的主要对象是艺术遗产。艺术史研究过去,把过去变成现在,帮助艺术获得现实存在。而艺术批评把艺术的现实存在变成未来,使它成为艺术史的对象。

再次,艺术批评阐明具体的、个别的艺术作品的价值,艺术理论研究的对象是艺术的一般规律和原则。艺术批评具有具体政论的性质,而艺术理论是抽象的。从行文风格上看,艺术理论偏重客观、理性、冷静,而艺术批评偏重主观、感性、热烈。比较莱辛的《拉奥孔》和《汉堡剧评》,我们很容易感受到这种区别。狄德罗的《沙龙随笔》也流露了强烈的感情色彩,他在详细地评论作品的结构和技巧时或赞叹,或兴奋,或斥责,或气恼。

尽管艺术批评不同于艺术理论和美学,但是,它与艺术理论和美学又有密切的联系。因为批评家在作出评价时,不能不依据某种评价标准和艺术理想。而评价标准和艺术联想正是艺术理论和美学所研究的。艺术批评依据某种美学观点和艺术理论,对同时代的具体的艺术作品进行评价。例如,狄德罗所理解的艺术美有三条标准:真实、自然和简洁。法国画家布歇(Boucher)的作品风格艳丽、浮华纤巧,狄德罗批评他的画不真实,认为人们走遍乡村田野,也找不到一棵小草类似他的风景画里的青草。同时,狄德罗又批评他的画不自然。自然指浑然天成,它的对立面是造作。"造作出来的对比,经院式、宗派性、技术性的对比,都是虚伪的。那就不是在自然里发生的动作,而是矫揉造作的、拘泥刻板的、在画布上扮演出来的动作。画的就不是一条街、一个广场、一座神庙,而是一台戏。"[1] 法国画家夏尔丹(Chardin)和格勒兹(Greuze)的绘画符合真实,就受到狄德罗的赞扬。

狄德罗在分析具体的艺术作品时,总是想起创作它们的艺术家的个性。

---

[1] 〔法〕狄德罗著,张冠尧译:《狄德罗美学论文选》,人民文学出版社1984年版,第407页。

他和这些艺术家生活在同一个时代,评论时仿佛带领我们走进展厅,在一些绘画前停下脚步,仔细端详绘画,与画家和参观者交谈,向他们提出建议,叙述自己和艺术家的个人生活经历。在《沙龙随笔》中,西方关于艺术的思想第一次以批评地分析具体艺术作品的形式表现出来。《沙龙随笔》意味着艺术批评作为一种新的文学体裁的诞生。正是由于狄德罗,艺术批评的概念最终得以形成和确立。

狄德罗不仅是一位著名的美学家,而且对绘画创作过程和绘画技巧具有广博和精深的知识。他对自然的真实、美、人、艺术观念的理解总是与他对绘画的结构、色彩、明暗、表现力的观点联系在一起。他的意见既具体又系统,形成了关于创作方法的完整学说。狄德罗承认布歇具有第一流的绘画技巧——着色轻快、结构大胆,但认为他的画缺乏真实,说:"除了真实以外,此人可谓具备一切优点了。"狄德罗为此对布歇作出了严厉的批评。他在作出类似的批评时,表现了强烈的论辩性。狄德罗的艺术批评鲜明地体现了他的个性特点,他具有一流艺术批评家的素质。

艺术批评的目的在于确定艺术作品的艺术价值。"这就要求批评家具有发达的审美感,即辨认艺术作品中的美,区别真正的美同仅属貌似的美的能力,即使在这样做时不得不同占统治地位的趣味发生冲突,推倒群众心中的偶像,或者正相反,在任何人都未发现的地方发现高度的审美价值。"[1]

艺术批评具有什么作用呢?"艺术批评的作用在于实现艺术交往系统中的'反馈',以此保障艺术交往的自我调节的能力。"[2] 艺术交往系统包括两个环节:一是艺术欣赏,在艺术欣赏中受众接受艺术家发出的艺术信息,二是艺术批评,艺术批评把受众的意见反馈给艺术家,从而实现双向的交流。这样,艺术批评作为反馈机制,调节艺术创作和艺术欣赏、艺术生产和艺术消费之间的关系。艺术作品生命的每一轮循环都从艺术欣赏开始,而到艺术批评结束,然后再进入下一轮循环。

---

[1] 〔俄〕卡冈著,凌继尧译:《美学和系统方法》,中国文联出版公司1985年版,第136页。
[2] 〔俄〕卡冈著,凌继尧等译:《卡冈美学教程》,北京大学出版社1990年版,第480页。

艺术批评是"运动的美学",所谓"运动的美学",就是实际运用的美学,艺术批评把理论用于实践,它自身也具有双向性。一方面,它对艺术创作发生作用。它为艺术家提供他的作品的影响力、社会效益的信息,从而为他今后的创作指引方向。另一方面,它对其他受众发生作用,培养和提高他们的审美能力。艺术批评家虽然以个人的名义发表意见,但实际上他代表了某种审美趣味共同体、某个艺术爱好者集团的意见。此外,艺术批评还是艺术理论与艺术创作、艺术欣赏之间的中间环节,为艺术理论、美学搜集材料。

(二) 艺术设计批评

20世纪西方的艺术设计批评是伴随着艺术设计史的发展而发展的,并对艺术设计的实践和理论产生很大影响。我们在第二章中谈到莫里斯和罗斯金领导的英国艺术与手工艺运动,他们两人看到机器生产造成产品的艺术质量的急剧下降,于是写文章、发表演说,抨击这种现象,提出恢复艺术和手工艺的联系,以解决技术和艺术之间的矛盾。他们的言论引起广大群众对工业产品艺术质量的关注。1851年,英国为举办世界博览会,在伦敦市中心建了水晶宫。罗斯金不满意水晶宫的外形,对它提出激烈的批评。这些都是艺术设计批评。

我们在第五章中谈到功能主义。功能主义最基本的原则——"形式遵循功能",是美国建筑师萨利文1896年在《从艺术观点看待高层市政建筑》一文中提出来的。他批评一些建筑师在解决新任务时不善于摆脱旧风格和旧方法,认为艺术创作的真正标准是形式和功能的相互关系。他的这篇文章就是艺术设计批评文章。

20世纪30—40年代,美国的罗维和他的同行们在艺术设计中大量采用流线形的造型。当时在美国,流线形成为一种时尚,连家庭里的冰箱、收音机、烘面包机,看上去都像一部部奔驰的赛车。这固然是艺术设计师的影响,然而无疑,艺术设计批评也起到推波助澜的作用。艺术设计批评促成了消费者对流线形的偏好,而消费者的偏好又成为艺术设计的依据之一。

我们在第七章中谈到孟菲斯，它是20世纪80年代世界上最著名的激进的艺术设计组织。它的作品一旦问世，立即引起大量的评论，有热烈赞扬的，也有强烈反对的，加上媒体广泛报道，孟菲斯很快成为公众关注的对象。可以说，孟菲斯之所以获得如此高的知名度，除了自身的原因外，艺术设计批评也是重要的原因之一。

相比之下，我国的艺术设计批评还十分薄弱。这种薄弱表现在两个方面：第一，与绘画批评、音乐批评、电影批评等相比，艺术设计批评显得薄弱；第二，与艺术设计的历史和理论研究相比，艺术设计批评显得薄弱。有的研究者指出，我国的艺术设计批评还处于"无为"的状态，主要指艺术设计批评界缄口无言，大众对艺术设计不够关心等。而我国艺术设计的发展，离不开积极的艺术设计批评。

艺术设计批评的对象可以是具体的艺术设计作品，也可以是艺术设计现象。但是，应以具体的艺术设计作品为主，可以是一件艺术设计作品，也可以是一组艺术设计作品。在批评艺术设计现象时，也应该通过批评具体的艺术设计作品来进行。对具体的艺术设计作品的批评，不是就事论事的批评，而是在一定的理论指导下进行的，批评者的艺术思想要通过艺术设计作品的具体分析体现出来。

艺术设计作品与其他艺术作品不同，它首先供使用，同时供欣赏。因此，艺术设计批评者就是艺术设计作品的使用者和欣赏者。批评活动可以体现为购买行为，也可以诉诸语言和文字。购买某种产品实际上就是对这种产品的认同和欣赏，这就是一种批评，一种肯定性的评价，就像我们在观看演出或聆听音乐会时心中发出赞叹一样。欣赏者诉诸文字的批评是可以传播的、更有影响力的批评，这种批评帮助消费者提高对艺术设计作品的欣赏水平，同时把消费者的意见反馈给艺术设计师。

艺术设计批评者也可以是艺术设计师本人。在艺术设计领域设计师涉足批评的，要比其他艺术领域艺术家涉足批评的多得多，影响也要大得多。这有两方面的原因：一是艺术设计批评队伍不成熟，缺乏专职的艺术设计批评者；二是艺术设计不仅是一种审美活动，而且还是一种经济活动、社会活动，它有很强的时效性,艺术设计师介入批评能够产生直接而迅捷的影响。

关于艺术设计批评的标准,不同国家、不同地区有所不同。我国采用的艺术设计评价标准主要涉及科学性、适用性和艺术性三个方面,这来源于我国在20世纪50—60年代对建筑和设计提出的"实用、经济、美观"的标准。我国台湾地区的《工业设计》第73期报道了"世界各国优良设计评价标准",其资料来源于日本的一些杂志,也包括对18个国家和地区的设计奖评选机构进行调查的结果。各个比较的结果表明,认同率最高的标准有两项:功能性和品质的认同率达100%,造型优美、视觉化、独创性的认同率达87%。[1] 由此可见,功能和审美仍然是最高的评价标准。尽管各国、各地区的评价标准不尽相同,然而它们又有许多共同的基本点。

艺术设计批评的标准不是一成不变的,它们往往随时代和社会的发展而变化。我们在第四章提到的包豪斯第三任校长密斯·凡·德罗作为功能主义者提出"少即多"(less is more)的原则,而文杜里作为后现代主义者,在1966年则幽默地把"less is more"改了一个字母,成为"less is bore"("少即乏味"),表明了不同于现代主义的后现代主义的批评标准。但是,德国著名艺术设计师拉姆斯(Dieter Rams)却不为这场争论所动,他继承了密斯·凡·德罗的传统,以"少设计就是多设计"(weniger design ist mehr design)来描述他的设计哲学。他曾经担任对德国设计发生决定性影响的布劳恩(Braun)公司的主要设计师,有的西方学者说"大家对他如设计的圣父般崇拜"。我们在第五章中谈到,德国的设计在全球各地总是先会令人联想到以下几个概念:实在、理性、简洁、中性。意大利孟菲斯的创立者索特萨斯在1990年则说:"我不太喜欢的是这种德国人的态度:一件东西应该纯粹、洁净、有功能、简单、完美等等。"

第二次世界大战以后,功能主义在德国达到它的真正的巅峰,出现了符合生产标准化的工具。有的西方学者指出:"由此产生了功能主义的大宪章——减化无用及多余的东西。生产应该由功能来决定。没有功能的物

---

[1] 参见尹定邦:《设计学概论》,湖南科技出版社2003年版,第217页。

件,功能主义无法接受。功能主义基本上是禁欲的,且是一种特定生活观点的表达:节省,理性地应用现有方式来达成明确的目标。"而对功能主义的批判在20世纪60年代流行开来。阿多尔诺(Theodor W. Adorno)1956年所作的报告《今日的功能主义》为功能主义批判奠定了重要的里程碑。有人强调,在设计中必须节制直角、直线、几何形,也就是节制客观、直接的形式以及无对比性、无色性:"然后必须取消平面视觉的造型方式,立方体,男性的造型。今日的造型行为来自女性的态度,强调情绪。女性的非理性的造型行为,偏爱有机形式、对比性强的色彩及偶发的特征。"[1]这些都表明了艺术设计批评标准的变化、矛盾和多样性。

每位消费者通过自己的购买和消费行为都成为艺术设计批评者,只是这种批评还不是面向公众的;如果他们把自己对产品的感受、体验、看法用恰当的、完整的文字表达出来,就成为真正含义上的艺术设计批评者。

思考题

1. 怎样欣赏艺术设计作品?
2. 谈谈你对艺术设计批评的理解。

阅读书目

1. 焦成根主编:《设计艺术鉴赏》,湖南大学出版社2004年版。
2. 〔德〕B.E.布尔德克著,胡佑宗译:《工业设计》,台湾亚太图书出版社2001年版。

---

[1] 转引自〔德〕B.E.布尔德克著,胡佑宗译:《工业设计》,台湾亚太图书出版社2001年版,第58页。

第十四章
艺术设计与我国的经济转型

我国经济建设的紧迫任务是把加快经济发展方式的转变作为落实科学发展观的重要目标和战略举措。经济转型是经济发展方式转变的重要内容。所谓经济转型，就是从旧的经济增长模式向新的增长模式转变，从价值链低端向价值链高端转变。

我国制造业的产值占全国GDP的50%，是一个制造大国，然而，在"制造大国"前面需要加一个限定词："加工型的制造大国"，制造业的利润约为5%左右。我国是世界上最大的电风扇、微波炉、电饭煲、吸尘器、电话机、钟表、服装、鞋、玩具、自行车、摩托车、洗衣机、电冰箱、空调、手机、显示器的生产国，然而在国际制造业垂直分工体系中，我们主要处在产业链的低端。

我国在加工贸易中，多数属于中低技术和劳动密集型产业，过多地消耗了我国的土地资源、水资源和矿产资源，过低地支付劳动力成本、土地成本和资源环境成本，在整个贸易价值链中获得的利益较少。2008年9月24

日温家宝总理在纽约华尔道夫饭店举行的与美国经济金融界知名人士的座谈会上指出:"一架波音747飞机能换(中国)5000万件衬衫。"中国发展的目标不是成为世界的工厂。

一 价值链微笑曲线

美国迈克尔·波特(Michael Porter)教授从价值链构成的角度分析了企业竞争优势的来源。他认为,每一个企业都是进行设计、生产、营销、交货以及对产品起辅助作用的各种活动的集合,所有这些活动既有各项投入又同时显示出价值的增加,将这一系列增值活动和环节链接在一起,就形成了价值链。价值链又由三个主要环节构成:其一是技术环节,其二是生产环节,其三是营销环节。根据产品实体在价值链的各环节的流转程序,就增值能力而言,以上三个环节呈现出由高向低再转向高的U形状,也称价值链微笑曲线。

我国著名经济学家吴敬琏认为,随着时间的推移,这条曲线越来越弯,两头翘得越来越厉害。微笑曲线最低的部分,就是加工组装制造;翘起的两端,一端是研发、原材料采购和设计,另一端是品牌营销、销售渠道管理和售后服务。[1]这就是人们常说的"6+1"。而微笑曲线一端的设计,另一端的品牌营销都是艺术设计的内容。这些是知识和技术密集型、低消耗、低投入、高产业关联度和高附加值的行业。我国的经济转型就是要从微笑曲线最低的部分向翘起的两端转变,从"1"向"6"转变。

(一)芭比娃娃的启示

受国际金融危机的影响,2008年10月15日东莞的合俊玩具厂突然倒闭,六千多名员工失业。合俊是背靠香港著名财团、在港交所挂牌的上市公司,在号称"玩具之都"、有3800家玩具企业的东莞,它是玩具行业的龙头企

---

[1] 吴敬琏:《经济转型如何度难关》,《南方周末》2008年7月3日。

业，是我国最大的玩具代工商。它为谁代工呢？它为世界上最大的玩具商、美国的美泰尔公司（Mattel）制作芭比娃娃。

芭比娃娃作为全世界最畅销的玩具，其销售覆盖了150多个国家，平均每秒钟有3个芭比娃娃出售，平均每个美国女孩有7个芭比娃娃。如果把所有的芭比娃娃头脚相连进行排列，可以绕地球7周。

合俊玩具厂参与了芭比娃娃的生产，每生产一个芭比娃娃获得1美元，其中65美分进口原料，35美分是加工费。中国消耗了能源，污染了环境，付出了劳动，然而仅仅获得微薄的利润。扣除厂房和机器的损耗、人员工资等费用，从每个芭比娃娃那里中方获得的利润仅为几美分。由于原材料涨价、人民币升值，在产业链中毫无话语权的合俊完全丧失了原本就很狭小的利润空间，只好关门大吉。而美泰尔公司销售芭比娃娃的价格是每个9.99美元，它席卷了全部利润。

援引芭比娃娃例证的学者指出了制造业产业链中利润分配不公的事实，然而没有分析产生这种情况的原因。原因不在于技术方面，而在艺术设计方面。芭比娃娃不仅是一种玩具，更重要的是某种意义的载体。它的制造没有技术难度，是艺术设计帮助美泰尔公司获得了高额利润。

芭比娃娃诞生于二战后的美国。当时美泰尔公司的创办人之一露丝·汉德勒（Ruth Handler）见女儿喜欢玩当时流行的纸娃娃，兴致盎然地给它们换衣服、换皮包，便想到应该设计一款立体娃娃。一次在德国度假时，露丝无意间发现了德国娃娃莉莉（Lily），正是这个娃娃激发了她的灵感。回到美国后，露丝立刻对莉莉的形象加以改造，让它看上去像著名影星玛丽莲·梦露一样性感迷人。1959年3月9日，世界上第一个金发美女娃娃在纽约的玩具博览会上首次登场，露丝用小女儿芭芭拉（Barbara）的昵称给她命名，从此这位金发美女就叫做芭比（Barbie）。

芭比娃娃的成功在于它的设计定位：拥有成人女性身材的儿童玩具。这是美国玩具业中的一个新创意，其灵感来源于莉莉，莉莉在德国是作为成年男性的愚人节礼物而出售的，常在酒吧里陈列。露丝改进了玩具的肤色，使它更健康；同时改进了活动关节，增加了可玩性。

芭比娃娃问世时，梦露还健在。梦露是美国大众文化的一个重要符码。沃霍尔运用复制的手法，对梦露的化妆进行滑稽的模仿，在1962年创作了绘画《玛丽莲·梦露的嘴唇》。有些美国人把梦露称为连接20世纪50年代和60年代的桥梁。她是一位很受欢迎的精明的职业美女，那个胸大无脑的"花瓶"只是她的表演而已。

芭比娃娃后来又推出过美国著名影星赫本系列。五十多年来，芭比始终保持着青春、亮丽的形象，曲线玲珑、光彩照人。美泰尔专门为她设计了朋友、家人，还有一个名叫肯尼的男友；芭比从事的职业也各种各样，她当过明星、教师、工程师，甚至兽医。而最让孩子们着迷的是，芭比有数不清的漂亮衣服。芭比和肯尼是在1961年认识的，两人一见钟情，并轰轰烈烈地相恋了43年。在厮守了43个年头后，风靡全球的玩具芭比娃娃和男友肯尼最终于2004年分道扬镳，这一对人偶玩具的"分手"让芭比娃娃迷大为惋惜。然而一年后，肯尼决定改头换面，再次赢回美人芳心。美泰尔公司专门做设计，从事"虚"的业务活动，处于产业链的高端，赚取高额利润，而把加工生产这类"实"的业务外包给发展中国家。五十多年来，芭比娃娃的设计改动了五百多次，芭比和它的朋友所穿的鞋子超过10亿双，每年大概有120件新款芭比服装面世。

芭比娃娃的设计简直是戏剧创作，这里有角色、主题、情节、故事、服装、场景等。美国学者艾伦·杜宁（Alan Durning）对芭比娃娃作过符号学分析。从符号学角度看，金发碧眼的芭比娃娃是白种女人和阴柔品性的完美符号象征，但这只是它的直接指称或指代，而隐含在符号表象后面的则是关于美国梦和其他的种族、性别神话等构成的意识形态。玩具绝不是简单的娱乐工具，它的关键作用是帮助儿童决定自身和周围事物的价值。玩具娃娃诱导儿童仿效它们，按照玩具娃娃的形象来想象自我。设计师和消费者赋予芭比娃娃以人格和意义，作为一个视觉文化符号，它成为消费文化理论、后殖民理论、儿童心理学、女权主义理论中的重要话题和争论对象。1959年芭比娃娃的主题词是"漂亮芭比！"到了1984年，芭比娃娃的广告词是"我们女孩可做任何事！"有人把芭比娃娃与《圣经》里的夏娃

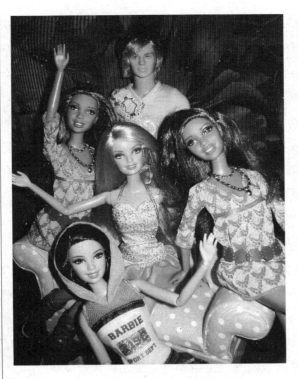
芭比娃娃

相比较,认为芭比娃娃的世界是一个女权中心的世界。

芭比娃娃的例子从一个侧面折射出我国制造业的现状。我国制造业总的特点是:第一,生产方式落后。我国制造业发展迅猛,但仍是粗放型的,更多的是依靠劳动、资源等要素投入,而缺少技术进步。工业经济中劳动密集型产业占主导地位,企业多以传统模式进行生产,其竞争策略主要是依靠劳动力和资源环境低成本来进行。工业企业"大而全、小而全"的现象依然严重,专业化分工不够精细。第二,制造业低端化。"由于生产组织体系中产品线和产业链延伸不足,制造业与服务业之间内在的产业关联被割裂,产业链向服务业增值部分的延伸受到抑制。"[1]

>>>----------------
[1] 于文涛:《我国生产性服务业发展的对策建议》,《宏观经济管理》2008年第2期,第32页。

中国作为世界工厂还造成资源短缺和环境破坏的问题，中国科学院生态环境研究中心城市与区域生态国家重点实验室的傅伯杰研究员在2008年8月1日出版的《科学》（Science）杂志上发表了题为"Blue Skies for China"的文章，讨论中国的环境挑战与战略。由于我国人口众多，自然资源有限，随着经济的快速发展，呈现出了一系列环境问题，已成为社会经济可持续发展的制约因素。其主要环境挑战包括水污染、大气污染和土地退化。2007年，40%的城市生活污水未经处理直接排放，50%的河流处于重污染，60%的湖泊富营养化。在监测的287个大中城市中，只有60%的城市空气质量达标。土地退化主要表现为土壤侵蚀、沙漠化和生物栖息地破碎化。全国水蚀和风蚀面积占陆地国土面积的37%。严重的生态环境问题造成了巨大的经济损失、社会矛盾并影响人体健康。

2007年下半年以来，由于美国的次贷款危机、美元贬值、初级产品价格提高、国内劳动成本上升，我国出口企业处境困难。从2007年7月份到2008年3月，东莞市共有1500家出口导向型的中小企业倒闭，涉及11万人。2008年上半年全国6.7万家规模以上中小企业倒闭，超过2000万工人被解聘。还有很多没有倒闭的企业，其经营也十分艰难。这种情况又一次尖锐地提出了企业的转型问题。

（二）从可口可乐看品牌营销

全球市场调查公司（Roper Starch Worldwide）认为品牌占统治地位是21世纪主要的发展趋势。品牌的竞争力成为国家经济竞争力的关键。邓小平早在1992年就高瞻远瞩地指出："我们应该有自己的拳头产品，创造出自己的世界名牌，否则就要受人欺负。"党的十六大报告指出："要形成一批世界级跨国企业和著名品牌。"温家宝总理在2006年十届全国人大四次会议中明确提出："大力实施名牌战略，鼓励开发具有自主知识产权的知名品牌。"

2008年9月，美国《商业周刊》和国际品牌集团（Interbrand）共同发布了"2008全球最优品牌排行榜"，以品牌价值对公司营业收入的贡献排出全球品牌100强。可口可乐公司以666.67亿美元的价值连续8年居首，IBM和微软公司分列第二、三位。中国企业的品牌价值未得到调研机构的认可，无一上榜。

品牌建设是一个复杂的系统工程。把企业和产品的特色与个性转变为公共外观的过程就是品牌识别的艺术设计。消费者不可能直接而全面地了解企业的价值观和产品的内涵，他首先通过品牌的公共外表来认识、熟悉品牌产品。品牌的公共外表指品牌的名称和品牌的标识物，它就是品牌的形象。品牌识别需要以美学为基础的艺术设计，正如施密特和西蒙森所说的那样："识别管理关心的是视觉及其他感官要素。顾客对一个组织或品牌所产生的印象，美学是其强有力的来源。因此，一个强有力的、以美学为基础的识别，应当是赢得并留住顾客的新起点，而不是起反面作用。"[1]

可口可乐依靠品牌营销获得极大的成功，然而这种成功不是由于饮料配方，而是由于艺术设计取得的。我们在第五章中已经谈到这一点。罗维设计的标识早已闻名于世。可口可乐在销售之初，公司就用鲜亮的红色木制小桶来运送饮料。从那时起，红色就成为这一饮料的显著标识。

在建设民族品牌方面，我们还有艰难的工作要做。温家宝总理2010年9月13日在第四届夏季达沃斯年会上指出："我们正在经历一个'中国制造'的阶段，这是发展中必然要经历的一个阶段。但有时我也为此难过，中国出口到外国的产品，大部分利润被外国企业拿去，其中一个重要原因就是品牌。一双男士高统袜，如果用外国的品牌可以卖8美元，但是中国企业只能得到1美元。""由'中国制造'到'中国创造'"，"是国家发展方式的转变"。

我国是世界上最大的服装生产国、最大的服装消费国和最大的服装出口国。宁波雅戈尔集团是我国服装行业的龙头老大。雅戈尔连续多年稳居中国服装行业销售和利润总额双百强排行榜首位，主打产品雅戈尔衬衫多年获市场综合占有率第一位，西服保持市场综合占有率第一位。连雅戈尔这

>>>--------------

[1] 施密特、西蒙森著，曾嵘等译：《视觉与感受——营销美学》，上海交通大学出版社2001年版，第34页。

样的企业，自有品牌的出口都很少，出口主要是来样加工，贴牌生产。雅戈尔集团设计中心的总设计师谈到，我国企业制作的衬衫在西方市场一件可以销售200美元，而外商付给中方企业的加工费（含辅料，如线、纽扣等）仅为2美元，这还算高的。有的企业连0.9—1.1美元都做。我国企业制作的西服在西方市场一套卖1万元人民币，实际上面料只值300元，加工费仅为150元。中国服装行业品牌之一红豆集团给阿玛尼加工西服，每套的价格是50美元，但到了阿玛尼的专卖店，每套的价格是500—800美元，价格高达10—15倍。红豆集团总裁说："这就是，品牌是价值，也是中国服装企业普遍面临的品牌瓶颈。"

我国有些产品曾经名噪一时，叱咤风云，然而经过短暂的风光和辉煌后，很快就折戟沉沙，彻底销声匿迹了。正应了一种说法："其兴也勃焉，其亡也忽焉。"对于品牌的这种伤痛，有人生动地描述道：一时间家喻户晓的燕舞（指燕舞牌收音机），早就没有起舞了；一直高调的民族品牌乐凯，也被合资了；楚楚动人的奥妮，被举牌拍卖了；活力28，早就没有活力了；红遍大江南北的红桃K，早就褪色了；开创中国保健品先河的三株，成为人们解剖失败案例的标本；梦想成为保健品帝国的巨人，在一夜之间轰然崩塌；日进斗金的标王秦池，已经早早干涸了；让人想家的孔府家酒，很少有人想起它了；曾几何时风光无二的爱多，沦落到被一卖再卖的地步；够威够力的威力，现在却软弱无力了；家电行业黑马的乐华，走上了绝路；中国终端卖场品牌缔造者亚细亚不见了，举目可见的是沃尔玛与家乐福；一呼天下应的润迅，自己反而没有音信了；何等辉煌的健力宝，被统一收购了；开创冰茶市场的旭日升，日落西山了；曾经大出风头的小护士、三笑、乐百氏，外嫁了；蜂花、永久、飞鸽这些金字招牌，品牌真正有用武之地的时候，反而销声匿迹了。

根据有关方面统计，从服装到钢铁，中国每小时向全球输出价值1亿美元的"中国制造"，但是这些产品大多数为贴牌生产。世界贸易组织总干事拉米在2010年6月下旬接受法国《世界报》专访时说："以iPod为例，它是在中国制造的，但它的成本是由5%的中国薪水、15%的美国专利费和40%

的日本附加值构成的。"一位前华尔街投资银行家、对冲基金合伙人在2008年5月1日的《南方周末》上发表文章说,几乎整个美国经济都维系于品牌营销,以耐克公司为例,它一只鞋也没有生产,但是它懂得怎样推销其品牌和把所有业务外包(世界上许多大型运动产品品牌如耐克、阿迪达斯、锐步、新百伦、彪马、天木蓝等运动鞋都是位于东莞的台资企业裕元工业参与制造的。裕元工业占据了全球品牌运动鞋制造市场份额的17%)。我们收获了令世界艳羡的GDP和出口数据,但像苹果、东芝这样的世界性大企业,却收获了更为丰厚的利润。

中国作为一个13亿人口的大国,一个已经成为"世界第二大"经济体的民族国家,调整经济结构、转变经济增长方式的任务是如此紧迫,没有退路。中国必须有自己的创新能力,必须有自己的核心技术,也必须有自己的世界一流品牌。

二 企业艺术创意的可能性

近年来我国的创意产业得到迅速的发展,各地纷纷建立了创意产业园。这里的创意主要是艺术创意。然而,我国的艺术创意还没有能从园区向传统产业和众多企业嫁接,没有能拓展到整个经济层面。如果艺术创意能够拓展到整个经济层面,那么,这对我国的经济转型将起到重要的作用。

1998—2006年间担任英国科学与创新部长的赛恩斯波利(David Sainsbury)受英国财政部的委托,于2007年10月提交了关于英国创新体系的研究报告《赛恩斯波利评估》。该报告的核心思想是:"面对新兴经济体的竞争,我们应当寻求一种'向上的竞争'策略,而不是立足于'向下的竞争'。"所谓"向上的竞争",就是使"创意的概念拓展到整个经济层面,拓展到全体公民"。所谓"向下的竞争",就是螺旋式地下降成本的竞争。英国政府接受了该报告的建议,在未来3年内,提供10亿英镑,资助艺术创意的详细策略。

（一） 生产什么、如何生产、为谁生产

"十一五"规划纲要中明确提出，要"大力发展主要面向生产者的服务业"。这是全面贯彻落实科学发展观、转变经济发展方式、促进社会和谐的必然选择。

价值链微笑曲线两端的业务是生产性服务业，或者说，价值链的技术环节和销售环节是生产性服务业。设计和品牌营销是生产性服务业的重要内容。生产性服务，又称"生产者服务"（Producer Service），是指为生产、商务活动而非直接向个体消费者提供的服务，作为中间投入服务，用于商品和服务的进一步生产。20世纪80年代以来，生产性服务业逐步取代制造业成为西方国家经济增长的主要动力和创新源泉。传统制造业商业模式中的生产制造是企业的核心，而现代制造业商业模式则以服务业为核心。

温家宝总理2008年8月6日主持召开的国务院常务会议，审议并原则通过《进一步推进长江三角洲地区改革开放和经济社会发展的指导意见》。会议指出，长三角是我国综合实力最强的区域（以前的说法是"我国综合实力最强的区域之一"），要求重点抓好10项工作，第一项就是加快调整产业结构，努力形成以现代服务业为主的产业结构。这表明，长三角的发展定位，已由以前的"全球制造中心"转变为以现代服务业发展体系为主。

经济转型就是从生产型向生产性服务型转变。西方发达国家正是借助制造企业的转型，推动生产服务业的发展，不仅占据了产品价值链的高端，而且凭借高度发达的生产服务业，实现了对发展中国家低端产业的控制，将发展中国家纳入到其资源配置的范围，成为其价值增值的重要源泉。

企业由制造向服务的转变，反映了后工业社会满足社会需求方式的变化。当物质匮乏问题基本解决之后，个性化需求增加。为满足个性化需求，企业需要提供差异化的产品，而产品的差异化又主要是通过生产服务的发展来推动的，因此，生产服务的状况，就直接决定了产品满足消费需求的能力的大小。艺术设计是实现产品差异化、满足个性化需求的有效途径。

美国第一位诺贝尔经济学奖得主保罗·萨缪尔森和威廉·诺德豪斯指出，生产什么、如何生产、为谁生产是三个基本的经济问题。他们写道："人类社会都必须面临和解决三个基本的经济问题，无论它是一个发达的工业化国家，是一个中央计划型的经济体，还是一个孤立的部落社会。每个社会都必须通过某种方式决定：生产什么，如何生产和为谁生产。"[1]我们来分析一下在解决生产什么、如何生产和为谁生产这三个基本的经济问题时，艺术设计是怎样推动经济转型的。

在"生产什么"的问题上，艺术设计把功能性产品转变为功能与审美相结合的产品。早期的福特汽车厂是生产功能性产品的典型。1907年福特汽车厂的创始人亨利·福特向世界宣布了他的梦想："我要为广大群众制造机动车：用现代工程进行简约的设计……选用最好的材料，让最好的工人来组装……价格低到让每一个上班族都能拥有一辆——让人们在上帝赐予我们的广阔空间里，和家人一起尽情享受长时间驰骋的乐趣。"[2]福特要生产的是价格低廉、功能良好的产品。福特的梦想实现了，这不仅彻底改变了美国文化，而且颠覆了整个国家的面貌。他在密歇根州的红河汽车厂拥有10万员工，这个超大型的生产圣地每隔45秒钟就会生产出一辆T型车。到1921年，福特汽车公司拥有市场55%的份额，汽车产量是它的对手通用汽车公司的一倍多。福特坚持只向消费者提供一种款式和一种颜色的T型车："不管他们需要什么颜色，我们只提供黑色的。"每一辆汽车拥有同样的品质和外形。

黑色的T型福特汽车在市场独占鳌头的情况到20世纪20年代末发生了变化，1926年它的市场份额已经萎缩到30%。

福特根本不相信美国消费者会抛弃他的一度辉煌、实用的老爷车，而选择对手的颜色和型号每年都走马灯地更换的那些玩意儿。"那些玩意儿"正是功能与审美相结合的产品。然而，福特失算了，消费者确实抛弃了他的

---

[1] 保罗·萨缪尔森和威廉·诺德豪斯著，萧琛主译：《经济学》，人民邮电出版社2006年版，第4页。
[2] 克莱因著，祝平译：《变革者》，中信出版社2004年版，第65—97页。

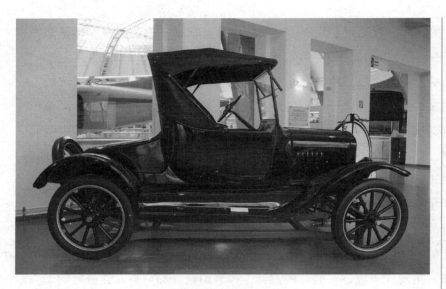

福特T型车

老爷车。1927年他不得不把红河巨型汽车厂关闭了6个月，为生产新的A型车做准备。福特公司原来的每一台机器、每一条传送带、每一种标准都是为T型车的生产专门设计的，现在要转入A型车生产，必须对整个设备系统进行更新，由于缺乏相应的管理经验和计划能力，公司陷入混乱。福特公司为此付出了高昂的代价，并从此开始落后于主要的竞争对手通用汽车公司。

"如何生产"就是采用何种方式满足社会需求。在"如何生产"的问题上，艺术设计把技术主导一切转变为技术和艺术的统一。早期的福特工厂以技术主导一切。为了标明福特的汽车生产系统以及与之相伴的工作系统，出现了福特主义的术语。福特的工厂曾是当时世界上效率最高的工厂，把高效率发挥得淋漓尽致。他的海兰帕克厂创建于1910年，1913年4月开始营运第一条生产流水线。而通用公司推行一种新的、更加复杂的生产方式，把消费者对美观、时尚、舒适的要求融入汽车的设计和生产中，把市场开发、新产品研制、分销策略当作公司盈利的新要素。它制定了一年一度的换型方针，不断推出新颖的汽车式样，并伴有动听的名字，诸如雪佛莱、别克、卡迪拉克等等。市场的惨痛教训使福特公司不得不屈服于潮流而丰富

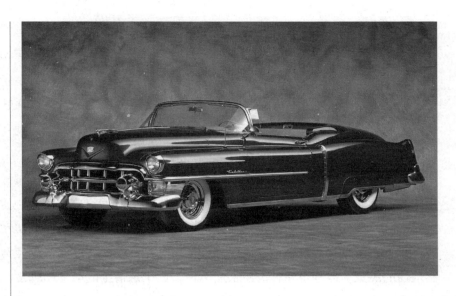

通用公司的汽车

汽车的设计。

20世纪50年代，当通用公司意识到许多美国家庭的购物决策是由妇女作出以后，设计副总裁埃尔在下属中增加了9位女性设计师，以便在细节、材料、颜色和汽车内部装潢等方面满足"妇女的爱好"和审美趣味。通用汽车公司"消费者探索"哲学和方法的开创者亨利·韦弗（Henry Weaver）强调："获取公众反馈的价值在于从他们的心理和审美反应中公司会汲取信息并将其灌输到汽车的风格和机械特征中。"[1]根据消费者的审美反应而改变产品的风格，正是对产品功能以外的意义进行编码，即重视产品的符号系统和视觉形象的生产。

在"为谁生产"的问题上，艺术设计看待消费者的动机由理性转变为理性和感性的结合。传统经济学以利益驱动和理性选择为基础解释人的经济行动，认为驱使人们开展经济行动的动机主要与利益刺激有关。传统经济学的这种理论遭到经济社会学、特别是新经济社会学的质疑。经济社会学是社会学和经济学交叉结合所产生的新

---

[1] 朱伯夫、马克斯著，乔江涛译：《支持型经济》，中信出版社2004年版，第221页。

学科。它质疑在经济行动中人们追求的仅仅是经济利益吗？是否所有的经济行动都是行动者深思熟虑的结果？在具体的行动过程中，理性选择和利益最大化原则能够得到明确遵守吗？格兰诺维特（M. Granovetter）是新经济社会学的代表人物，有人写道："按照格兰诺维特的观点，行动者在社会空间中的行为往往混杂着多种动机，仅仅用'理性行动者'或'利益驱动'来解释所有的经济行动是不充分的。"[1]

理性决策过程指经过深思熟虑,采取合理的行动满足需求。决策过程的步骤为：识别需求（牙膏用完了，要买牙膏），寻找信息（有高露洁、佳洁士），评价可供选择的产品（哪种牙膏的特色或益处更适合我），购买和消费。对于艺术设计来说，顾客既是理性的，又是感性的。顾客虽然经常作出理性的决策，但是也往往为感情所驱使，由于感情上的触动和刺激而发生消费行为。消费者的情绪、情感和兴趣成为消费行为的内趋力，消费行为越来越多地受到感情因素的影响，带有浓厚的审美色彩。

（二） 海尔集团"去制造化"的模板——耐克公司

海尔集团是世界上第四大白色家电制造跨国集团，2007年的营业收入为1180亿元。然而企业利润仅为18亿，利润率仅为1.5%。自2009年以来，海尔集团提出"去制造化"的企业转型战略，这种新战略的模板是耐克公司。据新华社2008年11月28日报道，科技部高新司先进制造与自动化处处长告诉新华社记者，耐克是美国的产品，可是美国不生产一双耐克鞋，它的生产制造全部外包到国外，耐克公司没有一家工厂。在2002年，耐克公司25%的运动鞋是位于东莞的台资企业裕元工业生产的。耐克公司做什么呢？它做的工作中很大一部分是艺术创意。耐克公司专门做"虚"的业务和头脑的工作（策划、设计、创意、营销等），而把"实"的业务和躯干的工作（加工生产）外包出去。

据经济学家郎咸平分析，消费者穿运动服有三个原因：第一，实际需

---

[1] 朱国宏、桂勇主编：《经济社会学导论》，复旦大学出版社2005年版，第31页。

要。运动员和运动爱好者在运动、练习、比赛时,穿运动服是基本需要。第二,舒适性。即使不运动的人也会购买运动服,因为穿着舒服。第三,联系运动精神。"人希望通过穿着有突出个性的运动服装,表现自我个性和满足对自我形象的幻想。"[1] "不做运动的人穿上运动服装后也可以变得有活力,将运动的跳跃感和体质上的美联系到自己身上。"[2] 郎咸平认为,这个市场的潜力比前两个相对来说要大得多。联系运动精神就是运动服行业的本质,换言之,行业本质就是把产品从实用层次提高到情感层次。

行业的目标应该向行业金字塔迈进。运动服的行业金字塔由三层构成:第一层是产品实物。产品实物是最基本的产品,衣服用以蔽体。第二层,提升运动表现。运动服要有完善的功能,运动员穿了能够充分发挥潜能,提升运动表现。其他运动产品也一样,要有完善的功能。如耐克气垫鞋的避震性、保护性、舒适性和稳定性,阿迪达斯足球鞋的止滑性和抓地力,安德玛紧身运动服的干爽、凉快和轻便。第三层,联系运动精神。它处在金字塔塔尖。行业金字塔的第一、二层是实用价值,第三层是精神价值。正如运动心理学家大卫·刘易斯所证实的:"穿上美观的运动服装可以改善自我评价,并提升活力;如果你喜欢身上的运动服装,你的运动效果也会提升。"[3] 这里的精神价值也就是文化学家所说的产品的文化符号意义。企业销售的不仅是运动产品,而且还包括产品所蕴含的运动精神。

面对功能相同的运动鞋,消费者为什么愿意掏更多的钱去购买名牌产品如耐克鞋呢?因为耐克公司除了保证产品的功能和质量外,它还具有特殊的符号意义。产生符号意义的方法有多种,比如,设计出精美的外型,寻求合适的产品代言人。耐克足球鞋就具有经典的外型。根据1992年的统计,13—17岁的美国青少年中,95%都有运动鞋,而且男孩的购买量是女孩的1.5倍。统计又显示,这些青少年多数把球鞋穿去上学而非运动,因此,球鞋有吸引力的外型几乎比功能更重要。耐克在足球鞋的设计上加入男性化

---

[1] 郎咸平:《本质》,东方出版社2007年版,第11页。
[2] 同上书,第12页。
[3] 同上书,第16页。

的时尚元素——赛车，在广告中把足球鞋塑造成机械飞鹰的形象，以迎合男生的口味。

而耐克的乔丹系列篮球鞋被称为历史上最好卖的运动鞋。提起这种运动鞋，消费者会想起它的代言人——篮球明星迈克尔·乔丹。乔丹带领芝加哥公牛队在美国NBA篮联球赛中6次获得冠军，他飞身灌篮、后仰跳投的雄姿令人赏心悦目。1985年，耐克公司与乔丹签约，推出乔丹气垫鞋（置于鞋中的缓震气垫）。结果，耐克的销售额在3年中上升了3倍。

美国黑人中出现过许多篮球明星，他们非常注意个人表演风格。篮球的表演风格指在完成篮球竞技要求的同时，还要展示带有某种审美风格的形象和动作。他们不仅准确地投篮，而且艺术地投篮，在投篮过程中展示力和美。为了与某种审美风格相适应，球星戴有头饰、金链，穿宽松的衣服，剃光头。1982年，耐克首双气垫鞋"空军一号"推出市场，通过美国NBA黑人球星宣传，其目标顾客是广大球迷。黑人球星的表演风格也是美国嘻哈（hip hop）文化中相当重要的一部分。20世纪80年代是嘻哈黑人文化迅速蔓延的时期，黑人球星的打扮风格很快被嘻哈社群所吸纳，融入嘻哈时尚中。球星所穿的耐克篮球鞋当然也不例外。许多嘻哈爱好者都有一双"空军一号"。"空军一号"在推出21年后的2003年，年销量仍然达到1500万双。消费者对耐克篮球鞋的兴趣，显然受到某种审美趣味的影响和暗示。1992年耐克在芝加哥城的北密歇根街区开设了第一家耐克城商店，这是一种从未在品牌创建中出现的方式。商店传达了耐克的核心精神，空气里弥漫着MTV风格的音乐，大屏幕上重放着许多经典比赛，店里悬挂着迈克尔·乔丹在空中飞跃的巨幅海报。商店的建筑风格、布局、摆设和整个氛围都在述说着耐克自己的故事。1996年，耐克城商店超过了艺术馆，成为芝加哥最热门的旅游点。

纽约耐克城作为头号零售店，拥有66000平方英尺的销售面积。商店分为4层，其中有整整一层专门销售女式鞋和服装。施密特指出："耐克城是复杂的美学战略的结晶，其风格和主题创造出体育运动主题公园这一重要的整体顾客印象。""耐克识别通过其他一些美学手段，如耐克旋动识别的

第十四章 艺术设计与我国的经济转型 / 317

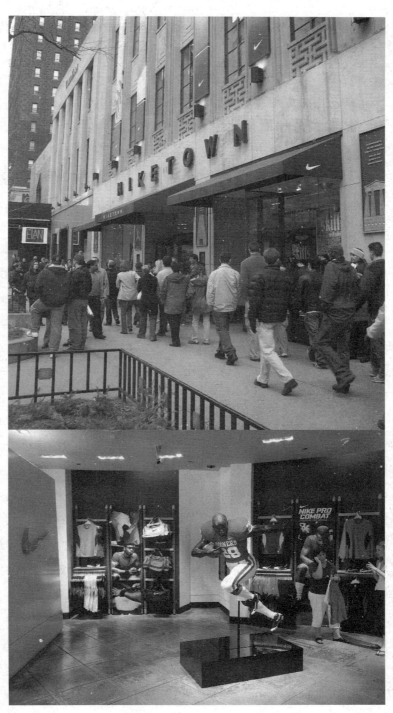

耐克城

不断出现——在展示柜上、门把上，甚至于楼梯扶手上——与这一销售场所紧密联系在一起。"

三 体验经济和消费社会

与传统社会相比，体验经济和消费社会对产品提出新的要求。

（一）体验经济

在阐述体验经济时，我们先看一下什么是体验。有研究者指出，体验和经验不同，经验指"作为人的生物的与社会阅历的个人的见闻和经历及所获得的知识和技能"，而体验则是"经验中见出意义、思想和诗意的部分"。[1] 体验是自己经历过的生活，没有经历也就没有体验，直接经历是体验的基础，经历中有一些成分是激动人心、久久难忘、令人回味不已的，这已进入到了体验的层次。体验是个体对外界刺激作出的反应，它通常不是自发产生而是被诱导出来的，附属于某些事物或者与某些事物有关联。

1970年，美国未来学家托夫勒（Alvin Toffler）在他的《未来的冲击》一书中提出，现代经济继服务业繁荣以后，正在向体验经济迈进。美国学者B.约瑟夫·派恩和詹姆斯·H.吉尔摩在1998年7—8月的《哈佛商业评论》的一篇文章中发出"欢迎进入体验经济"的欢呼。1999年他们合著的《体验经济》一书问世。他们宣称："我们正在进入一个经济的新纪元：体验经济已经逐渐成为继服务经济之后的又一个经济发展阶段。""体验就是企业以服务为舞台，以商品为道具，以消费者为中心，创造能够使消费者参与、值得消费者回忆的活动。"

派恩和吉尔摩举例说，20世纪60年代，一位美国女性的妈妈过生日，花了几十美分买回制作蛋糕的原料，自己烤制蛋糕。80年代她自己过生日，

---
[1] 童庆炳、程正民主编：《文艺心理学教程》，高等教育出版社2001年版，第74—75页。

花了一二十美元定制了一个蛋糕。20世纪末期她的女儿过生日,就由一家公司安排她的女儿和一些小朋友去农场,给牛喝水,背着柴过小山,这种活动花了一百多美元。她的女儿经历了难忘的体验。又如,你单独卖咖啡粉,可以定价为每磅1美元;当你卖煮好的咖啡时,可以定价为一杯5—25美分。如果在咖啡店里购买咖啡,就要付50美分到1美元。而在星巴克,每杯咖啡要好几美元。因为它提供了不同的体验。"如果我不在办公室,就在星巴克;如果我不在星巴克,我就在去星巴克的路上。"这句话成为某些人的经典语录。对于他们来说,去星巴克不仅仅是满足喝咖啡的实用需要,而是成为生活方式的一部分,星巴克能够满足他们特殊的体验。

我们以前谈服务,现在谈体验。体验和服务有明显的区别。英国航空公司前总裁马歇尔谈到,从服务的角度看,"航空业就是尽可能以低廉的价格,准时将旅客从甲地送到乙地";而从体验的角度看,航空公司要"超越功能,在提供体验上竞争"。英国航空公司以基本航空服务为舞台,提供舒适的休息服务,让飞行成为乘客忙碌生活中的舒适休息时刻。

体验经济强调情感、体验、感性在经济活动中的作用和价值。《体验经济》一书提到,"在黄石国家公园露营、沿着大峡谷骑驴而下、在科罗拉多河上乘着爱斯基摩独木舟顺流而行"和一些极限运动是直接以体验作为消费对象的经济活动。拉斯维加斯的消遣娱乐活动,从主题酒店、饭店到歌舞、马戏和魔术表演,都是体验经济的组成部分。在体验经济时代,零售店,还有商业大厦,都要对进商店购物的顾客收费,因为这些店铺经过精心的布置并提供有特色的服务和有意义的活动。如在明尼苏达的文艺复兴节上,游客必须付费才能进商店购物,佩剑的盛装少女向游人及阿玻利斯城上的亨利国王和凯瑟琳王后致敬,顾客可以按照王国导游图参加一整天的庆典活动。

《体验经济》一书指出,制造商们必须关注顾客在使用他们的商品时的体验。为了增加顾客的体验而设计商品,实质上就是将商品体验化。当有人出售有形的商品时,他从事的是商品业;当他为自己开展的活动收费时,他从事的是服务业;而当他为消费者和他自己在一起的时间收费时,就进入了体验业。在体验经济时代的消费者看来，个性化体验比简单的商品交易拥有更高的价值，他们愿意为此付出额外的金钱。人们购买的不再是单纯的商品和服务，他们更加看中商品带来的体验。

既然消费者的体验需要刺激因素，那么，体验经济时代要求产品成为一种体验媒介。作为体验媒介，产品具有情感化、感知化、个性化等特点。制造使消费者产生强烈体验的产品，这是工业设计师的职责，是设计成功的关键，也是对"工业设计以人为本"的新的理解。

产品情感化，指人对商品的占有、对物的依恋，不仅仅出于对其使用功能的需要，而更多的是因为商品所代表的意义和情感。情感化产品有不同的品种。有一种是让消费者投入情感的产品，风靡全球的电子宠物蛋就是这种产品。宠物蛋是玩具设计中非常成功的案例，它在日本叫Tamagotchi（中文音译名为"拓麻歌子"），这个词源于日语tamago，意思是"可爱的蛋"。当然，它并非真正的蛋，而是一个便携式的电子玩具，由日本大玩具公司万代出品，设计师是真板亚（Aki Maita）。电子宠物蛋具有鸡蛋大小的可爱外型，一个小的液晶显示屏，几个用户控制按钮。它利用电子游戏技术，以宠物形象为载体，通过模拟宠物喂养程序，控制完成用户与电子宠物的交互。根据程序的设定，宠物的一年是我们人类的3天，宠物的生命是99年，也就是人类时间的300天，大约是一年的时间。在宠物的生命过程中，主人要通过电子按钮照看它的一切，比如喂饭、喂水、吃药、量体温、找医生，如果不好好照看，宠物会死掉。当电子宠物进入成年期，可能还会经历郊游、留学、恋爱、结婚、度蜜月等很多事件，作为宠物的监护人，需在宠物身上投入大量情感，以保证它们健康成长、生活。

设计师王受之描述了他所亲历的玩家和电子宠物之间的真切情感：一些孩子在上课的时候给电子小鸡喂食，对宠物蛋一无所知的老师发现了，于是将玩具没收，小孩子下课哭哭啼啼到办公室央求老师还给他，说不然小鸡会死掉的，吓了老师一大跳。而在香港金钟一带的高层写字楼区，中午时分，人山人海，白领们出来吃午饭，很多女孩子在讲究的咖啡厅里神情紧张地照顾自己的宠物，那种情真意切的模样让人动容。

（二）消费社会

西方消费社会的出现表明了西方社会的基本结构发生了重大变化，消费社会也就成为研究的热点问题。

1. 福特主义和后福特主义

对于西方何时进入消费社会，学术界有不同的看法。我们所说的消费社会指20世纪60年代以后的西方社会，在此之前西方社会的消费活动虽然也很发达，但那是福特主义的大众消费，不同于后福特主义的差异化消费。当然，在后福特主义时代，大众消费仍然存在，然而差异化消费逐步超越和替代了大众消费。据我国商务部和有关学者的意见，我国也逐渐进入消费社会。正是后福特主义的差异化消费为艺术设计的符号学研究提供了现实的土壤。

福特主义这个术语是在讨论大规模生产的特殊性质时提出来的，它标明了亨利·福特的汽车生产系统以及与之相伴的工作系统。历史学家亨舍尔（David Hounshell）认为福特主义改变了世界。德国人把福特主义称作福特主义时代（Fordismus），福特主义使当时的文学艺术作品都带上了恐惧的色彩，人们担心未来会受技术控制，人成为机器的附庸。卓别林在电影《摩登时代》中对福特主义进行了讽刺性描写，他用扳手拧螺栓的经典动作就是对福特汽车厂流水线工序中现实动作的提炼和加工。赫胥黎的讽刺小说《美妙的世界》描绘了令人毛骨悚然的世界，福特取代了上帝的位置，人们被标准化成各种类型，各自执行不同的任务。生活变得程式化，人与人之间没有了感情，只追求瞬间的快感。

福特主义不仅应用于汽车生产领域，而且迅速拓展到其他消费品，如洗衣机、电冰箱、收音机等的生产领域中。福特和他创造的奇迹对消费活动产生了重大影响。

大规模生产带来大众消费，这是福特主义的核心。福特不仅造就了大规模生产，而且造就了大规模消费。然而，当福特的T型车销量达到1500万辆、市场趋于饱和时，福特主义的弊病出现了：大众消费导致了过分单调的产品设计。个性化、差异化消费的需求预示着后福特主义时代的到来。

当大众对汽车的基本功能的需求得到满足后,消费者不再青睐福特T型车,他们需要更时尚、更美观的汽车。具有讽刺意味的是,消费者需求的复杂化正是在福特贡献的基础上产生的。福特主义注意力在于生产,关心能够生产什么;后福特主义注意力在于营销,关心顾客希望生产什么。福特主义强调生产的重要性,把产品作为商业世界的核心,遵循由生产者决定产品的消费规则和条件;后福特主义强调顾客的重要性,以市场和顾客需求为导向,把最终的消费者作为商业世界的核心。福特主义以大众市场为基础,从事大规模生产;后福特主义以细分市场为基础,针对目标消费群生产出小规模、非标准化的产品。

顾客至上的理念体现在彼得·德鲁克(Peter F. Drucker)一本影响深远的著作《管理实践》中:"是顾客决定了企业是什么。因为顾客,而且只有顾客,会思考他是否愿意购买一种产品或服务,会将经济资源转化为财富,将物品转化为商品。企业如何看待它的生产不是最重要的事……顾客如何看待他购买的产品,如何定义'价值',才是决定性的。"[1]

随着经济的发展和现实生活水平的提高,个性化已经成为全世界大部分地区心理意识上的共同特征,并且,这种心理个性穿越了阶级、国家、性别、民族、政治派别和种族等大规模社会传统界限。这是基本价值观明显的、根本的转变,即对"人类生活需求"的转变,其特征是对生存安全的追求转变为对人生意义的追求,强调个人的影响和自我实现的重要性,对自治和多样性看得比等级和服从更重要,更加重视与生活质量相关的问题。这种价值观取得几乎称得上令人震惊的广泛的认同。对消费发生明显的影响,人们会利用消费来强调和昭示自己的独特性,在购买的产品中灌输自己的风格。

福特主义的典型商业模式是麦当劳。麦当劳以同质性、标准化、流水线为特征,根植于经济理性和科学管理。在麦当劳里,消费者没有个性、没有选择。后福特主义的商业模式是迪斯尼。迪斯尼以多样性、人性化为特

---

[1] 转引自朱伯夫、马克斯著,乔江涛译:《支持型经济》,中信出版社2004年版,第237页。

征。在迪斯尼里，消费者是中心，商品和服务为消费者提供激动人心的体验。

从福特主义到后福特主义的变化反映了西方社会从工业社会向非工业社会的转变，对人们的消费活动产生了重要影响。从艺术设计的角度看，有两点特别值得注意：一是消费需求的重心从大众化、标准化产品转向个性化、差异化产品，消费者的审美需求在更大的程度上支配着消费实践。二是"符号体系和视觉形象的生产对于控制和操纵消费趣味和消费时尚发挥着越来越重要的作用"[1]。

2．鲍德里亚关于物的意义的理论

鲍德里亚是对消费社会作符号学解读的最主要的代表，深受巴特的影响。1962—1963年巴特在法国高等实践学院开设了名为"当代符号意义组构系统目录：物的体系（衣服、食品、住屋）"的讨论课程，鲍德里亚是讨论班的成员之一。他在自己的著作中引用和发展了巴特的思想。

在消费社会时代，西方从生产主导型转变为消费主导型，处在被消费控制着整个生活的境地，消费地点就是日常生活。传统的政治经济学概念如使用价值、交换价值、理性人、经济人等已经不能解释新的消费现象，应该从文化和经济的联系中来探索消费社会的奥秘。鲍德里亚在20世纪70年代中期出版的《符号政治经济学批判》中，试图用符号政治经济学来修正马克思的生产政治经济学。他认为马克思把商品仅仅看作由使用价值和交换价值构成是不够的，商品在更高的层次上还表现为符号价值。从生产社会进入消费社会后，作为购买者而言，交换的直接目的已不再是使用价值，而是表示身份、地位的符号。

某些人购买名牌服装和高档轿车的动机之一，是为了获得周围社会环境的认同，以免丧失自己的身份和地位。在这里，名牌服装和高档轿车成为表明其占有者的身份和地位的符号。有人佩带劳力士的表，不是因为它的计时比别的表准确多少，也不是因为它经久耐用，而是因为劳力士本身已经成为

---

[1] 莫少群：《20世纪西方消费社会理论研究》，社会科学文献出版社2006年版，第9页。

"至尊经典、王者风范"代名词,同时暗喻着佩带者相同的品质。有人拎着路易·威登箱包周游世界,尽管一位不愿透露姓名的路易·威登主管自己都曾坦言,路易·威登的成功代表着"自印度蛇油以来最大的狡猾伎俩"。他补充说道:"你可以想象这一切只是基于印花帆布,加上一片塑料外层和一些皮制镶边吗?"全世界却还是有路易·威登的痴迷者花天价购买,因为它是奢华品牌,是身份地位的象征。在消费社会里,消费的性质发生了变化,消费者不仅在消费使用价值和真实的物品,而且在消费符号。

每个物品都不是孤立存在的,它和其他物品形成一个巨大的系统。这种系统成为一种符号结构。产品是生活方式的积木。所有的产品都承载着涵义,这种涵义存在于所有产品的相互关系之中,就像音乐存在于各种声音的相互关系之中。20世纪80年代美国的"雅皮士"可以用下列产品来识别,如劳力士手表、宝马汽车、古奇(Gucci)公文包、软式网球、新鲜的香蒜沙司、白葡萄酒和法国布里白乳酪。人们一旦进入消费,就进入了一个全面编码的系统中,在那里,所有的消费者都不由自主地互相牵连。这样,物就像话语一样,成为一个全面的、缜密的系统。

每个消费者通过物品,在符号结构中寻找自己的位置。大款穿几千元一件的T恤,农民工穿几元一件的T恤;大款住豪华别墅,农民工住简易工棚。农民工也希望消费高档商品,但是又不抱太大的希望,因为他们知道社会为自由的超越设定了难以逾越的障碍。这样,消费成为由符号组织起来的身份区分,消费过程就是在符号编码中实行社会区分的过程。"通过物品,每个人与每个集团都寻找着他/她在秩序中的位置,所有的人都根据个人的轨道来尽力贴近这个秩序。通过物品,一个分层的社会言说着,就像大众媒介那样,物品似乎在对每个人言说,但那是为了让每个人都保持在特定的位置上。"[1]在消费社会,物品首先不以它的功能为基础,它只有在符号系统中确定了自己的位置后,我们才能谈得上物品功能意义上的消费,从而,物的物理功能和物理经济系统被符号社会学系统所替代。

>>>

[1] 布希亚著,林志明译:《物体系》,上海人民出版社2001年版,第222页。

根据这样的分析，鲍德里亚得出一个重要结论：消费作为一种系统化的符号操作行为，是建立社会关系的行为模式；符号本身在现代社会中构成了支配的基础，经济的支配让位给符号式的文化支配。在这种意义上，他说符号政治经济学代替了生产政治经济学。表面上看来，消费是一个混乱的领域，实际上，"它是一种主动的集体行为，是一种约束、一种道德、一种制度。它完全是一种价值体系，具备这个概念所必需的集团一体化及社会控制功能"[1]。

鲍德里亚等人提出的物的意义理论，为艺术设计研究提供了新的空间。物的意义的理论出现的背景是，在现代社会中，物具有不同于以往社会中的特征。这种特征表现在两个方面：第一个方面表现在物的量上，在现代社会中物的数量极大地丰富了。鲍德里亚指出："今天，在我们的周围，存在着一种由不断增长的物、服务和物质财富所构成的惊人的消费和丰盛现象。它构成了人类自然环境中的一种根本变化。"[2]

物的第二个新特征表现在质上。过去的物的主要价值体现在其物质功能和使用价值上，而现在的物的主要价值则体现在其社会文化意义上。物的生产和消费不仅是某种使用功能的生产和消费，而且是某种社会文化意义的生产和消费。鲍德里亚写道："消费者与物的关系因而出现了变化：他不会再从特别用途上去看这个物，而是从它的全部意义上去看全套的物。洗衣机、电冰箱、洗碗机等，除了各自作为器具之外，都含有另外一层意义。"[3]

我们想对鲍德里亚的论述作更准确的说明。第一，鲍德里亚所说的物，指"器具"，我们通常称作"器物"，是人造物，而不是自然物。第二，鲍德里亚所说的物的意义，指物的"特别用途"（即使用价值）之外的意义。我们注意到鲍德里亚的表述方式：物"除了各自作为器具之外，都含有另外一层意义"，也就是说，物除了各自作为器具的使用价值外，还具有另外

---

[1] 鲍德里亚著，刘成富、全志刚译：《消费社会》，南京大学出版社2001年版，第73页。
[2] 同上书，第1页。
[3] 同上书，第4页。

的文化价值，包括审美价值。

（三）工业设计概念的衍变

我们在第一章谈到，"工业设计"的概念是美国艺术家约瑟夫·西奈尔于 1919 年首次提出来的，迄今已有 90 多年的历史。在这 90 多年中，工业设计的概念发生过 3 次重要变化。

约瑟夫·西奈尔用"工业设计"称呼广告上的工业产品图像。不过，工业设计概念能够得到广泛传播，应该首先归功于美国早期著名的工业设计师贝尔·盖茨。自 1927 年起，贝尔·盖茨频繁使用这个概念，并赋予它新的涵义。通过盖茨等人的使用，工业设计的涵义从广告中产品图像的设计变成产品设计，这是工业设计涵义的第一次转变。

在 1964 年召开的国际工业设计会议上，马尔多纳多（Tomas Maldonado）提出的定义为会议所采纳："工业设计是一种创造性的活动，旨在确定工业产品的形式属性。虽然形式属性也包括产品的外部特征，但更主要的却是结构和功能的相互联系，它们将产品变成从生产者和消费者双方的观点来看的统一的整体。"在这里，马尔多纳多区分了产品的"外部特征"和"形式属性"两个概念。从产品外部特征的设计到产品形式属性的设计，是工业设计涵义的第二次转变，在这种转变中，马尔多纳多起到了重要的作用。

工业设计涵义的第三次转变正在我们面前发生。国际工业设计学会联合会在 1980 年巴黎举办的会议上，把马尔多纳多提出的定义修订为："就批量生产的工业产品而言，凭借训练、经验及视觉感受而赋予材料、结构、形态、色彩、表面加工以及装饰以新的品质和资格，叫做工业设计。根据当时的具体情况，工业设计师应在上述工业产品全部侧面或其中几个侧面进行工作，而且，当需要工业设计师对包装、宣传、展示、市场开发等问题付出自己的技术知识和经验以及视觉评价能力时，这也属于工业设计的范畴。"

这则定义值得仔细揣摩。它可以分成两段：前一段讲的还是产品形式属性的设计，既包括产品的形态，又包括产品的结构。后一段则超出了产品本身的设计范围,把市场开发的设计("付出自己的技术知识和经验以及视觉评价能力")也纳入工业设计的范畴。这则定义的创新意义在于,它第一次使工业设计的涵义超越了产品设计的范围,从而透露出工业设计涵义变动的耐人寻味的信息。

2006年,国际工业设计学会联合会对工业设计涵义的这种转变作出更明确的说明:设计是一种创造性的活动,其目的是为物品、过程、服务以及它们在整个生命周期中构成的系统建立起多方面的品质。[1]这里不仅提到物品和服务,而且提到"它们在整个生命周期中构成的系统"。这种系统是什么呢?我们认为,它就是产业链。

我们的这种理解在西方国家工业设计的实践中得到证实。美国工程院院士、斯坦福大学设计学院院长、机械工程教授科勒(David Kelley)1978年在美国硅谷创办的工业设计公司IDEO现在是国际最著名的工业设计公司之一。该公司为世界上著名的跨国集团进行了很多设计,它在自我介绍中列举了其所从事的业务:营销策划,品牌设计和产品设计。排在第一位的是营销策划、第二位的是品牌设计,而工业设计的传统主业却排在最后一位。这种变化发人深省。从产品形式属性的设计到产业链的设计,是工业设计涵义的第三次转变。

产业链又可以称作为价值链。现在企业之间的竞争,不仅是产品的竞争,而且主要是价值链的竞争。工业设计的涵义由产品形式属性的设计转变为产业链的设计,对我国的经济转型具有特别重要的现实意义。我国的经济转型主要做两件事:发展先进制造业和现代服务业。正如吴敬琏所指出的:"现在我们最重要的是做两件事,一是发展先进制造业,一是发展现代服务业。现在各级政府工作报告其实都有这两个概念。但它们具体讲的是什么,则往往语焉不详。"先进制造业就是包含价值链微笑曲线两端的很多业务的制造业,是知识和技术密集型、低消耗、低投入、高产业关联度

---

[1] 转引自何人可:《湖南省工业设计创新平台建设》,载论文集《工业设计与创意产业》,机械工业出版社2007年版,第20页。

和高附加值的行业。显然,以产业链设计为目标的工业设计,对我国先进制造业的发展会产生深远的影响。

思考题
1. 谈谈对价值链微笑曲线的理解。
2. 具体阐述企业艺术创意的发展空间。
3. 体验经济和消费社会对艺术设计有哪些影响?

阅读书目
1. 凌继尧、张晓刚:《经济审美化研究》,学林出版社2010年版。
2. 〔法〕鲍德里亚著,刘成富、全志刚译:《消费社会》,南京大学出版社2000年版。

第十五章
中国艺术设计的发展和未来趋势

中国现代艺术设计初现端倪的时间本与西方大致相同，20世纪20—30年代上海的现代艺术设计，尤其是建筑设计、商业美术设计和书籍艺术设计，并不比发达国家逊色。但随着1937年日本帝国主义大举入侵中国，一些经济发达的地区和城市相继沦陷，工业生产和商品经济遭受严重破坏，与西方发达国家之间的交流无法继续，连年战争窒息了中国现代艺术设计的发展。

1949年中华人民共和国成立，人民政权高度重视传统工艺和民间工艺，奠定了20世纪中叶中国艺术设计的手工业、传统工艺的基调。立足于当时手工业生产状况，从出口换汇的需要出发，发展传统手工艺的要求占据了主要地位。20世纪70年代末"文化大革命"动乱结束，中国社会走上了改革开放的道路，中国现代艺术设计进入发展的新阶段。市场经济繁荣、人民生活水准的大幅度提高和生活方式的急速变化，使广告、装潢、服装、产品、陶瓷等艺术设计和艺术设计教育得到前所未有的发展。20世纪80年代西方后现代主义思潮开始影响中国文化艺术和设计,成为中国现代艺术设计新的发展的重要动力。20世纪90年代后,中国社会的大规模工业化建设、市场经济的初步建设和西方思想文化艺术以空前未有的规模影响中国,使中国现代艺术设计得以迅速发展。

中国现代设计经历百年的发展,百年设计历史留下了许多成就和经验,也留下了许多教训。未来充满机遇和挑战,中国现代设计的发展对中国社会的未来发展有着举足轻重的意义。

一 20世纪中国艺术设计发展史简述

20世纪初期我国的艺术设计与西方国家相类似,和建筑关系密切,甚至是建筑的一部分。后来,它的成就主要体现在商业美术中。新中国成立以后的一段时期中,我国艺术设计的基调是工艺美术。改革开放、特别是20世纪90年代以来,我国艺术设计迅猛发展,扩展到西方国家现代意义的艺术设计的各个领域。

(一) 20世纪前期新的建筑设计风格的奠定与形成

19世纪到20世纪初期,由于受到洋务运动和戊戌变法的影响,中国的建筑设计和艺术设计接受了西方的风格,主要体现在教会学校的建筑中。教会学校有意识地将西方的设计和工程技术与中国传统建筑形式结合起来,以营造出一种中西结合、既具有中华民族传统风格又包含西方现代设计手段的新的建筑和环境。时至今日,这种外来与本土、传统与现代结合的建筑设计与艺术设计依然在中国产生着重大的影响。

新一代中国建筑家努力将西方建筑设计和艺术设计与中国传统建筑设计和艺术设计结合起来,以创造中国的现代建筑,从而形成了20世纪20—30年代颇具影响的"民族形式"建筑设计潮流。早期的"民族形式"建筑多在西方建筑的外部加上经过改造的中国传统建筑,如南京中山陵和陵园藏经楼、南京灵谷寺阵亡将士纪念塔、北京大学博雅塔等建筑，都属于这种"内西外中"的设计类型。

中国建筑家重新审视传统建筑和传统艺术的努力，是融合西方建筑与中国传统建筑创造"现代化的中国建筑"或者"新民族形式的建筑"的设计。这在20世纪前期中国建筑设计领域占据了最重要的位置，与此同时，西方的建筑设计和艺术设计正面临着一场重大的变革，从"艺术与手工艺运动"到"新艺术运动"，从"装饰艺术运动"到以"包豪斯"为代表的"现代主义设计运动"，此起彼伏，高潮层迭。这种西方建筑设计和艺术设计从传统向现代的转型，在20世纪前期中国的建筑设计和艺术设计领域也得到了反映和体现，如1931年建成的北京交通银行及20世纪20年代末至30年代初在上海兴建的一大批高层饭店和公寓建筑等等，都有这些变革的影子。

（二）月份牌画与商业美术设计

20世纪前期商业美术的勃兴是中国现代艺术设计发展值得注意的现象。在上海、天津、广州等一些工商业发达的地区，中外厂商推销商品的需求促使商业美术迅速发展。加之当时中国远离第一次世界大战的欧洲战场，民族工商业有了较多的发展机会。经济的繁荣刺激着大众的消费欲望，同时也带来了商业美术设计的空前繁荣，尤其是当时中国最大的商业城市上海，吸引了许多学习传统绘画的民间画师和接受西方美术影响的美术家来这里从事商业美术的设计活动，比如吴友如（？—约1893）、郑曼陀（1885—1959）、徐咏青（1880—1953）、周湘（1871—1933）、张聿光（1885—1968）、杭穉英（1901—1947）、金梅生（1902—1989）等等。

月份牌画是具有特色的商业美术设计，这一类设计一般在画面适当的位置标有商品、商号与商标，并配以中西对照的年历或西式月历（由此产生"月份牌"这一称谓）赠送给顾客。这种形式新颖、寓意吉祥、题材多样的月份牌一经诞生，其独特的艺术表现手法与别样的韵味便赢得人们的喜爱，于是精明的中外商家趋之若鹜、乐此不疲。

二三十年代的旗袍时装美女，开创了月份牌画的鼎盛时期，因而月份牌又俗称"美女月份牌"。20年代初，社会风气开化，有关女性的传统观念得到了更新，女性形象在月份牌中明显增多，并突破了女性消费品领域。时髦美女在报纸广告等其他新闻媒介也频频亮相，成了社会的一种象征。在多变的社会时尚之中，美女形象却是永恒的主题。20年代末，身穿倒大袖旗袍的清纯女学生可说是时髦中的佼佼者。30年代月份牌创作盛期，当时的电影红星如胡蝶、阮玲玉等都作为模特走入月份牌画中。全新包装的时装美女，使观众耳目一新。月份牌中的美女是第二代都市女性的时髦代表。她们穿最流行的时装；用最新潮的物品：电话、电炉、钢琴、话筒、唱片；有最时髦的消遣：打高尔夫球、抽烟、骑马、游泳、航空。都市摩登女郎为月份牌与旗袍找到了彼此共同的表达形式，因而旗袍与月份牌走着流行的一致步伐，月份牌中的旗袍总是当令新装。

有趣的是，月份牌原是以宣传、推销商品为要旨，但从它面世以来，占据主要画面的不是商品本身，而是人物或其他风景名胜（极少量）。作为主角的商品只被处理在边框等不大显眼的地方，退居从属地位。早期的月份牌，其中人物与所宣传的商品可能全不相关，月份牌画家们考虑得更周到的是画中美女——如何使她们更加美丽动人。直至月份牌盛行的中后期，才出现较为明显以画中人直接传达的商品信息，如当时的名品"阴丹士林色布"、南洋兄弟烟草有限公司的香烟等，但人物动作仍颇为微妙。因而月份牌对美女与时装的表达获得了比其他商品广告更自由的形式。以今天的眼光看来，月份牌似乎更像是发布流行时装的精美时装招贴画，画中的美女与时装比商品更醒目、更让人一眼难忘。30年代月份牌中美女时装造型已无定式，旗袍、裙装、长裤、泳衣都广泛应用，但从审美效果看，旗袍最能显露女性。秀美的身段线条，同时又富有端庄典雅的淑女风范。月份牌画的各类时装中也以旗袍数量为最多，可以说记录了旗袍流行变化的主要进程。

在月份牌画家中赢得"半壁江山"称誉的杭穉英，创作过大量旗袍美女。他笔下的广生行"双妹"旗袍姐妹亭亭玉立、娇嫩欲滴。烫发、短袖旗袍衣长及地，都是30年代的时尚，时髦的装扮暗示出她们所使用的"双妹"化妆品也最时髦。消费与品味超前的时髦女郎，无形中使商品获得了

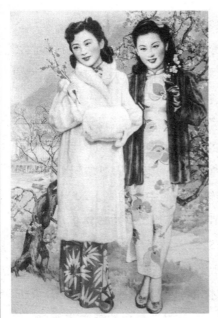
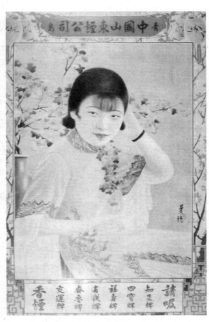

左图：杭穉英
《"双妹"》
右图：郑曼陀
《香烟》
（擦笔水彩画）

更高的可信度。其他月份牌画家如郑曼陀、金梅生、关惠农、倪耕野等都有不少旗袍美女佳作。其中郑曼陀首创的擦笔水彩画法，更成为月份牌画坛的经典技法：不特别强调明暗调子，只用炭精擦出淡淡的素描关系，再敷之以水彩，使画中美女面容白里透红、光洁细腻而滋润。月份牌画中人物比例有所夸张，类似今天时装画的某些表现技法，多用八头身、八头半身与九头身，使旗袍女郎更显得长身玉立、姿秀不凡。画家经过艺术想象的加工，运用独特的表现技法，塑造出审美中理想的身材容貌与衣着效果。由于综合了多种美的因素，月份牌中美女身上旗袍的穿着效果达到了一种至善至美的境界。

（三）新中国成立至改革开放之前的中国设计

新中国成立之初，人民政府对建筑设计采取了比较宽松的政策。许多从旧时代走过来的建筑设计家仍然延续着他们所熟知的建筑设计理念和设计手法。最初几年时间里，我国一些地方相继出现了中西建筑风格结合的典范之作。

从1953年开始，国民经济建设进入"第一个五年计划"，苏联的"社会主义现实主义"设计理论和建筑理论也在此前后影响我国的艺术设计和建筑设计。当时许多具有现代风格的建筑设计被当作"世界主义"和"形式主义"而受到批判。

20世纪50—60年代活跃在建筑领域的中国建筑设计家大多接受了严格的学院教育，对中国和西方的古典建筑有着深刻的理解。他们修养深厚、视野开阔，在重视民族建筑传统的同时也认真吸收西方现代建筑艺术的营养，是中国现代建筑设计的中坚力量。20世纪50—70年代，中国曾经出现修建纪念性建筑的高潮，比如1958年举行揭幕仪式的人民英雄纪念碑就是最早修建的大型纪念性建筑，该纪念碑由梁思成设计。50—60年代继中央工艺美术学院以后，各地美术院校纷纷开设了书籍艺术设计和商业美术设计专业，教授相关的理论课程。

由于这一段时期运动此起彼伏，所以相当数量的革命宣传画、邮票、书籍装帧、唱片封套、电影宣传画等的设计都带有明显的时代印痕。特别是"文化大革命"十年中的艺术设计极具时代特色，比如说当时的手帕、印花布的主要图案是钢水、大吊车、拖拉机、火车头、万吨轮、梯田等。有一方手帕上印的女红小兵，人很粗笨，脸比关公

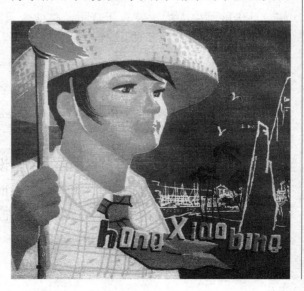

手帕上的红小兵

的脸还红,因为"红"代表革命。这些设计符号和表现形式是当时意识形态的极端表现,与月份牌形成鲜明的对照。

(四)改革开放之后的中国设计

改革开放以来,我国社会的现代化进程飞速前进和西方科学技术、思想文化艺术的巨大影响,使得我国的现代艺术设计出现了前所未有的崭新面貌。从某种意义上来说,直到这个历史阶段中国才有了真正意义上的"现代艺术设计"。

西方现代主义建筑和后现代主义建筑对我国的建筑设计造成的巨大冲击,与20世纪80年代我国的"新潮美术运动"形成相互呼应的态势,使我国出现了建筑设计的新潮流。我国的建筑具有悠久的历史,传统设计观念和现代设计观念的剧烈冲突在建筑设计领域日益明显地显现出来。其他设计领域也是一样,关于中国传统(包括传统文化)问题的争论一直是一个热点。但是我们不能否认的是我国的现代设计,比如工业设计、室内设计、壁画设计、环境艺术设计、公共艺术设计、包装设计、书籍装帧设计、广告设计和数字艺术设计都取得了巨大的成绩,这些进步也是有目共睹的。

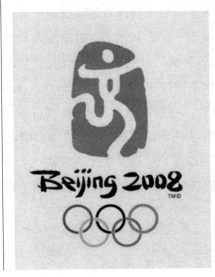
中国印·舞动的北京

北京2008奥运会会徽《中国印·舞动的北京》将肖形印、中国字和五环徽有机地结合起来,充满了深沉的活力。尺幅之地,凝聚着东西方气韵;笔画之间,升华着奥运会精神。肖形印是我国先秦就有的印章形式,两汉是古肖形印的兴盛时期。整幅图上面的笔画,像字非字,似画非画;融字于画,寓画于字;笔画之间,舞姿翩翩;舞韵之中,笔墨纵情;以竹简汉字笔体书写的"Beijing 2008"更浸透着中华书法艺术的博大精深。这一切，既浓缩了我国古代印章由字而画的发展轨迹，也诠释了我国古代哲学力求中庸的主流观点。作品中的人形图画似曾相识，这就是与舞蹈《丝路花雨》同源的敦煌壁画中的舞姿。夸张的身体比例和肢体位置，舒展的笔画和简捷的构图，充分表现了北京人的热情与豪迈。

二 中国艺术设计现状及其存在的弊端

我国的现代艺术设计脱胎于"工艺美术"，这种以美术为基础的设计，不大重视与技术、经济的联系，不大重视技术和经济对设计的影响，而这些正是现代艺术设计作为边缘学科、交叉学科所具有的特征，这种状况使得中国现代艺术设计的发展潜能受到束缚。重视设计与科学、技术、经济的联系和互动，对于中国现代艺术设计的发展具有重大意义。可以说，我国艺术设计存在的弊病根源在于艺术设计教育。

我国高等教育尚不重视学科的综合发展，在专业上存在划分过细，缺乏高层次、综合型人才培养手段的问题。我国艺术设计教育体系下培养出来的设计师，有很强的模仿能力，可以迅速完成我国快速发展时期大量的设计任务，属于技术员和熟练设计师类型。但在创造力、知识面尤其是文化艺术的修养和社会责任感方面则有所欠缺。有的研究者指出："从艺术设计教育而言，倡言创造性教育已有很长时间了，但时至今日，大多数院校、专业的教育仍然是传统型的技法教育。有的院系，从素描、色彩、构成、字体到设计表现（效果图、模型）等技法训练课程占总课时的80%以上，而人文和社会学科、自然学科的课程很少，形成了学生表现能力（主要是图绘能力）较强，人文学科综合素质偏低、模仿能力强而创造性不足的通病。"[1]

---

[1] 李砚祖：《艺术设计概论》，湖北美术出版社2002年版，第186页。

有什么样的设计师,很大程度上将决定我们今后几十年以至上百年的国家设计面貌和生活环境。多学习他国经验,尽快提高我们的艺术设计教育质量,培养优秀的艺术设计师,是时代对我们的要求。

我国艺术设计存在的弊病有多种表现。

(一) 原创性不够

我国的艺术设计产业很少有自己的原创产品与品牌形象。近年来在人们生活中产生重要影响的艺术设计形象基本上都出自于国外,并已经成为青年人眼中新时代的视觉偶像。这是值得我们重视的现象。艺术设计作为一种文化传播媒介和符号,势必承担着文化传播的功能,而我们每一代人身上又都肩负着传承本民族优秀传统文化的责任。

在我们生活的时段出现了设计民族艺术形象的空白,它伴随着设计形象向具体生活环节的层层渗透,将在意识形态领域引发一系列不良后果。随着科技经济全球一体化的发展以及科学技术现代化进程的加快,我们应该重新估价本土文化艺术的价值,挖掘和弘扬本民族优秀的传统文化,重新塑造新时代的民族形象。所以在艺术设计领域,我们呼唤从本土文化中诞生出来的中华民族的设计形象,在这里,它已经不仅仅涉及到一个设计产业的问题,而且已经具备了文化上的战略意义。具有中国本土化特征的设计形象必然产生于自身丰厚的文化土壤,传统设计形象在造型语言的背后深刻地传递出传统中国人所特有的审美尺度。本土文化确立了一种和谐相生的文化生态关系,这恰是现代设计艺术语言所要借鉴的资源和植根生存的土壤。

(二) 缺少创意

我国艺术设计制作水平已经不是什么问题。目前我国的设计类型单一,体现的结构单一,我们的从业者应当在艺术修养和思想性上下工夫,真正需要的是创意,创意是撬动产业化的支点。

总的说来,目前我国艺术设计手段尚显单调,很少显示出让人眼前为之一亮的时代活力。艺术设计是否扣人心弦、是否具有震撼力、是否有亲和力、是否打动人心、是否一下子抓住人们的眼球，关键在于设计创意。"创意"表达出知识经济社会中人的思维价值创造，它是一种深层次的行为和思想活动。

随着第三次产业革命的到来，计算机辅助设计成了非物质设计的一种重要形式，而作为物质设计的前期存在形式，非物质设计蜕变为具有相对独立意义的存在，这无疑是艺术与科学进一步结合的产物。计算机这种辅助工具也被越来越广泛地运用，而它给设计带来的变化是颠覆性的：从制作手段、表现技法到设计思想，从制作流程的具体实施到设计风格的变化，从时间到空间……无不发生着深刻的变革。相对于以前的手工绘制来说，计算机在现代设计中的优越性主要体现在直观、形象、信息量大、易于修改、可操作性强等几个方面，从而大大提高了效率、节约了时间、降低了成本。

然而，当计算机在现代设艺术计方面带给我们的新颖和奇妙的感觉慢慢淡漠之后，我们不难发现，满大街都是所谓的"计算机设计师"，满大街映入眼帘的也都是计算机设计作品，这种"快餐操作模式"和千篇一律的"快餐作品"促使我们不得不对现代艺术设计重新审视。计算机作为现代艺术设计的辅助工具，它自身没有错误，错误在于我们艺术设计者没能理解自身在设计中的主体地位，没能协调好计算机与自己的"思维方式"之间的关系。归根结底，没有充分认识到计算机在现代艺术设计中的弊端，进而改进设计。

计算机在现代艺术设计中的最大弊端就是束缚了设计者的灵感、桎梏了设计者的创意，表现为以下三个方面：灵感的瞬时性和自由性被计算机束缚，从而让灵感退化；创意的自主性和多样性被计算机桎梏，从而让创意模式化，设计出来的作品千篇一律；基于计算机对灵感的束缚和创意的桎梏，现代设计往往成了"效果优先"。

计算机不是"一切"，它无法替代我们的大脑，无法替代设计者的灵感和创造性思维，而只能是我们进行设计的好工具。在设计的前期尤其是方案设计的初始阶段，最初的设计意象或者灵感是瞬间迸发的、飘忽不定的，手绘方式即可把设计过程中有机的、偶发的灵感及对设计条件的"协调"过程，通过可视的图形记录下来。而计算机则要保持精确数据的特点——点、线、面、形体在屏幕上的明确而肯定的显示，扼杀了方案构思阶段设计灵感的自由性和创意的多样性，也不符合设计初始阶段的设计思维方式以及设计表达。因此，坚持从构思出发，以手绘草图为基础，可以避免被计算机设计的形式所拘、被计算机软件功能所缚，做出真正有价值的设计。

坚持在构思阶段的徒手设计和在设计创作中探寻自己的表现语言，以及展示属于自己的创意，才能让我们的设计富有生机。计算机解放了我们，又束缚了我们，我们应该挣脱这种新的束缚，从而真正解放我们的灵感和创意，找到蕴含在真性情设计者心中的灵气与神力，使设计者神思邀游于千载万里之间，获佳作如神赐。

（三）市场运作方式比较落后，政策扶持不力

纵观世界艺术设计史，艺术设计更多是作为一种产业来发展的。美国依靠高度产业化的运营手段，通过增大艺术设计业的投入与产出，营造出全球大市场。日本在1996年就把艺术设计确定为国家第二位重要产业，推行工业化的大生产、构建设计产业链等，使艺术设计成了号称"无烟重工业"的支柱产业。在韩国，政府将发展本国艺术设计列入施政纲领，将艺术设计从服务业划转到制造业，加以保护、鼓励。由于体制上的长期束缚，我国艺术设计业还没有形成完整的产业市场。我国艺术设计业唯有加速产业化进程，才能迎来新的发展契机。

核心问题在于，艺术设计产业目前在我国还没有形成相对完善的市场运作机制，没有完全按照市场的要求去组织生产，没有形成成熟的产业链。首先从产业链的前端，即前期策划来看，设计制作前根本没有专业公司对它进行前期的策划与组织，没有专业人士就目标人群的选择、制作成本的估算、资金回笼、宣传推广等问题做出一个完善的实施方案。缺乏市场分析让很多投资商踯躅不前。而在国外，设计推出前会请专业市场调查公司进行调研，很多公司在推出他们的设计前，一般都要做三四年的策划工作。

科学家预言，21世纪最有前途的两个行业是信息产业和文化产业。设计业作为后起之秀，正在全球文化产业中扮演着越来越重要的角色。应当看到中国设计产业自己的优势在于市场优势、文化优势、成本优势、人才优势和后发优势。各有关部门和一些地方政府也相继在设计产业的发展上，制定出了一些积极、优惠的政策。我们期待中国的设计产业在国人的合力打造下走向辉煌和繁荣。

三　中国艺术设计的未来趋势

在讨论中国艺术设计的未来趋势前，我们先来谈谈世界艺术设计的发展趋势。

（一）世界艺术设计未来发展趋势

关于世界艺术设计的发展趋势，我们可以借鉴日本学者黑川雅之在《世纪设计提案——设计的未来考古学》中的观点。他是从9个方面进行考察的：

(1) 人类是最了不起的万物之灵：从这一点来看，充分肯定了人类的创造力，人类的智慧将使生活变得更加美好。

(2) 标准化的思想已遭淘汰：平凡的个人遭到否定，个性型人才的时代已经到来（个人的独特性）；由平凡人的时代进入到个性型人才的时代；以多样化标准零组件与组合方式所构成的多样化商品或生活情境将会出现；具有感动力的商品或生活情境更加受到期待。

(3) 产业的流程与模式：商品及其使用环境的开发流程都开始将消费者纳入，产业的模式也将因此改变；由使用环境的角度评价商品的时代已经来临；最终产品的概念已遭淘汰；生产者与消费者的对立关系已经淡化，消费者参与生产过程的风气日盛；服务业成为产业主流的时代已经来临。

(4) 整体性的崩溃：局部个体的独立化与自主化的时代已经来临；由阶

层式组织的社会转变为网络化的社会；国家或企业等所构成的组织将逐渐弱势化；自律性、自我承担责任为主的时代已经到来；由局部个体观点决定整体走向的时代已经来临。

（5）回归自然的时代来临：迈入人类回归自然的世纪；由视觉时代的20世纪转移到触觉时代；进入跟随感官作用而设计的时代；除了全面性观点，由当地出发的观点也开始变得重要；人类开始重视与大自然融合的态度。

（6）对心灵共同体的追求：受到孤寂感的驱使，能够增进团体归属感、解除寂寞的商品将会广受欢迎；渴望早日拥有能够有效解除寂寞的商品；商品成为群体归属感的共同标志；人人都为自由与自然而倾心。

（7）虚拟的社群：在信息时代里，人们的喜好更容易由信息的快速流通而凝聚为流行现象；流行现象所产生的虚拟归属感；轻松、虚幻而无形的"虚拟社群"的出现；寻求足以挑战大众感官的设计；有意图、有策略地创造市场的时代已经来临。

（8）人与商品的融合：由于人们对商品的强烈好恶，使商品具备了全新的意义（人与商品之融合）；商品无限地接近使用者，甚至成为身体的一部分；商品的触感、重量感、温度感等感官上的特性渐受重视；能够掌握使用者生理状态之商品的出现。

（9）从否定式的对立到肯定式的激发：异质的商品之间一方面共存、一方面又互相争奇斗艳；设计可以用来表达思想、歌颂感情，也可以用来激发人心；市场将成为消费者与生产者各自发表意见的场合；这将是一个重视整合性创造的时代。

（二）中国艺术设计未来趋势的特殊性

我国艺术设计的未来趋势，肯定与世界艺术设计发展趋势有一致的地方，但也有自己独特的地方。这个独特的地方就体现在追寻"设计的文化归属感和认同感"。文化归属感和认同感来自两个向度，一个是时间向度，一个是空间向度。

我们先从时间向度上了解文化认同感的形成。从时间来看，一个作品，无论是一个用具还是一栋建筑，它不是凭空而来的，而是累积了许许多多人的智慧、劳动、喜乐的点点滴滴；它也不是固定不变的，总在时间的淘洗中演变着。它所负载的文化信息也就日益丰厚，逐渐成为了一个文化蕴藉的符号，把这一符号作为设计元素应用于任何地方，都能让人联想起它所代表的文化，油然而生亲近感和认同感。例如黄鹤楼，今天我们登上它，觉得它和其他古建筑并没有大的不同，可是人们还是争相登楼远眺，发思古之幽情，并不是建筑有什么极为特别之处，而是它负载了深厚的文化内涵。众多才子志士、众多鲜活的生命曾在这里张扬他们生命的激情，当我们登楼时，想象着他们也曾走上这片土地。当我们阅读他们留下的诗句时，仿佛可以感受他们当时的心情。当我们在此眺望长江时，仿佛也顺着他们的视线感悟母亲河的伟大。时间仿佛不再遥远，心灵仿佛在此跨过时间的阻隔连接到一起了。所以，黄鹤楼不仅仅是一座建筑，还是一个象征、一个标志，任何一个炎黄子孙听到"黄鹤楼"三个字时，他的心里会自然而然发出一声喟叹：啊！黄鹤楼！文化的归属感和认同感就由此而生。

我们再从空间向度看文化归属感的形成。熟悉的空间环境能够形成文化归属感和认同感，这个空间不仅包括人们自小生存的空间，也包括历史文献、文学作品、绘画作品、影视艺术所描绘的空间，耳濡目染、常年积淀会形成内在的空间感知。这些空间感知会影响人们对空间的审美。例如荷花池、芦苇荡、稻田、山野、小庭院等场景，对中国人来说具有独特的意味，因为这是我们从小生长或者熟悉的环境。

艺术设计的服务对象是人，而且不是概念意义上空泛的人，而是具体的独特的"人"，如果偏离了这个初衷，就不能成为成功的设计。在中国现代设计史上，曾有许多无视设计服务对象、缺乏文化认同感的设计案例。例如从环艺设计来看，我国的设计就走过弯路。20世纪80、90年代，我国大中城市刮起一股风潮，修建了一大批罗马柱广场，建造所谓"欧陆风格"的园林，玩概念，追波逐潮，无视中国人自身的休闲方式和审美情趣。有的研究者犀利地指出:"花岗石铺地的广场;烈日炎炎下,广场成了可怕的去处——能晒死你!是一块连蚂蚁都不敢光顾的热锅。没有树阴供人遮阳,没有座椅供人歇息,铁丝网将人拒草地之外;为了美化广场,不惜巨资,修建大型喷泉、华灯以及各种莫名其妙的机关,但又不堪沉重的日常运行费,不得不闲置或偶尔做做展示。将户外广场当成室内厅堂来做,金玉堆砌,以贵为美,抛光的大理石和花岗石铺地,整得比抽水马桶还要光滑。好了,下雪了,下雨了,成了溜冰场,老人孩子是绝不敢上去的。因为将商业活动、老百姓的日常生活排斥在外,夜晚的广场,华灯下也是一片死寂……广场是人与人交流的场所,使用者是普通百姓。他们可不是坐在市政大厦中俯瞰广场的市长,也不是坐在空调车内绕场一周视察的官员和富豪。他们是生活在城市中的男人们、女人们、儿童们、老人们,还有残疾人和病人们。广场是为他们的日常工作、生活、学习、娱乐设计的,他们才是城市的主人。而那些讲究气派、展示性、纪念性、标志性的形象工程,最后只能成为失去意义的摆设,成为失落的场所。"[1]

我们再来看看富含文化认同感的环艺设计案例——武汉风华天城。在风华天城人们不可能找到两栋完全相同的建筑,每一栋住宅都是其所处环境的有机产物,立面色彩、材质选择等均根据各栋楼所处的不同组团位置、各栋建筑面向不同属性的空间(城市街道的、乡村风景的、组团内部庭院的)而严格定义。风华天城如一座如画的公园,让住户在流水中感悟岁月,它具有江南庭院的设计美感,营造了一个能够维系社会生活、充满人情与乡情的"活的社区",让人们重温邻里间的感动,同时能够满足人们的基本需求:人与自然融合交流的要求和人与人之间沟通交流的要求。

设计的内涵应是城市历史文化的积淀,反映出城市固有的个性风貌,可以存在数百年而不改。因为环艺设计的核心本质是"让人诗意地栖居",回到人性与公民性,回到土地,回到人们日常的需要,回到文化的根。

---

[1] 俞孔坚:《美化城市还是破坏城市?》,《美术观察》2005年第2期。

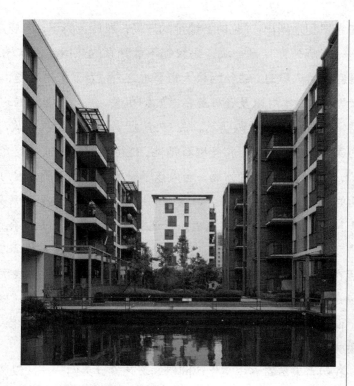
武汉风华天城

（三）中国艺术设计文脉的继承与发展

提出中国艺术设计历史文脉的意义，首先在于艺术设计文脉是艺术设计的记忆，是中国人温馨的精神家园。历史文脉在某种程度上甚至可以说是中国设计的价值核心。中国设计文脉深厚、工艺荟萃、制作精美、风格独特，所以设计师要延续中华古国的文脉，在设计中充分考虑中国设计的历史文化特点，使新的设计和谐地体现中国历史，实现与未来发展的有机统一，以新的风姿纳入世界设计新秩序之中。

其次，当前我们也经常谈到接轨的问题，其实设计不仅存在跟外部社会、国际社会接轨的问题，还有和历史空间、历史文脉的接轨问题。探求传统和现代的契合，是原创的一种重要方法。在设计过程中，用现代的功能要求、观念、手法来表现传统文脉的形与意，不失为发展中国设计的一个良策。由于设计作品具有自身的社会和文化背景传承，所以也应被看作"文脉艺术品"。中国设计的现代化即包蕴着寻求文脉的问题。熟悉中国传统设计文化,去芜取精,成为设计创作、寻索文脉、研究有中国特色的设计的重要课题。

再次,文脉的提出,有利于我们识别艺术设计之间的差异。无可否认,设计的历程同文化发展息息相关。关于当代设计领域的文化表现、公用代码、民族特色的研究在当今有了长足的发展,这就要求我们更加重视文化背景和文化语境的问题。识别地区性艺术,体现民族特色,寻求身份认同,这是当今艺术、设计的一种强烈趋势。在欣赏设计作品时,社会和文化背景存在大量的信息,值得我们思考。

最后,割裂设计现在与历史的联系,会导致中国设计的无思想状态。失去中国设计生长的肥沃土壤,失去中国设计的根,将设计分析用西方美学框架来进行,将原本不可分离的作品与其文脉生硬分割开来,是我们经常走入的一个误区。我们有自己的艺术传统,有自己的设计思想,有自己的设计文脉,要观察和研究设计艺术传统,提倡设计的文脉,推动民族艺术和民族设计进程。

中国设计传统是中华民族生活智慧的结晶,它的风貌和特点主要表现为形式和精神两个层面。

从形式来看,中国设计符号形式所传达的文脉信息丰富多彩。它通过纹样、色彩、材料、形态、结构、图案、技法、文字等各种符号或者各种因素的合成来表达某种符号含义。这些符号的现实化传达出特有的中国文化形式,并表现有别于他者的文化精神。

1. 形式层面

(1)仿生造型:中国设计善用仿生造型,师法自然,惟妙惟肖。自然的形态样式有经济性、结构合理性、稳定性等特点,且不失美观可爱和较强的保护功能。奇妙的自然界里有许许多多的数不清的天然设计,它们给予设计师以无穷的智慧启迪。例如,中国古代的容器陶鬶:"陶鬶的造型多取动物形态。图 A 造型雄健,像一匹昂首嘶鸣的战马,泥条盘筑的把手又像向上卷起的马尾。身上的乳突和两条凸线,既像马的鞍具,更给人以雄健之感;图 B 形似一只活泼可爱的企鹅;图 C、图 D 整个结构造型稳重中透

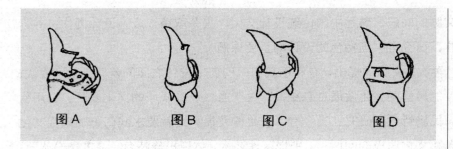

图A　　　图B　　　图C　　　图D

古代陶鬶设计

着活泼。图C像一只慈爱的鹅妈妈；图D又像一只竖耳侧视的狡兔。喙式的流口尖而高耸，配以由一组绳状曲线构成的鋬，既适用又形成与流口相对照呼应的线条变化美；鬶的底部，三条中空而肥大的足，与整个器身的造型构成了一种既和谐而又稳定的美。器形腹部横曲线的设计更妙，它不仅形成了与整个器物外轮廓线横竖线条的对比韵味，更使其肥大的腹部不显得臃肿，反而产生一种紧凑收缩之感。"[1] 无可否认，仿生形态在今天仍有较强的生命力，因为自然是我们设计创意的不绝源泉。

　　(2) 贴心而适用的结构：在中国设计发展的各个历史时期中，陶、铜、编织、缝制、木制及其他容器的结构造型设计丰富多彩，简单与复杂、朴实与富丽、方与圆、直与曲、大与小、长与短、深与浅，各色各样，而且，我国容器结构造型设计和装潢设计在奴隶社会后期已臻完善，也达到一定的科学技术水平。最重要的是，中国传统设计注重"商品储存、陈列、使用、回收"的便利性设计，例如"各种器盖的结构造型非常巧妙而科学。既有便于手拿的纽，又有与容器口沿紧密吻合的衔口。还有的'仰之为盘、覆之为盖'，可以仰覆两用……大量资料证明，我国不仅是世界上最早发明并广为使用陶瓷容器的国家，同时也是世界上最先用陶瓷容器长久封藏食物和装运商品的国家"[2]。从这段话我们可以看出，中国传统的容器结构设计得非常精

>>>　　　　　　　· · · · · · · · · ·

[1] 姜锐主编：《包装设计》，湖南大学出版社1989年版，第26页。
[2] 同上书，第30页。

巧，贴心而实用，充分考虑到了消费者的需要。现在，许多传统的容器结构仍然受到人们的喜爱。

（3）生态材料的运用：传统的设计形式经济实惠、拙中见巧，例如荷叶包肉、葫芦装酒、苇编系书、蛤蜊装油、竹篓装鱼、蕉叶包饭、草绳串肉等，充分体现了中华民族的聪明才智。这些生态材料取之自然，可降解，不会污染食物，而且不会影响食物的色、香、味，反而能保持被包装物的原味，并给它以自身的清香，使之更为纯正可口。最终这些材料回归自然，不会对环境造成危害。

（4）寓意化图案：在中国文化的发展历程中，积淀了大量的寓意化图案，其中有很多民族化的东西。"我国社会发展到奴隶社会时期……大大发展了原始社会新石器时代晚期创造的动物题材并根据需要创造了赋予一定思想内容的寓意化图案。如含有'吉祥''如意'的龙凤动物图案和带有迷信色彩的夔、蟠龙、鸱、虎、鹿、等装饰图案……"[1]以后的社会发展中，寓意化图案不仅没有削弱，反而增加了更为丰富的内容，其图案更为美观，装饰性更强，图样也不可计数。寓意化图案作为本土文化的载体使商品本身具有了生命力。可以说，寓意化图案是一种简洁明确的视觉语言，巧妙地运用能使产品熠熠生辉。

（5）技法的创造性、个性化和多元化：从装潢的起源处，我们祖先刻印纹样的方式就已经显示出他们的聪明才智。之后，彩绘、压印、拍印、堆纹、阴刻、浮雕、二层重迭、多层迭筑等装饰法都越来越成熟，这些装饰技法层次丰富，纹样多变，粗细、虚实、线面形成对比又互相协调。其中最有特色的是中国传统艺术家往往以宽线条、大块面将主体的纹样加以凸出，周围以精细的其他纹样如云雷纹等来布底。

当然，中国设计的形式文脉所包含的内容很多，这里就不一一罗列了。设计首先是实用性、科学性、艺术性的紧密结合，其次，从纹样、色彩、材料、形态、结构、图案、技法、文字的各个纽带，都要有一定的文化含量。

---

[1] 姜锐主编：《包装设计》，湖南大学出版社1989年版，第26页。

没有文脉的设计，缺乏艺术个性与文化美感，在市场上也就缺乏竞争力。

2．精神层面

除了形式层面，设计文脉还涉及到中国传统设计的精神，它指的是传统设计载体所贮存的中华民族的文明进化信息，以及中国设计在精神上的个性和特色。它是一个流动的、生生不息的有机体，在人类文明的演进中不断地重构、整合。

从精神来看，中国设计所传达的文脉信息主要体现在以下方面：

(1) 中和之美与"和而不同"：中国哲学崇尚中和之美。在约2500年前，孔子去鲁桓公宗庙观礼时，从一个无水时歪斜、装上适量水时就正过来、装多了水却反而倾倒的瓦罐悟出了"中庸之道"，并认为中和之美是美的最高境界：过于文则丽，过于质则鄙，文质彬彬则赏心悦目。

在强调中和之美的同时，中国传统设计亦强调"和而不同"，这与当今CIS设计理念惊人地契合：寻求风格的统一印象，但在色彩、形态、肌理等方面又有细腻微妙的变化，突出产品的个性，给消费者更多的选择空间，提高消费者的满意度。在"和而不同"的思想指导下，"整体感觉一致的基础上又有多样变化的商品"具有广泛的市场基础。

(2) 以人为本，人性化，注重细节的美：中国人认为人为万物之灵，孔子思想的一个内容是"仁者爱人"，这是中国历史上很重要的一个思想。如何在发展中使世界感受到中国历史的存在，体现出设计的以人为本的个性，这是当今设计的重要课题。现在我们处于高科技时代和信息时代，技术固然重要，但也不是绝对的，技术如果与情感失衡的话，就会出现令人忧虑的后果。传统设计精神中的人性化内涵恰好能够与高技术相平衡，增强感性因素，减轻工具理性带来的负面影响。

(3) 对自然和谐美、整体意境的重视：中国设计文脉所体现的"人与自然的和谐相处"的哲学思想，与现代设计思想是一致的。设计师观察自然时应该全身心地投入，发现自然的发展规律，因为自然是创造的不尽源泉，同时设计师的情操在对自然的感悟理解中也得到了陶冶，并且从中提升艺术情趣。"外师造化"的同时，还要善于"中得心源"，融会贯通自然的东西，使自然的形象能够内化为设计师自身的心灵意象，达到真正的契合。设计作品本身的形式美感和文化内涵应透露一种意境，这意境不管是静、虚、空灵的境界，流动不拘的境界，还是浪漫飘逸的境界，都必须是自然的、和谐的、整体一致的，寓无限意境于有限的景物之中，让人深深地感受到一种东方式的美，一种独特的宇宙观与生命情调，把人带入一个耐人回味的性灵境界。

我国传统艺术设计所蕴涵的文脉信息是十分丰富的。对于我国艺术设计的发展来说，文脉的连续感极为重要。我们要清理文脉信息，继承中国传统的艺术设计精神。传统艺术设计精神的延续，需要艺术设计师深入历史、细心调研观察、设计处理好每一个细节和要素，既注重产品与历史文脉的关系，又注意自身的创新和张扬。人们现在提到"东方文化生态"问题，就是意识到保存传统设计精神的重要性。现代设计和传统文化精神的融合，是我们追求的目标。

思考题

1. 中国现代艺术设计存在哪些问题？
2. 中国现代设计的未来发展趋势是什么？

阅读书目

1. 张福昌：《现代设计概论》，华中科技大学出版社2006年版。
2. 王受之：《世界现代平面设计史》，新世纪出版社1998年版。
3. 陈瑞林：《中国现代艺术设计史》，湖南科学技术出版社2002年版。
4. 田自秉：《中国工艺美术史》，知识出版社1985版。

《艺术设计概论》教学课件申请表

尊敬的老师：

您好！我们制作了与《艺术设计概论》一书配套使用的教学课件，以方便您的教学。在您确认将本书作为指定教材后，请您填好以下表格（可复印），并盖上系办公室的公章，回寄给我们；您也可以参加我们的学术交流QQ群230698517，从其公告栏中下载，填好后发送到我们的教师服务邮箱，我们将免费向您提供该书的教学课件。我们愿以真诚的服务回报您对北京大学出版社的关心和支持！

您的姓名			
系		院/校	
您所讲授的课程名称			
每学期学生人数	人	年级	学时
课程的类型	□ 全校公选课　□ 院系专业必修课　□ 其他		
您目前采用的教材	作者　　　　　书名 出版社		
您准备何时采用此书授课			
您的联系地址			
邮政编码			
您的电话（必填）			
E-mail（必填）			
目前主要教学专业、科研方向（必填）			
您对本书的建议	系办公室　盖章		

我们的联系方式：

北京市海淀区成府路205号北京大学文史哲事业部 艺术组

邮编：100871　电话：010-62767315　传真：010-62556201

教师服务邮箱：pkuart@yahoo.cn　　网址：http://www.pupbook.com